Frank Duckhorn

Suchraumoptimierung mit gewichteten endlichen Automaten in der akustischen Mustererkennung

TUD_press_

Studientexte zur Sprachkommunikation
Hg. von Rüdiger Hoffmann
ISSN 0940-6832
Bd. 73

Frank Duckhorn

Suchraumoptimierung mit gewichteten endlichen Automaten in der akustischen Mustererkennung

TUDpress
2014

Die vorliegende Arbeit wurde unter dem Titel „Suchraumoptimierung mit gewichteten endlichen Automaten in der akustischen Mustererkennung" von der Fakultät Elektrotechnik und Informationstechnik der Technischen Universität Dresden zur Erlangung des akademischen Grades eines Doktoringenieurs (Dr.-Ing.) als Dissertation genehmigt.

Vorsitzender: Prof. Dr.-Ing. habil. Dipl.-Math. K. Röbenack, TU Dresden

Gutachter: Prof. Dr.-Ing. habil. R. Hoffmann, TU Dresden
Prof. Dr.-Ing. habil. M. Wolff, BTU Cottbus-Senftenberg

Tag der Einreichung: 28. November 2013
Tag der Verteidigung: 26. März 2014

Bibliografische Information der Deutschen Nationalbibliothek
Die Deutsche Nationalbibliothek verzeichnet diese Publikation in der Deutschen Nationalbibliografie; detaillierte bibliografische Daten sind im Internet über http://dnb.d-nb.de abrufbar.

Bibliographic information published by the Deutsche Nationalbibliothek
The Deutsche Nationalbibliothek lists this publication in the Deutsche Nationalbibliografie; detailed bibliographic data are available in the Internet at http://dnb.d-nb.de.

ISBN 978-3-944331-64-5

Verlag der Wissenschaften GmbH
Bergstr. 70 | D-01069 Dresden
Tel.: +49 351 47969720 | Fax: +49 351 47960819
http://www.tudpress.de

Gesetzt vom Autor.
Printed in Germany.

Suchet,
so werdet ihr finden.

Die Bibel: Matthäus 7,7
(rev. Luther 1984)

Danksagung

Vor allem möchte ich meinem Betreuer Prof. Dr.-Ing. Rüdiger Hoffmann danken, dass er es mir ermöglicht hat, diese Arbeit anzufertigen, sowie für viele Ratschläge, Hinweise und Anmerkungen, die mir geholfen haben, den Überblick zu behalten.

Ebenso stand mir Prof. Dr.-Ing. Matthias Wolff während seiner Zeit an der Technischen Universität Dresden und auch darüber hinaus häufig mit Rat und Tat zur Seite, dafür herzlichen Dank. Die Formalisierung der gewichteten endlichen Automaten geht großteilig auf seine Habilitationsschrift zur akustischen Mustererkennung zurück. Außerdem schließen fast alle hier betrachteten Verfahren an diese Arbeit an. Ohne das Experimentiersystem dLabPro und UASR, welches im Wesentlichen von Rüdiger Hoffmann und Matthias Wolff vorangetrieben wird, wären die meisten der vorgestellten Implementierungen und Experimente nicht mit vertretbarem Aufwand möglich gewesen.

Weiterhin gilt mein Dank allen Kollegen am Institut für Akustik und Sprachkommunikation der Technischen Universität Dresden für die fruchtbare Zusammenarbeit in vielen Projekten sowie die offene Diskussion verschiedener Ansätze und Lösungen. Besonders möchte ich mich bei Stephan Hübler für den intensiven Gedankenaustausch sowie für nützliche Kommentare zu unzähligen Ideen und Texten bedanken.

Schließlich möchte ich in hohem Maße meiner Frau Debora sowie meinen beiden Kindern Tabita und Josua (auch wenn es ihn nur für sechs Wochen betrifft) danken, die mir oft den Rücken frei gehalten haben, auch anstrengende Zeiten ausgehalten haben und mich stets ermutigt haben weiterzuarbeiten. Herzlichen Dank auch für das Korrekturlesen der Arbeit an Debora sowie Petra und Michael Seidel.

Dresden, November 2013 Frank Duckhorn

Inhaltsverzeichnis

1. Einführung

1.1. Akustische Mustererkennung

In der heutigen Informations- und Kommunikationsgesellschaft gewinnt das Verarbeiten und Ordnen von Informationen eine immer größere Bedeutung. Die große Menge von Informationen und Daten macht automatische Verfahren unerlässlich. Die Mustererkennung spielt insofern eine Rolle, indem sie es ermöglicht, Objekte anhand ihrer Eigenschaften in Gruppen einzuteilen. Das kann einerseits genutzt werden, um ähnliche Objekte zu finden, andererseits aber auch, um die Gruppe eines unbekannten Objektes zu bestimmen. Gruppen von Objekten werden Klassen genannt. In der Realisierung werden Eigenschaften der Objekte aufgezeichnet und bezüglich verschiedener Merkmale analysiert. Anschließend kann ein automatischer Klassifikator verwendet werden, um die Klasse des Objektes zu bestimmen. Der Klassifikator benutzt statistische Modelle als Repräsentanten der Klassen. Die Abbildung 1.1 illustriert diesen Ablauf.

In dieser Arbeit werden ausschließlich akustische Signale wie zum Beispiel Sprache oder andere Geräusche als Eigenschaften der Objekte betrachtet, obwohl die vorgestellten Verfahren zur Klassifikation sich prinzipiell auch auf andere Signale

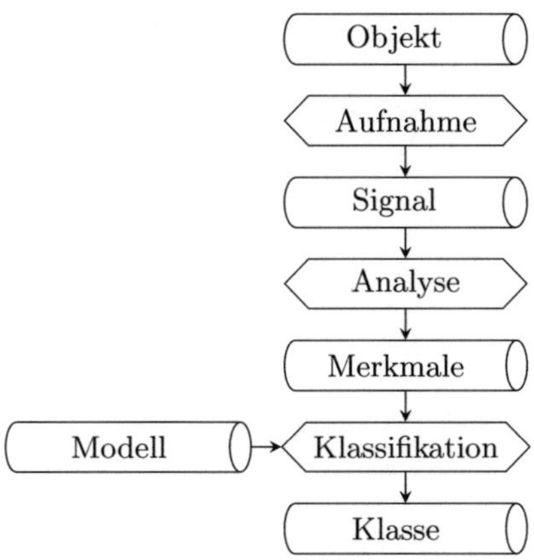

Abbildung 1.1.: Schematischer Aufbau der Mustererkennung (nach [Wol11])

anwenden lassen. Die akustischen Signale können durch Mikrofone in elektrische Signale gewandelt und nach Digitalisierung rechentechnisch verarbeitet werden. Dabei werden Merkmalanalyse und Klassifikation durchgeführt. Anschließend kann das Ergebnis (die erkannte Klasse) ausgegeben, gespeichert oder an andere Geräte weitergeleitet werden. Der akustische Mustererkenner im Gesamten ordnet akustische Signale in Klassen ein.

Die Geschichte der automatischen Mustererkennung beginnt mit dem Aufkommen der ersten Rechner. Seitdem wird sie in immer mehr Anwendungen eingesetzt. Der grundlegende Aufbau, wie in Abbildung 1.1 dargestellt, hat sich dabei kaum geändert ([Nie83, Wes89, Hof98, Wol11]). Der erreichte Fortschritt liegt in einer größeren Menge von Analyse- und Klassifikationsverfahren sowie der Optimierung einzelner Verfahren. Die seitdem stark gestiegene Rechenleistung ermöglicht heute sehr viel mehr Einsatzbereiche.

Vorbild und gleichzeitig Maßstab für die akustische Mustererkennung ist das menschliche Gehör, dass ebenfalls akustische Signale aufnehmen kann. Außerdem ist der Mensch in der Lage bestimmte Signale wieder zu erkennen sowie unbekannten Signalen Bedeutungen zuzuordnen, indem er sie mit bekannten Signalen vergleicht. Um dies zu erreichen, merkt er sich verschiedene Eigenschaften der Signale und ordnet unbekannte Signale damit ein.

In der akustischen Mustererkennung wird dieses Verhalten nachgeahmt. Da das menschliche Gehör akustische Signale entsprechend ihrer spektralen Anteile zerlegt, wird Spektralanalyse häufig zur Gewinnung von Merkmalen eingesetzt. Das Spektrum eines Signals besteht aus mehreren Werten, welche zu einem Merkmalvektor zusammengefasst werden. Ziel der Analyse sind Merkmalvektoren, die nur die Informationen enthalten, welche für die Unterscheidung der Klassen notwendig sind. Außerdem soll die Korrelation zwischen den einzelnen Merkmalen möglichst klein sein. Die Eigenschaften akustischer Signale ändern sich gewöhnlich mit der Zeit. Analytisch lassen sich solche Signale als Folge von Einzelereignissen auffassen. Aufgabe der Mustererkennung ist nun, in dem Signal bestimmte Ereignisse zu detektieren, welche betrachtet werden sollen. Die Schwierigkeit liegt in der Überlagerung von verschiedenen Ereignissen sowie von Ereignissen, welche nicht von Interesse sind und im Allgemeinen als Störsignal aufgefasst werden. Praktisch wird diese Veränderung durch eine Folge von Merkmalvektoren für bestimmte Zeitabschnitte abgebildet. Innerhalb der Zeitabschnitte wird angenommen, dass es keine Änderung der Eigenschaften des Signales gibt.

Den Kern der akustischen Mustererkennung bildet die Klassifikation. Auf Basis von statistischen Modellen wird dem Signal eine Klasse zugeordnet. Dabei wird die Klasse ausgewählt, die für die beobachteten Merkmalvektoren am wahrscheinlichsten ist. Für Signale, in welchen mehrere Ereignisse aufeinanderfolgen, ist es wünschenswert, anstatt einer einzelnen Klasse eine Folge von Klassen für das Signal zu klassifizieren. Im Klassifikator kann dieses Verhalten durch die

Verkettung der Modelle realisiert werden. Die Modelle selbst werden durch automatische Trainingsverfahren auf Basis großer Datenmengen erzeugt.

Der gesamte Prozess der akustischen Mustererkennung ist in vielen Aufgabenfeldern einsetzbar. Die wichtigste Anwendung stellt die Spracherkennung dar, das heißt die automatische Verarbeitung von gesprochener Sprache. Ziel der Klassifikation können alle Ebenen der Sprache sein:

- Erkennung der Folge von Phonemen
- Erkennung der Folge von Silben
- Erkennung der Folge von Wörtern
- Erkennung von ganzen Sätzen (zum Beispiel Kommandos)
- Erkennung der Bedeutung von einem oder mehreren Sätzen

Das Prinzip kann auch auf nicht sprachliche Signale angewendet werden. Zum Beispiel können aus Geräuschen von technischen Anlagen Informationen über deren Betriebszustand oder Abnutzung abgeleitet werden. Weiterhin ist es auch möglich an Geräten oder Gegenständen künstlich Schallsignale zu erzeugen, um daraus auf deren Eigenschaften schließen zu können. Selbst für Musiksignale ist der Einsatz möglich. Hier können Informationen über die Musik extrahiert werden (zum Beispiel Taktart, Genre, einzelne Noten). Es ist möglich ähnliche Stücke zu einer Anfrage zu bestimmen oder Musik unabhängig von der Interpretation wieder zu erkennen.

Das wichtigste Anwendungsfeld in dieser Arbeit ist ebenfalls die Spracherkennung mit vielen Experimenten von der Phonem- bis zur Kommandoerkennung. Weiterhin wird aber auch auf technische Anwendungen wie zum Beispiel die Kabelfehlerortung Bezug genommen. Hier wird die Position von Kabeldefekten anhand eines Spannungsüberschlags bestimmt. Die Entfernung wird aus der Laufzeitdifferenz von magnetischem und akustischem Impuls berechnet. Die Mustererkennung wird benutzt, um die zeitliche Position des akustischen Impulses zu finden.

1.2. Gewichtete endliche Automaten

Wenn mehrere Ereignisse in einem Signal aufeinanderfolgen, liegt der Folge oft eine bestimmte Struktur zugrunde. Das wird dadurch deutlich, dass die Wahrscheinlichkeit eines Ereignisses von den Vorherigen und Nachfolgenden abhängt. Zum Beispiel folgt in gesprochener Sprache nicht jedes Phonem gleich wahrscheinlich jedem anderen. Bestimmte Phonemfolgen kommen gar nicht vor. Weiterhin gibt es bei dem Beispiel der Sprache solche Strukturen auch auf höheren

Ebenen (Silben, Wörter, Sätze). In der klassischen Spracherkennung wurden alle diese Strukturen jeweils durch eigene Modelle abgebildet (Lexikon, Sprachmodell, ...). In den letzten Jahren werden immer öfter gewichtete endliche Automaten dafür eingesetzt.

Automaten sind in der Informatik schon länger bekannt ([Sch67]). Ein Automat ist eine mathematisch definierte Maschine, welche eine Eingabezeichenfolge verarbeitet und dabei eine bestimmte Ausgabezeichenfolge reproduzierbar erzeugt. Damit ist eine Übersetzung zwischen Ein- und Ausgabesprache möglich. Intern arbeitet der Automat mit Zuständen, in welchen bestimmte Eingabezeichen akzeptiert werden, wobei ein definierter Zustandswechsel vollzogen wird. Wenn die Menge der Zustände endlich ist, wird der Automat endlich genannt. Bezüglich der Ausgabe wird zwischen Mealy- und Moore-Automaten ([Mea55, Sha56]) unterschieden. Bei Ersterem hängt das Ausgabezeichen von Eingabe und Zustand ab, bei Letzterem nur von dem Zustand. Schließlich trägt ein gewichteter Automat an jedem Zustandsübergang ein Gewicht, welches die Wahrscheinlichkeit oder die Kosten abbilden kann.

In der akustischen Mustererkennung eignen sich gewichtete endliche Automaten gut zur Modellierung, da sich nahezu alle Modelle, die im Klassifikationsprozess verwendet werden, durch Automaten abbilden lassen. Im speziellen Fall der Spracherkennung können Phonemmodelle in Form von Hidden-Markov-Modellen, Phonem-Kontext-Modelle, Lexikon und auch Sprachmodelle durch endliche Automaten modelliert werden.

Ein weiterer Vorteil der Verwendung von gewichteten endlichen Automaten liegt in bestehenden Algorithmen zur Vereinigung (Komposition), Optimierung (zum Beispiel Minimierung) und zur Dekodierung (verschiedene Suchalgorithmen). Diese Algorithmen können für alle Ebenen des Klassifikators verwendet werden.

Eingeführt wurde die Verwendung von gewichteten endlichen Automaten in der Spracherkennung im Wesentlichen von Mehryar Mohri [Moh97, Moh02, Moh08]. In der Zwischenzeit sind zahlreiche Arbeiten zu verschiedensten Algorithmen für solche Automaten entstanden, bis hin zu vollständigen Systemen zur Spracherkennung auf Basis von Automaten ([Cho09, Dix07]). Die Abbildung 1.2 zeigt, wie ein System zur Spracherkennung mit gewichteten endlichen Automaten prinzipiell aufgebaut ist.

Am Institut für Akustik und Sprachkommunikation der Technischen Universität Dresden wurde über viele Jahre hinweg ein System entwickelt, welches Sprachsynthese und -erkennung vereinigen soll (Unified Approach to Speech Synthesis and Recognition) [Hof03]. Dieses System setzt im Kern ebenfalls auf gewichtete endliche Automaten [Wol95, Eic00, Cue04, Duc07]. Mit der Betrachtung von technischen Signalen konnte das System zur allgemeinen akustischen Mustererkennung erweitert werden [Tsc04, Hof07, Wol09, Tsc10, Wol11, Wit11].

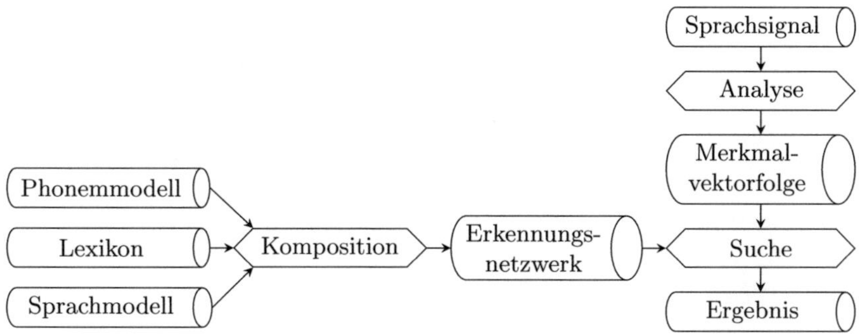

Abbildung 1.2.: Prinzipieller Ablauf der Spracherkennung mit gewichteten endlichen Automaten

Die hier vorliegende Arbeit setzt auf dieses System auf. Auf dessen Basis wurden verschiedene Algorithmen zur akustischen Mustererkennung optimiert beziehungsweise erweitert. Der Fokus liegt dabei auf Algorithmen für gewichtete endliche Automaten.

1.3. Suchraum

Die Geschichte von Suchverfahren reicht bis ins 18. Jahrhundert zurück. Im Jahr 1736 sah sich Leonhard Euler mit dem Königsberger Brückenproblem konfrontiert [Eul09]. Es stand die Frage im Raum, ob es möglich ist, bei einem Spaziergang jede der sieben Königsberger Brücken genau einmal zu überqueren. Die Abbildung 1.3 zeigt den Stadtplan von Königsberg mit den sieben Brücken.

Bei genauerer Betrachtung zeigt sich, dass es nicht möglich ist, einen Weg zu finden, welcher über jede Brücke nur einmal verläuft. Die Flussarme teilen die Stadt in vier Gebiete. In jedem Gebiet endet eine ungerade Anzahl von Brücken. In jedem Gebiet mit ungerade Anzahl von Brücken müsste entweder der Start- oder der Zielpunkt des Weges liegen, sonst können nicht alle Brücken genau einmal benutzt werden. Dies ist hier nicht möglich.

Euler ist es gelungen anhand dieses Beispiels ein Verfahren anzugeben, welches für eine beliebige Anzahl von Brücken und Gebieten bestimmt, ob es einen Weg gibt und wie dieser verlaufen muss. Dieses Prinzip der Graphensuche wurde immer weiter entwickelt. Heute ist in jedem Navigationsgerät ein Routing-Programm enthalten, das es ermöglicht die schnellste Verbindung zwischen einem Start- und einem Zielpunkt zu berechnen. Dabei werden unterschiedliche Geschwindigkeiten auf unterschiedlichen Strecken berücksichtigt.

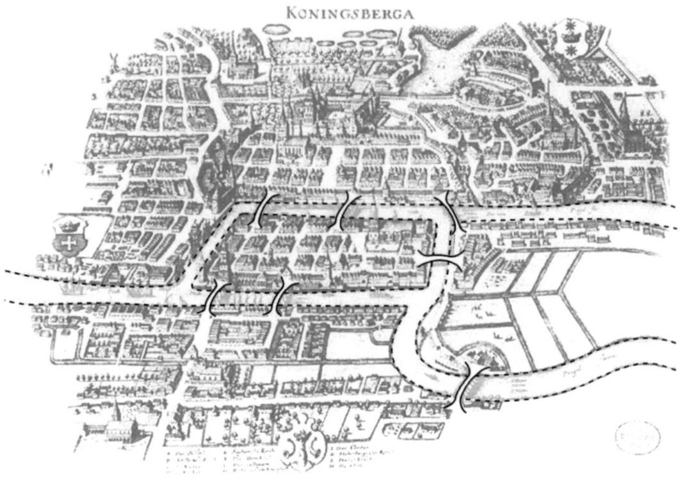

Abbildung 1.3.: Königsberger Brückenproblem
(Stich von Merian-Erben, 1652 – aus [Run13])

Kern dieser Systeme ist ein Suchalgorithmus, der den besten Pfad in einem Graphen bestimmen kann. Endliche gewichtete Automaten lassen sich in einen Graphen überführen. In der akustischen Mustererkennung wird die Suche zur der Klassifikation verwendet. Ziel ist die Bestimmung der Folge von Modellen oder Klassen, welche mit größter Wahrscheinlichkeit die beobachteten Merkmalvektoren erzeugen kann. Es existiert bereits eine große Anzahl von Suchalgorithmen für verschiedene Anwendungsgebiete. Der Abschnitt 3.2 gibt einen Überblick über Verfahren, die in der Mustererkennung eingesetzt werden können.

Die Menge aller möglichen Ergebnisse der Suche definiert den Suchraum. Die Aufgabe der Suche ist somit, ein Element des Suchraumes mit bestimmten Eigenschaften auszuwählen. Dafür werden im Allgemeinen nicht alle Elemente des Suchraumes betrachtet, sondern nur ein kleiner Teil. Je weniger Elemente betrachtet werden müssen, um das gesuchte Element zu finden, desto effizienter ist die Suche.

Ziel der Suchraumoptimierung in dieser Arbeit ist es, den Aufwand der Suche und damit der Klassifikation zu reduzieren. Um das zu erreichen, werden zwei Ansätze verfolgt. Zum einen werden Algorithmen zur Erstellung von Automaten in der akustischen Mustererkennung optimiert. Dadurch lässt sich der Suchraum im Voraus einschränken. Zum anderen werden verschiedene Algorithmen zur Suche selbst vorgestellt und hinsichtlich Ressourcenbedarf untereinander verglichen. Durch die Reduktion des betrachteten Teils des Suchraums ist ebenfalls eine Beschleunigung möglich.

2. Gewichtete endliche Automaten zur Klassenmodellierung

Dieses Kapitel stellt Verfahren zur Erstellung und Optimierung von gewichteten endlichen Automaten zur Bildung von Modellen auf allen Ebenen der akustischen Mustererkennung vor. Es gliedert sich in ein erstes Unterkapitel 2.1 zur Definition von gewichteten endlichen Automaten. Gleichzeitig werden hier die wichtigsten Symbole und Operatoren eingeführt, die in der Arbeit verwendet werden. (siehe auch Formelzeichenverzeichnis – Anhang A.5).

Anschließend folgt eine Betrachtung zur Modellierung von Mischverteilungen mit Automaten (Abschnitt 2.2). Es werden dafür verschiedene Topologien von Automaten sowie Transformationen zwischen den einzelnen Topologien vorgestellt. Anhand von Experimenten wird die Eignung zur Klassifikation untersucht.

Die Spracherkennung ist eines der wichtigsten Einsatzgebiete der akustischen Mustererkennung. Daher werden anhand eines einfachen Beispiels Möglichkeiten aufgezeigt, um Modelle in der Spracherkennung als Automaten zu realisieren (Abschnitt 2.3). Es werden Phonem-Kontext-, Lexikon- und Sprachmodelle beleuchtet.

Das folgende Unterkapitel 2.4 stellt ein verbessertes Kompositionsverfahren vor. Die Komposition dient der Vereinigung von Automaten auf unterschiedlichen Schichten. Die Größe des erzeugten Erkennungsnetzwerkes beeinflusst stark den Rechen- und Speicherbedarf der eigentlichen Klassifikation, der Suche. Sie kann durch einen neuen, universellen Epsilon-Filter reduziert werden.

Abschließend widmet sich das Unterkapitel 2.5 der Optimierung von Automaten. Der Algorithmus der Minimierung dient dazu, einen äquivalenten Automaten zu bestimmen, der möglichst kompakt ist. Das Verfahren wird zusammen mit der zugrunde liegenden Determinierung in den Abschnitten 2.5.1 und 2.5.2 kurz vorgestellt. Da dieses Verfahren sehr aufwendig ist, wurde das sehr einfaches Verfahren der „faulen“ Minimierung entwickelt, welches nur bestimmte Vereinfachungen im Automaten vornimmt (siehe Abschnitt 2.5.3).

2.1. Gewichteter endlicher Automat

In diesem Kapitel werden gewichtete endliche Automaten eingeführt und definiert. Die Definition folgt dabei im Wesentlichen der Arbeit von Matthias Wolff [Wol11]. Andere Arbeiten, wie zum Beispiel [Moh08, Dro09], unterscheiden sich meist nur in der Benutzung anderer Formelzeichen. Das Kapitel dient daher der Einführung der in dieser Arbeit verwendeten Bezeichnungen. Abgeschlossen wird das Kapitel durch eigene Untersuchungen zur effizienten Berechnung der logarithmischen Addition, welche für Automaten im logarithmischen Halbring benötigt wird.

2.1.1. Halbringe

Um Gewichte in endlichen Automaten verwenden zu können, müssen auf diesen definierte Operationen bestimmte Voraussetzungen erfüllen. Diese Voraussetzungen werden durch das algebraische Konstrukt der Halbringe erfüllt. Tabelle 2.1 gibt einen Überblick über die häufig verwendeten Halbringe für endliche Automaten.

Der logarithmische und der tropische Halbring sind isomorph zum Wahrscheinlichkeits- beziehungsweise Max/Mal-Halbring. Die Gewichte können wie folgt konvertiert werden.

$$k_{trop} = k_{log} = -\ln k_{wk} = -\ln k_{max} \tag{2.1}$$

Im logarithmischen Halbring wird die Operation der logarithmischen Addition verwendet, welche definiert ist durch:

$$c = a \oplus_{\ln} b = -\ln\left(\mathrm{e}^{-a} + \mathrm{e}^{-b}\right) \tag{2.2}$$

Im Abschnitt 2.1.6 sind Untersuchungen zur effizienten Berechnung der logarithmischen Addition zu finden.

Eine weitere Besonderheit stellt der Zeichenkettenhalbring dar. Dieser wird verwendet, um Ein- und Ausgabezeichen in der gleichen Weise verarbeiten zu können wie Gewichte. Er ist definiert durch die Operationen längstes gemeinsames Präfix $\oplus_{\mathrm{str}}$ und Verkettung $\otimes_{\mathrm{str}}$. Die neutralen Elemente sind die leere Zeichenkette ϵ und die unendliche Zeichenkette ∞.

$$\text{längstes gemeinsames Präfix:} \quad \text{entgegen} \oplus_{\mathrm{str}} \text{entweder} = \text{ent} \tag{2.3}$$

$$\text{Verkettung:} \quad \text{ent} \otimes_{\mathrm{str}} \text{gegen} = \text{entgegen} \tag{2.4}$$

Halbring	Grundmenge	Additionsoperation	Multiplikationsoperation	Neutrales Element der Addition	Neutrales Element der Multiplikation	Größer-als-Operation	Kleiner-als-Operation	Optimaloperation
	$\mathbb{K}$	$c = a \oplus b$	$c = a \otimes b$	$\bar{0}$	$\bar{1}$	$\circledgtr$	$\circledless$	ext
Wahrscheinlk.-	$\mathbb{R}_+$	$c = a + b$	$c = a \cdot b$	0	1	$>$	$<$	max
Max/Mal-	$\mathbb{R}_+$	$c = \max(a, b)$	$c = a \cdot b$	0	1	$>$	$<$	max
logarithmischer	$\mathbb{R} \cup \{\infty\}$	$c = a \oplus_{\ln} b$	$c = a + b$	∞	0	$<$	$>$	min
tropischer	$\mathbb{R} \cup \{\infty\}$	$c = \min(a, b)$	$c = a + b$	∞	0	$<$	$>$	min
Zeichenketten-	$X^* \cup \{\epsilon, \infty\}$	$c = a \oplus_{\text{str}} b$	$c = a \otimes_{\text{str}} b$	∞	ϵ	nicht definiert		

Tabelle 2.1.: Häufig verwendete Halbringe (HR) für Gewichte in Automaten (nach [Moh08, Wol11])

$$x \in X^* : \quad \begin{array}{ll} x \oplus_{\text{str}} \epsilon = \epsilon \oplus_{\text{str}} x = \epsilon & x \oplus_{\text{str}} \infty = \infty \oplus_{\text{str}} x = x \\ x \otimes_{\text{str}} \epsilon = \epsilon \otimes_{\text{str}} x = x & x \otimes_{\text{str}} \infty = \infty \otimes_{\text{str}} x = \infty \end{array} \tag{2.5}$$

Die Vergleichsoperationen $\circledleq$ und $\circledgeq$ werden in der weiteren Arbeit verwendet. Sie sind nicht in der Tabelle 2.1 enthalten. Ihr Verhalten lässt sich aus den Operationen $\oslash$ und $\oslash$ ableiten. Weiterhin werden die Extremwertoperationen ext2 und argext2 benutzt. Sie bestimmen den jeweils entgegengesetzten Extremwert zu ext und argext, also das Minimum anstatt dem Maximum im Wahrscheinlichkeitshalbring.

2.1.2. Definition gewichteter endlicher Automat

Ein gewichteter endlicher Automat ist ein 7-Tupel und besteht aus folgenden Elementen:

$\mathcal{A} = (Z^{\mathcal{A}}, I^{\mathcal{A}}, F^{\mathcal{A}}, X^{\mathcal{A}}, Y^{\mathcal{A}}, S^{\mathcal{A}}, E^{\mathcal{A}})$

- Einer endlichen Menge von Zuständen: $Z^{\mathcal{A}} = \{z_0, z_1, \ldots\}$,
- einer Menge von Anfangszuständen: $I^{\mathcal{A}} \subseteq Z^{\mathcal{A}}$,
- einer Menge von Schlusszuständen: $F^{\mathcal{A}} \subseteq Z^{\mathcal{A}}$,
- einem Eingabealphabet: $X^{\mathcal{A}} = \{\epsilon, x_0, x_1, \ldots\}$,
- einem Ausgabealphabet: $Y^{\mathcal{A}} = \{\epsilon, y_0, y_1, \ldots\}$,
- einem Gewichtshalbring: $S^{\mathcal{A}} = \{\mathbb{K}, \oplus, \otimes, \overline{0}, \overline{1}\}$ und
- einer Multimenge von Übergängen: $E^{\mathcal{A}} \subseteq Z^{\mathcal{A}} \times X^{\mathcal{A}} \times Y^{\mathcal{A}} \times \mathbb{K} \times Z^{\mathcal{A}}$.

Ein Übergang $e = (z(e), x(e), y(e), w(e), z'(e)) \in E^{\mathcal{A}}$ beginnt am Startzustand $z(e)$ und endet am Endzustand $z'(e)$. Dabei wird das Eingabesymbol $x(e)$ konsumiert und das Ausgabesymbol $y(e)$ emittiert. Das Gewicht des Übergangs wird durch $w(e)$ festgelegt. Ein Übergang dessen Eingabe- und Ausgabesymbol ϵ ist, wird leerer Übergang bezeichnet.

Die Multimenge ist definiert als Menge, bei der Elemente mehrfach vorkommen können. Im Rahmen dieser Arbeit wird die Operation der Vereinigung von Multimengen verwendet. Sie unterscheidet sich von der Vereinigung von normalen Mengen darin, dass die Häufigkeiten der Vorkommen einzelner Elemente summiert werden.

$$\{a, b, b\} \uplus \{a, c\} = \{a, a, b, b, c\} \tag{2.6}$$

Abbildung 2.1 zeigt die Darstellung eines Automaten am Beispiel. Die Anfangszustände sind durch einen eingehenden Pfeil markiert und die Schlusszustände durch einen doppelten Kreis. Die Übergänge sind bezeichnet mit: Eingabesymbol:Ausgabesymbol|Gewicht. In der weiteren Arbeit werden häufig nur die relevanten Informationen an den Übergängen dargestellt, um die Übersichtlichkeit zu wahren.

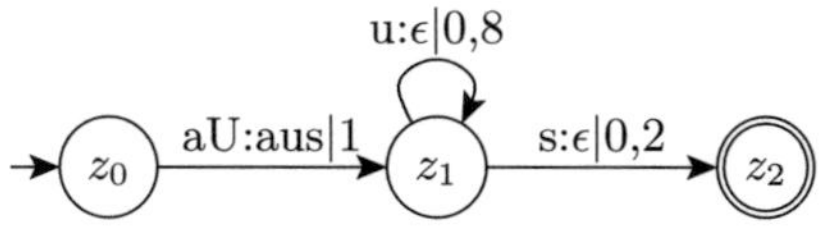

Abbildung 2.1.: Darstellung eines Automaten am Beispiel

Diese Definition folgt im Wesentlichen der Definition von Matthias Wolff [Wol11]. Das Verständnis der Übergangsmenge als Multimenge ist der Arbeit von Mehryar Mohri entnommen [Dro09].

2.1.3. Wege im Automaten

Eine zusammenhängende Folge von Übergängen wird als Weg $U \in \mathcal{A}$ bezeichnet.

$$U = (e_1, \ldots, e_K) \text{ mit } \forall_{i=1\ldots K-1} : \; z'(e_i) = z(e_{i+1}) \tag{2.7}$$

Die auf Übergängen definierten Funktionen (z,z',x,y,e) können analog auf Wege angewendet werden.

$$z(U) = z(e_1) \tag{2.8}$$
$$z'(U) = z'(e_K) \tag{2.9}$$
$$x(U) = x(e_1) \otimes_{\text{str}} \ldots \otimes_{\text{str}} x(e_K) \tag{2.10}$$
$$y(U) = y(e_1) \otimes_{\text{str}} \ldots \otimes_{\text{str}} y(e_K) \tag{2.11}$$
$$w(U) = w(e_1) \otimes \ldots \otimes w(e_K) \tag{2.12}$$

Ein Weg wird durchgehend genannt, falls er mit einem Anfangszustand beginnt und mit einem Schlusszustand endet.

$$z(U) \in I^{\mathcal{A}} \quad \wedge \quad z'(U) \in F^{\mathcal{A}} \tag{2.13}$$

2.1.4. Sprache eines Automaten

Allgemein betrachtet weist ein Automat jedem Paar von Eingabe- und Ausgabezeichenkette (x und y) ein Gewicht zu. Man sagt, der Automat übersetzt die Zeichenkette x in y mit dem Gewicht $\mathcal{A}(x, y)$, wenn dieses größer als $\overline{0}$ ist.

$$\mathcal{A}(x, y) = \bigoplus_{\substack{U \in \mathcal{A}: \\ x(U)=x \;\wedge\; y(U)=y}} w(U) \tag{2.14}$$

Die Eingabesprache des Automaten definiert sich durch die Menge aller möglichen Eingabezeichenketten. Die Ausgabesprache definiert sich entsprechend.

$$\mathbb{L}_x(\mathcal{A}) = \{x | x = x(U) \wedge U \in \mathcal{A}\} \quad (2.15)$$
$$\mathbb{L}_y(\mathcal{A}) = \{y | y = y(U) \wedge U \in \mathcal{A}\} \quad (2.16)$$

Zusammenfassend stellt ein Automat eine definierte Übersetzung von einer Eingabesprache in eine Ausgabesprache dar.

2.1.5. Automatentypen

Allgemein werden Automaten ohne Eingabesymbole beziehungsweise ohne Ausgabesymbole als Generatoren beziehungsweise Akzeptoren bezeichnet. Ein Automat mit Ein- und Ausgabesymbolen wird Transduktor genannt. Im Rahmen dieser Arbeit werden alle Automatentypen in Form von Transduktoren betrachtet. Generatoren wie auch Akzeptoren lassen sich als Transduktoren darstellen, bei denen jeder Übergang das gleiche Eingabe- und Ausgabesymbol trägt. Damit sind auch Ein- und Ausgabealphabet sowie beide Sprachen sind identisch.

Ungewichtete Automaten werden ebenfalls nicht gesondert betrachtet. Sie sind ebenfalls ein Spezialfall der gewichteten Automaten.

2.1.6. Effiziente Berechnung der logarithmischen Addition

Die logarithmische Addition, siehe Gleichung (2.2), lässt sich durch Umformen in folgende Gleichung vereinfachen:

$$a \oplus_{\ln} b = \min(a, b) - \mathrm{d}_{\ln}(|a-b|) \quad (2.17)$$
$$\mathrm{d}_{\ln}(|a-b|) = \ln\left(1 + \mathrm{e}^{-|a-b|}\right) \quad (2.18)$$

Diese lässt sich deutlich effizienter berechnen, weil im Vergleich zur der Gleichung (2.2) eine Potenzierung gespart wird. Außerdem hängt die logarithmische Differenz $\mathrm{d}_{\ln}(|a-b|)$ nur von der Differenz von a und b ab und der Wert ist häufig klein gegenüber dem Minimum von a und b. Der Wert der Differenz ist maximal $\ln(2)$ für gleiche a und b. Er fällt mit größerem Abstand von a und b schnell ab.

Im Folgenden wird die Abweichung der logarithmischen Addition bei vollständiger Vernachlässigung der logarithmischen Differenz sowie bei Approximation mit einer Stufenfunktion untersucht. Die approximierte logarithmische Addition ergibt sich durch Benutzung der approximierten logarithmischen Differenz.

$$c = a \hat{\oplus}_{\ln} b = \min(a, b) - \hat{\mathrm{d}}_{\ln}(|a - b|) \tag{2.19}$$

Als Stufenfunktion hat sich eine Funktion mit linear verteilten N Stufen im Bereich von $0 \leq |a - b| < M$ als vorteilhaft erwiesen, da bei ihr der aktuelle Bereich sehr leicht bestimmt werden kann und die Funktionswerte in einer Tabelle vorberechnet abgelegt werden können. So ist für die Berechnung der logarithmischen Differenz nur ein Runden des Argumentes auf den Bereich sowie das Laden des entsprechenden Funktionswertes notwendig. Für Werte größer oder gleich M wird die logarithmische Differenz vernachlässigt.

$$\hat{\mathrm{d}}_{\ln}^{N,M}(|a - b|) = \begin{cases} \mathrm{d}_{\ln}(0) & \text{für } 0 \leq |a - b| < M\frac{0{,}5}{N} \\ \mathrm{d}_{\ln}(M\frac{n}{N}) & \text{für } M\frac{n-0{,}5}{N} \leq |a - b| < M\frac{n+0{,}5}{N} \\ & \text{mit } n = 1, \ldots, N-1 \\ \mathrm{d}_{\ln}(M) & \text{für } M\frac{N-0{,}5}{N} \leq |a - b| < M \\ 0 & \text{für } |a - b| \geq M \end{cases} \tag{2.20}$$

In der Abbildung 2.2 ist die logarithmische Differenz sowie deren Approximation mit einer Stufenfunktion mit $N = 8$ Stufen im Bereich von 0 bis $M = 10$ dargestellt.

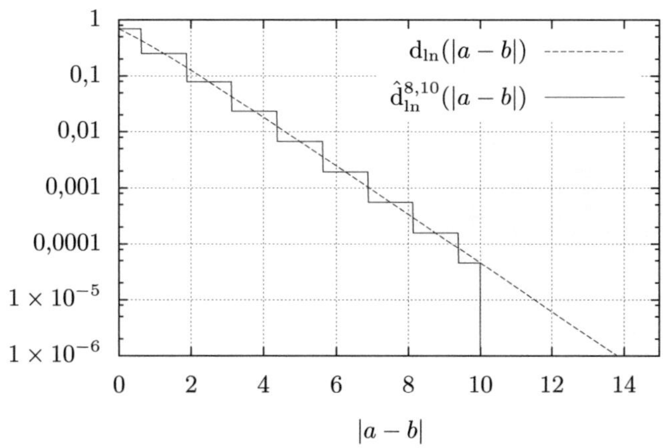

Abbildung 2.2.: Approximation der logarithmischen Addition durch eine Stufenfunktion

Zur Untersuchung des Fehlers der Approximation der logarithmischen Addition wird die absolute $F_{\ln}$ wie auch die relative $f_{\ln}$ Abweichung betrachtet. Letztere entspricht der absoluten Abweichung, normiert auf den echten Wert der logarithmischen Addition.

$$
\begin{aligned}
F_{\ln}(|a-b|) &= \left|(a \oplus_{\ln} b) - (a \hat{\oplus}_{\ln} b)\right| && (2.21)\\
&= \left|d_{\ln}(|a-b|) - \hat{d}_{\ln}(|a-b|)\right| && (2.22)\\
f_{\ln}(a,b) &= \frac{F_{\ln}(|a-b|)}{a \oplus_{\ln} b} && (2.23)\\
&= \frac{\left|d_{\ln}(|a-b|) - \hat{d}_{\ln}(|a-b|)\right|}{\min(a,b) - d_{\ln}(|a-b|)} && (2.24)
\end{aligned}
$$

In den Abbildungen 2.3 und 2.4 sind die absoluten und relativen Abweichungen bei vollständiger Vernachlässigung der logarithmischen Differenz ($\hat{d}_{\ln}(|a-b|) = 0$) beziehungsweise bei Approximation mit einer Stufenfunktion dargestellt. Der Wertebereich entspricht den häufig in der akustischen Mustererkennung vorkommenden Werten. Als Stufenfunktion wurde eine Funktion mit $N = 256$ Stufen im Bereich $0 \leq |a-b| < (M = 10)$ verwendet. Die Wertetabelle dieser Funktion würde bei einfacher Gleitkommagenauigkeit 1 KiB Speicherplatz benötigen.

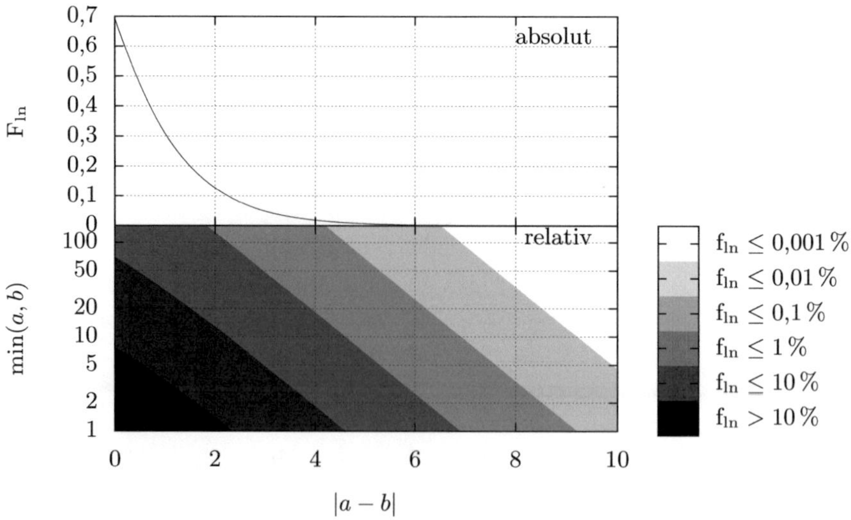

Abbildung 2.3.: Abweichung der logarithmischen Addition bei vollständiger Vernachlässigung der logarithmischen Differenz: $\hat{d}_{\ln}(|a-b|) = 0$

Die absolute Abweichung F_{ln} der logarithmischen Addition bei vollständiger Vernachlässigung ist maximal ln(2) bei Gleichheit der Argumente. Sie nimmt mit steigendem Abstand der Argumente ab. Der Wertebereich der Argumente ist häufig größer als ln(2). Die relative Abweichung sinkt sowohl mit dem Abstand als auch wenn das kleinere Argument groß gegenüber ln(2). So ist sie für Argumente größer als 7 stets unter 10 %, für 70 stets unter 1 %.

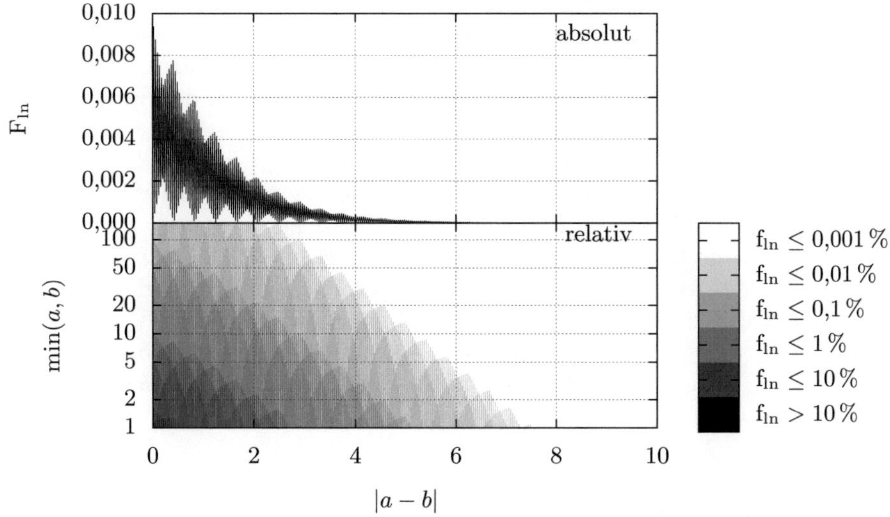

Abbildung 2.4.: Abweichung der logarithmischen Addition bei Interpolation der logarithmischen Differenz mit 256 Stufen: $\hat{\text{d}}_{\text{ln}}^{256,10}(|a - b|)$

Die vorgestellte Approximation der logarithmischen Differenz mit einer Stufenfunktion reduziert die Abweichung deutlich. In der Abbildung 2.4 ist zu sehen, dass die absolute Abweichung nun stets unter 0,01 bleibt. Die relative Abweichung bleibt fast im gesamten dargestellten Bereich unter 1 %, für Argumente, die größer als 10 sind, ist die Abweichung kleiner als 0,1 %.

2.2. Mischverteilungen als gewichtete endliche Automaten

Der nächste Abschnitt 2.3 wird zeigen, dass gewichtete endliche Automaten schon erfolgreich für Sprach-, Lexikon- sowie Phonemfolgemodelle eingesetzt werden. Dieser Abschnitt konzentriert sich auf die tiefste Schicht der Phonemmodelle, welche in der Spracherkennung meist durch Hidden-Markov-Modelle [Rab89] gebildet werden. Diese Modelle werden bis jetzt selten oder nur teilweise in Form als Automat implementiert, obwohl sich deren Struktur sehr gut dafür eignet. Speziell die Mischverteilungen innerhalb den, in der Spracherkennung üblichen, kontinuierlichen Hidden-Markov-Modellen werden nicht in die Automaten integriert. In diesem Abschnitt wird gezeigt, wie Hidden-Markov-Modelle in Form von gewichteten endlichen Automaten realisiert werden können und welche Möglichkeiten es gibt, die Mischverteilungen in den Automaten zu integrieren. Dadurch kann der Aufbau des Spracherkenners noch stärker vereinheitlicht werden. Außerdem bilden endliche Automaten Folgenmodelle ab und können so Wechselwirkungen der Mischverteilungen sowie einzelner Verteilungen innerhalb dieser besser modellieren (siehe [Duc10b]). Die Modellierung der Folge von einzelnen Verteilungen ist mit dem bisherigen Konzept der Mischverteilung nicht möglich.

2.2.1. Vom Hidden-Markov-Modell zum Automat

Ein Hidden-Markov-Modell (HMM), wie es von Lawrence R. Rabiner in [Rab89] eingeführt wurde, besteht aus Zuständen, die durch Übergänge verbunden sind. Jeder Zustand besitzt eine Initialwahrscheinlichkeit $p(z_i)$. Die Übergänge tragen Übergangswahrscheinlichkeiten $p(z_i|z_j)$. Im kontinuierlichen HMM weist in jedem Zustand eine Mischverteilung M_i jedem Merkmalvektor $\vec{o}_k$ eine Ausgabewahrscheinlichkeit $p(\vec{o}_k|M_i)$ zu. Dabei besteht die Mischverteilung selbst aus einer Kombination von mehrdimensionalen Normalverteilungen G_i, welche jeweils durch einen Mittelwertvektor $\vec{\mu}_i$ und eine Kovarianzmatrix Σ_i definiert werden. Die Wahrscheinlichkeit einer Normalverteilung innerhalb einer Mischverteilung $p(G_j|M_i)$ wird Mixturgewicht bezeichnet. Die Mischverteilung kann auch als Menge von Normalverteilungen aufgefasst werden, bei denen das Mixturgewicht nicht Null ist.

$$\mathcal{G} = \{G_1, G_2, \ldots, G_{N_G}\} \tag{2.25}$$

$$G_i = (\vec{\mu}_i, \Sigma_i) \tag{2.26}$$

$$p(\vec{o}_k|G_i) = \frac{1}{\sqrt{2\pi^N |\Sigma_i|}} \mathrm{e}^{-\frac{1}{2}(\vec{o}_k-\vec{\mu}_i)^{\mathrm{T}}\Sigma_j^{-1}(\vec{o}_k-\vec{\mu}_i)} \tag{2.27}$$

$$\mathcal{M} = \{M_1, M_2, \ldots, M_{N_M}\} \tag{2.28}$$

$$p(\vec{o}_k|M_i) = \sum_{j=1}^{N_G} p(G_j|M_i)p(\vec{o}_k|G_j) \tag{2.29}$$

$$M_i = \{G_j \in \mathcal{G} \mid p(G_j|M_i) > 0\} \tag{2.30}$$

In der Realisierung als endlicher Automat sind die Zustände des HMM's gleich denen des Automaten (z_i). Die Gewichte der Übergänge im Automaten entsprechen den Übergangswahrscheinlichkeiten ($w(e) = p(z_i|z_j)$) im Wahrscheinlichkeitshalbring. Die Initialwahrscheinlichkeiten der Zustände können äquivalent durch einen einzigen, zusätzlichen Anfangszustand (z_0) im Automaten abgebildet werden, von dem leere Übergänge mit den entsprechenden Initialwahrscheinlichkeiten zu allen anderen Zuständen abgehen ($e = (z_0, \epsilon, \epsilon, p(z_i), z_i)$).

Die Mischverteilungen werden den Übergängen im Automaten in Form der Eingabesymbole zugeordnet. Damit kann - analog zu Gleichung (2.14) - das Gewicht berechnet werden, unter welchem der Merkmalvektorfolge $\vec{\mathbf{o}}$ die Ausgabesymbolfolge y zugeordnet wird – Gleichung (2.34).

$$\vec{\mathbf{o}} = (\vec{o}_0, \ldots, \vec{o}_{K-1}) \tag{2.31}$$

$$w(\vec{o}_k, x_i) = \begin{cases} \overline{0} & \text{für } x_i = \epsilon \\ p(\vec{o}_k|M_i) & \text{sonst (Wk.-Halbring)} \end{cases} \tag{2.32}$$

$$w(\vec{\mathbf{o}}, U) = \bigotimes_{k=0}^{K-1} w(e_k) \otimes w(\vec{\mathbf{o}}, x(e_k)) \tag{2.33}$$

$$\mathcal{A}(\vec{\mathbf{o}}, y) = \bigoplus_{\substack{U \in \mathcal{A}: \\ |x(U)|=|\vec{\mathbf{o}}| \wedge y(U)=y}} w(\vec{\mathbf{o}}, U) \tag{2.34}$$

Eine Weiterentwicklung dieses Konzepts wurde von Constanze Tschöpe und Matthias Wolff vorgestellt [Tsc12, Wol13]. Hier wurde eine noch stärkere Integration in den Automaten umgesetzt. Die Merkmalvektoren selbst dienen dem Automaten als Eingabe. Die Eingangssprache des Automaten ist somit der Merkmalraum. Die Misch- und Normalverteilungen werden Teil des Automaten.

Diese Arbeit beschränkt sich jedoch auf Sequenzen von Misch- beziehungsweise Normalverteilungen als Eingabesprache. Dabei wird der Übergang von Mischverteilungen zu einzelnen Normalverteilungen als Eingabesymbol vollzogen. Es werden verschiedene Möglichkeiten zur Realisierung der Mischverteilungen in Automatenform vorgestellt und untersucht. Weiterhin werden Algorithmen zur Transformation zwischen den einzelnen Varianten entwickelt.

2.2.2. Möglichkeiten der Realisierung von Mischverteilungen im Automaten

In diesem Abschnitt werden verschiedene Möglichkeiten zur Realisierung der Mischverteilungen von Hidden-Markov-Modellen durch gewichtete endliche Automaten vorgestellt. Die einzelnen Möglichkeiten werden im Folgenden als Topologien bezeichnet, da sie sich in der Struktur des Automatengraphen unterscheiden. Verfahren zur Transformation zwischen den einzelnen Topologien finden sich in den weiteren Abschnitten. Dabei wird deutlich, dass jede Topologie eine Verallgemeinerung der Vorhergehenden ist. Es gibt jeweils ein eindeutiges Verfahren zur Überführung in die nächste Topologie. Der dabei entstehende Automat ist äquivalent zu dem der vorherigen Topologie. Rückwärts sind die Verfahren Approximationen der Modelle.

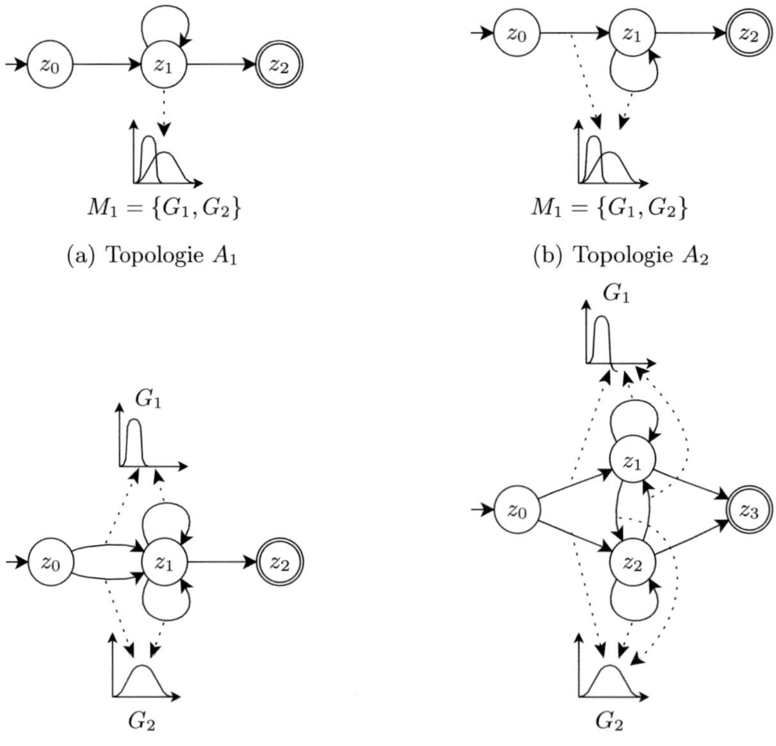

(a) Topologie A_1 (b) Topologie A_2 (c) Topologie B (d) Topologie C

Abbildung 2.5.: Topologien von Automaten zur Abbildung von Mischverteilungen am Beispiel

In der Abbildung 2.5 sind schematische Beispiele für die einzelnen Möglichkeiten angegeben. Es wurde ein HMM mit einem emittierenden Zustand sowie einer Mischverteilung bestehend aus zwei Normalverteilungen verwendet. Die Zuordnung von Normalverteilungen beziehungsweise Mischverteilungen ist durch gepunktete Pfeile dargestellt. Auf die Darstellung der Ausgabesymbole sowie der Gewichte der Übergänge wurde zugunsten der Übersichtlichkeit verzichtet. Im Folgenden wird vorausgesetzt, dass die mit $\mathcal{A}_1$, $\mathcal{A}_2$, $\mathcal{B}$ und $\mathcal{C}$ bezeichneten Automaten die entsprechende Topologie aufweisen.

Die Topologien A_1 und A_2 in der Abbildung zeigen die gewöhnliche Zuordnung der gesamten Mischverteilungen zu den Zuständen beziehungsweise Übergängen des Automaten. Das entspricht den bekannten „state emission" und „arc emission" HMM's. Die Zuordnung zu den Übergängen erfolgt durch deren Eingabesymbole ($x(e) = M_i$), die Zuordnung zu den Zuständen wird hier symbolisch mit $x(z_i) = M_i$ definiert. Die zustandsgebundene und die übergangsgebundene Zuordnung sind äquivalent, falls jedem Übergang das Symbol seines Endzustandes zugeordnet ist und kein Anfangszustand ein Symbol trägt:

$$\forall e_{a_2} \in E^{\mathcal{A}_2} : \quad x(e_{a_2}) = x(z'(e_{a_1})) \tag{2.35}$$

$$\forall z_{a_1} \in I^{\mathcal{A}_1} : \quad x(z_{a_1}) = \epsilon \tag{2.36}$$

Ein Automat der Topologie A_1, bei welchem einem oder mehreren Anfangszuständen Verteilungen M_i zugeordnet sind, lässt sich dennoch in die Topologie A_2 überführen. Es muss jeweils ein zusätzlicher leerer Übergang e_n, der die Verteilung trägt, sowie ein neuer Anfangszustand z_0 eingefügt werden:

$$\forall z_{a_1} \in I^{\mathcal{A}_1} \wedge x(z_{a_1}) \neq \epsilon : \tag{2.37}$$

$$Z^{\mathcal{A}_2} \longleftarrow Z^{\mathcal{A}_2} \cup \{z_0\} \tag{2.38}$$

$$I^{\mathcal{A}_2} \longleftarrow \left(I^{\mathcal{A}_2} \setminus \{z_{a_2}\}\right) \cup \{z_0\} \tag{2.39}$$

$$E^{\mathcal{A}_2} \longleftarrow E^{\mathcal{A}_2} \cup \left\{e_n = \left(z_0, M_i, \epsilon, \bar{1}, z_{a_2}\right)\right\} \tag{2.40}$$

Die Rücküberführung ist nur für Automaten möglich, bei welchen alle Übergänge mit dem gleichen Endzustand die gleiche Verteilung (oder keine) tragen, siehe Gleichung (2.41). Falls dies so ist, wird dem Endzustand diese Verteilung zugeordnet.

$$\forall e_i, e_j \in E^{\mathcal{A}_2} \wedge z'(e_i) = z'(e_j) \ : \quad x(e_i) = x(e_j) \tag{2.41}$$

Wie man sieht, ist jedem Pfad in beiden Topologien die gleiche Folge von Mischverteilungen zugeordnet. Es verschiebt sich nur die Position vom Zustand zum vorhergehenden Übergang. Daher sind beide Topologien äquivalent. Aufgrund dieser Äquivalenz wird weiterhin nur noch die Topologie A_2 betrachtet werden.

Da die Mischverteilungen durch die Eingabesymbole den Übergängen zugeordnet werden, folgt diese Topologie und alle Folgenden der Definition der gewichteten endlichen Automaten im Abschnitt 2.1.2.

Ein Automat mit der Topologie B hat die gleichen Zustände wie der entsprechende Automat in Topologie A_2. Den Übergängen sind jedoch nicht gesamte Mischverteilungen M_i zugeordnet, sondern nur einzelne Normalverteilungen G_j. Anstelle eines Übergangs mit einer Mischverteilung tritt für jede Normalverteilung ein gesonderter Übergang auf. Die Mixturgewichte der einzelnen Normalverteilungen werden durch unterschiedliche Gewichte der Übergänge abgebildet und können in diese überführt werden. Der Unterschied zur Topologie A_1 beziehungsweise A_2 ist, dass die Mixturgewichte hier bei unterschiedlichem Auftreten der Mischverteilung andere Werte annehmen können. Im Beispiel können die virtuellen Mixturgewichte für die Wiederholung der Normalverteilungen G_1 und G_2 im Zustand z_1 andere sein, als beim ersten Auftreten am Übergang von Zustand z_0 nach z_1.

Die Topologie C räumt den Mixturgewichten noch größere Freiheiten ein. Genauer hängt hier das Mixturgewicht jeder Normalverteilung von dem vorhergehenden Zustand und damit von der vorhergehenden Normalverteilung ab. Das wird erreicht, indem jeder Zustand in einem Automaten der Topologie B geteilt wird, dessen eingehende Übergänge verschiedene Normalverteilungen tragen. So ist in Automaten der Topologie C allen Kanten mit gleichem Endzustand die gleiche Normalverteilung zugeordnet. Sie ist also diesem Endzustand zugeordnet. Dadurch kann eine Folge von einzelnen Normalverteilungen besser modelliert werden.

Die Summation der Dichten der einzelnen Normalverteilungen zur Dichte der Mixtur wird bei Topologie B und C in die Dekodierung verlagert. Hier erzeugt zum Beispiel der Forward-Algorithmus durch Summation der verschiedenen Pfade das gleiche Modellgewicht. Voraussetzung ist, dass die Automaten äquivalent sind. Ein Algorithmus wie die dynamische Programmierung, der per Viterbi-Approximation nur das Gewicht des besten Pfades bestimmt, erweitert bei Automaten der Topologie B und C diese Approximation auf die Mischverteilungen. Das heißt, es wird nicht die gewichtete Summe der Wahrscheinlichkeiten der einzelnen Normalverteilungen innerhalb der Mischverteilung benutzt, sondern nur die Größte. Das entspricht der Viterbi-Approximation für Mischverteilungen.

2.2.3. Komposition mit einem Mischverteilungsautomaten

Die Vereinigung der Mischverteilungen mit dem Automaten lässt sich auch durch die Automatenoperation der Komposition (siehe Kapitel 2.4) ausdrücken. Dazu wird die Mischverteilung als Automat abgebildet. Automaten der Topologien B

und C können anschließend durch Komposition mit dem klassischen Automaten für ein HMM der Topologie A_2 erzeugt werden. Im vorherigen Abschnitt wurden die geänderten Automaten vorgestellt, welche hier dem Kompositionsergebnis entsprechen. An diesen Automaten konnten die Unterschiede zum klassischen HMM leichter verdeutlicht werden.

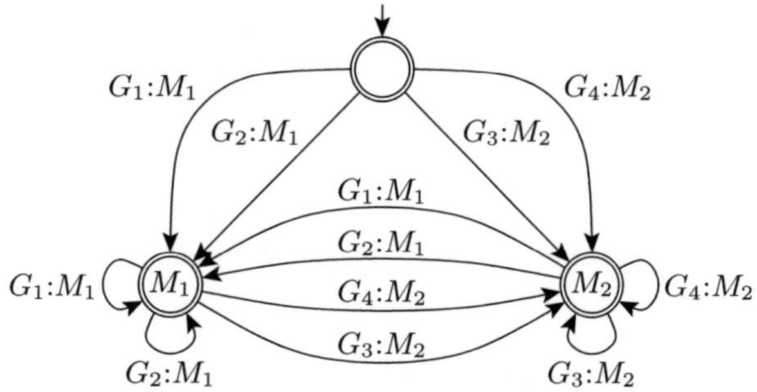

(a) Mischverteilungsautomat $\mathcal{M}_B$

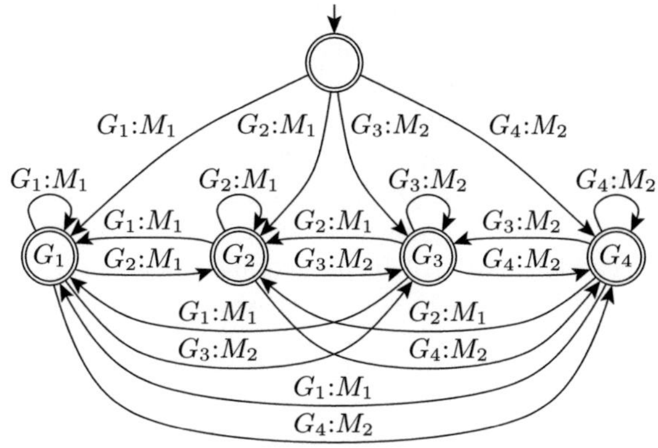

(b) Mischverteilungsautomat $\mathcal{M}_C$

Abbildung 2.6.: Mischverteilungsautomaten für die Komposition

Die Abbildung 2.6 zeigt die beiden Mischverteilungsautomaten $\mathcal{M}_B$ und $\mathcal{M}_C$. Beide Automaten sind Transduktoren zwischen Folgen von Normalverteilungen und Folgen von Mischverteilungen. Bei Ersterem ($\mathcal{M}_B$) repräsentiert jeder Zustand eine Mischverteilung M_i. Alle eingehenden Übergänge tragen die gleiche Mischverteilung. Durch Komposition mit dem Automaten $\mathcal{A}_2$ der Topologie $\mathcal{A}$ entsteht der Automat $\mathcal{B}$ mit der Topologie B. Bei dem zweiten Mischverteilungsautomat ($\mathcal{M}_C$) repräsentiert jeder Zustand eine eigene Normalverteilung G_j. Alle eingehenden Übergänge tragen die gleiche Normalverteilung. Durch

Komposition mit dem Automaten $\mathcal{A}_2$ der Topologie $\mathcal{A}$ entsteht der Automat $\mathcal{C}$ mit der Topologie C.

$$\mathcal{B} = \mathcal{M}_B \circ \mathcal{A}_2 \quad (2.42)$$

$$\mathcal{C} = \mathcal{M}_C \circ \mathcal{A}_2 \quad (2.43)$$

Die Gewichte der Automaten bestimmen sich durch die Mixturgewichte.

$$w(e) = p(G_j|M_i) \text{ für } x(e) = G_j \wedge y(e) = M_i \quad (2.44)$$

Zur Rückrechnung der Mixturgewichte aus den Übergangsgewichten der Mischverteilungsautomaten müssen diese approximiert werden. Das geschieht analog zur Approximation in den folgenden Transformationen.

2.2.4. Transformation zwischen verschiedenen Topologien

Zu den im vorherigen Abschnitt eingeführten Topologien zur Realisierung von Mischverteilungen durch gewichtete Automaten sollen hier nun Verfahren zur Transformation zwischen verschiedenen Topologien angeben werden. Die Verfahren zur Überführung in die jeweils nächste Topologie (von A_2 nach B und nach C) sind eindeutig und äquivalent, während die Verfahren in die andere Richtung (von C nach B und nach A_2) Approximationen der Modelle sind. Bei den Rücktransformationen wird jeweils nur der Fall betrachtet, bei welchem sich die Struktur (Zustände + Übergänge) der Automaten gegenüber der Hintransformation nicht geändert hat. Allein die Veränderung der Übergangsgewichte durch Training des Modells macht eine Approximation bei der Rücktransformation notwendig.

Transformation von A_2 nach B

Zuerst wird der Automat in der Topologie B als Kopie des Automaten der Topologie A_2 erzeugt. Nur die Menge der Übergänge wird leer initialisiert. Dann werden die Übergänge erzeugt. Dabei wird für jeden Übergang e_{a_2} im Automaten $\mathcal{A}_2$ und für jede Normalverteilung G_j, deren Mixturgewicht $p(G_j|M_i = x(e_{a_3}))$ nicht Null ist, ein neuer Übergang e_b im Automaten B zwischen den entsprechenden Zuständen erzeugt. Das Gewicht des Übergangs e_{a_2} muss mit dem Mixturgewicht zum Gewicht des Übergangs e_b zusammengefasst werden. Hierfür wird die Multiplikation der Wahrscheinlichkeiten benutzt, wie sie auch durch die Dekodierung ausgeführt werden würde: $w(e_b) = w(e_{a_2}) \otimes p(G_j|M_i)$. Dadurch sind die Automaten unter Berücksichtigung der Mixturgewichte äquivalent. Übergänge, denen keine Mischverteilung zugeordnet ist, werden einfach übernommen. Der Algorithmus 2.1 gibt den vollständigen Ablauf an.

Algorithmus 2.1 : Transformation von Topologie A_2 nach B

Eingabe : $\mathcal{A}_2 = (Z^{\mathcal{A}_2}, I^{\mathcal{A}_2}, F^{\mathcal{A}_2}, X^{\mathcal{A}_2}, Y^{\mathcal{A}_2}, S^{\mathcal{A}_2}, E^{\mathcal{A}_2})$
Ausgabe : $\mathcal{B} = (Z^{\mathcal{B}}, I^{\mathcal{B}}, F^{\mathcal{B}}, X^{\mathcal{B}}, Y^{\mathcal{B}}, S^{\mathcal{B}}, E^{\mathcal{B}})$

$\mathcal{B} \longleftarrow (Z^{\mathcal{A}_2}, I^{\mathcal{A}_2}, F^{\mathcal{A}_2}, X^{\mathcal{A}_2}, Y^{\mathcal{A}_2}, S^{\mathcal{A}_2}, \emptyset)$ # Initialisierung
foreach $e_{a_2} \in E^{\mathcal{A}_2}$ **do** # für alle Übergänge
  if $x(e_{a_2}) \neq \epsilon$ **then** # mit Mischverteilung
    $M_i \longleftarrow x(e_{a_2})$
    foreach $G_j \in \mathcal{G} \ \wedge \ p(G_j|M_i) \neq \overline{0}$ **do** # für alle Normalverteilungen in M_i
      $e_b \longleftarrow (z(e_{a_2}), G_j, y(e_{a_2}), w(e_{a_2}) \otimes p(G_j|M_i), z'(e_{a_2}))$ # neuen Übergang
      $E^{\mathcal{B}} \longleftarrow E^{\mathcal{B}} \uplus \{e_b\}$ # erzeugen
    end
  else # ohne Mischverteilung
    $E^{\mathcal{B}} \longleftarrow E^{\mathcal{B}} \uplus \{e_b = e_{a_2}\}$ # Übergang übernehmen
  end
end

Transformation von B nach A_2

Die Anpassung der Struktur des Automatengraphen geschieht analog zur Hintransformation. Dabei bleiben die Zustände erhalten. Die Normalverteilungen der Übergänge, welche die gleichen Start- und Endzustände sowie Ausgabesymbole haben, werden zu einer Mischverteilung zusammengefasst. Die Mischverteilung definiert sich dabei aus den beteiligten Normalverteilungen. Gibt es an mehreren Zuständen im Automaten die gleiche Kombination von Normalverteilungen, so wird in beiden Fällen die gleiche Mischverteilung gebildet. Das heißt, eine Mischverteilung kann an mehreren Übergängen im Automaten vorkommen. Im Folgenden wird von Vorkommen einer Mischverteilung gesprochen.

Um die Vereinigung der Vorkommen durchführen zu können, müssen die Mixturgewichte geschätzt werden, da diese in der Topologie B für unterschiedliche Vorkommen der Mischverteilung variieren können. Die Schätzung geschieht, indem das Verhältnis zweier Mixturgewichte als geometrisches Mittel der Verhältnisse der Übergangsgewichte bei unterschiedlichen Vorkommen definiert wird.

$$\forall\, M_i \in \mathcal{M} \ , \ G_j, G_k \in M_i \ :$$

$$\begin{aligned} E^{i,j,k} &= \left\{ (e_{B,j}, e_{B,k}) \;\middle|\; \begin{array}{c} e_{B,j}, e_{B_k} \in E^{\mathcal{B}} \wedge \\ x(e_{B,j}) = G_j \wedge \\ x(e_{B,k}) = G_k \end{array} \right\} \\ \frac{p(G_j|M_i)}{p(G_k|M_i)} &= \sqrt[|E^{i,j,k}|]{\prod_{(e_{B,j}, e_{B,k}) \in E^{i,j,k}} \frac{w(e_{B,j})}{w(e_{B,k})}} \end{aligned} \tag{2.45}$$

Die Verhältnisse der Mixturgewichte werden durch die Verhältnisse der Übergangsgewichte bestimmt $(w(e_{B,j})/w(e_{B,k}))$, da die Übergangsgewichte der Topologie B das Produkt aus dem Übergangsgewicht der Topologie A_2 und dem jeweiligem Mixturgewicht repräsentieren.

$$w(e_{B,j}) \quad = \quad w(e_{A_2}) \otimes p(G_j|M_i) \tag{2.46}$$

Um die Gewichte wirklich ausrechnen zu können, wird eine Komponente der Mixtur als Basis definiert. Diese kann dann so berechnet werden, dass die Summe aller Mixturgewichte einer Mischverteilung stets Eins ist.

$$\forall\, M_i \in \mathcal{M} \; :$$

$$1 \quad = \quad \sum_{G_j \in M_i} p(G_j|M_i) \tag{2.47}$$

$$\frac{1}{p(G_{base}|M_i)} \quad = \quad \sum_{G_j \in M_i} \frac{p(G_j|M_i)}{p(G_{base}|M_i)} \tag{2.48}$$

$$p(G_{base}|M_i) \quad = \quad \frac{1}{1 + \sum\limits_{G_j \in M_i \;\wedge\; G_j \neq G_{base}} \frac{p(G_j|M_i)}{p(G_{base}|M_i)}} \tag{2.49}$$

Schließlich können alle anderen Mixturgewichte berechnet werden.

$$\forall\, M_i \in \mathcal{M} \;,\; G_j \in M_i \; :$$

$$p(G_j|M_i) \quad = \quad \frac{p(G_j|M_i)}{p(G_{base}|M_i)} p(G_{base}|M_i) \tag{2.50}$$

Die neuen Übergangsgewichte ergeben sich als Summe über die zusammengefassten Übergänge.

$$\forall\, e_{A_2} \in E^{\mathcal{A}_2} \;,\; x(e_{a_2}) = M_i \; :$$

$$w(e_{a_2}) \quad = \quad \sum_{\substack{e_{b,j} \in E^{\mathcal{B}} \;: \\ x(e_{b,j}) = G_j \;\wedge \\ G_j \in M_i}} w(e_{b,j}) \tag{2.51}$$

Das Verfahren stellt sicher, dass ein Automat nach Hin- und Rücktransformation (ohne Veränderung dazwischen) exakt dem ursprünglichen Automaten entspricht. Der vollständige Ablauf ist im Algorithmus 2.2 dargestellt. Zur Erzeugung der Mischverteilungen wird für jede Normalverteilung G_j die Menge der Übergänge $E^{\mathcal{B}}_{G_j}$ gebildet, welche diese Normalverteilung als Eingabesymbol haben (Zeilen 3-5). Dann werden aus der Menge aller Normalverteilungen G^O Untermengen M_i gebildet, deren Übergangsmengen gleich sind (Zeile 8). Gleichheit heißt hier: Zu jedem Übergang $e_b^{G_j}$ der einen Menge $E_{G_j}^{\mathcal{B}}$ gibt es genau einen Übergang $e_b^{G_k}$ der anderen Menge $E_{G_k}^{\mathcal{B}}$. Diese Übergänge müssen bezüglich Ausgabesymbol, Start- und Endzustand gleich sein. Die entstandene Untermenge M_i ist eine neue Mischverteilung. Die enthaltenen Normalverteilungen werden aus der Menge der zu bearbeitenden Normalverteilungen entfernt (Zeile 11). Schließlich wird für jeden Übergang e_b, der in einer der Übergangsmengen $e_b^{G_j}$ enthalten ist, ein neuer Übergang e_{a_2} mit der Mischverteilung M_i erzeugt (Zeilen 12-15). Die Berechnung des Gewichtes des neuen Übergangs $w(e_{a_2})$ ist nicht im Algorithmus enthalten. Es wird die in Formel (2.51) zur Berechnung aus den Gewichten aller Übergänge der Übergangsmenge $E_{G_j}^{\mathcal{B}}$ verwendet. Alle Zustandsmengen, der Gewichtshalbring sowie die Symbolmengen werden übernommen.

In der Tabelle 2.2 ist ein kleines Beispiel zur Approximation der Mixturgewichte zu finden. Es werden die Mixturgewichte für eine Mischverteilung M_1 bestehend aus drei Normalverteilungen G_1, G_2, G_3 geschätzt. Die Mischverteilung kommt an drei Stellen im Automaten vor ($|E_{G_1}^{\mathcal{B}}| = 3$). Die letzten Zeilen der Tabelle zeigen die Rückrechnung der approximierten Mixtur- und Übergangsgewichte in die ursprünglichen Gewichte. Man sieht deutlich, dass im Gegensatz zu den ursprünglichen Gewichten die Verhältnisse der einzelnen Gewichte hier bei jedem Vorkommen der Mischverteilung gleich sind.

Algorithmus 2.2 : Transformation von B nach A_2 (NV=Normalverteilung)

Eingabe : $\mathcal{B} = (Z^{\mathcal{B}}, I^{\mathcal{B}}, F^{\mathcal{B}}, X^{\mathcal{B}}, Y^{\mathcal{B}}, S^{\mathcal{B}}, E^{\mathcal{B}})$
Ausgabe : $\mathcal{A}_2 = (Z^{\mathcal{A}_2}, I^{\mathcal{A}_2}, F^{\mathcal{A}_2}, X^{\mathcal{A}_2}, Y^{\mathcal{A}_2}, S^{\mathcal{A}_2}, E^{\mathcal{A}_2})$

1 $\mathcal{A}_2 \longleftarrow (Z^{\mathcal{B}}, I^{\mathcal{B}}, F^{\mathcal{B}}, X^{\mathcal{B}}, Y^{\mathcal{B}}, S^{\mathcal{B}}, \emptyset)$ # Initialisierung
2 $E^{\mathcal{A}_2} \longleftarrow \{e_b \in E^{\mathcal{B}} \mid x(e_b) = \epsilon\}$ # leere Übergänge übernehmen
3 **foreach** $G_j \in \mathcal{G}$ **do** # für alle NV'en
4 | $E_{G_j}^{\mathcal{B}} \longleftarrow \{e_b \in E^{\mathcal{B}} \mid x(e_b) = G_j\}$ # Übergangsmenge dieser NV
5 **end**
6 $\mathcal{G}^O \longleftarrow \mathcal{G}$ # Liste nicht bearbeiteter NV'en
7 **while** $\exists\, G_j \in \mathcal{G}^O$ **do**
8 | $M_i \longleftarrow \Big\{G_k \in \mathcal{G}^O \;\Big|\; |E_{G_j}^{\mathcal{B}}| = |E_{G_k}^{\mathcal{B}}| \wedge$ # bilden der neuen Mischverteilung
9 | $\forall\, e_b^{G_j} \in E_{G_j}^{\mathcal{B}}\ \exists\, e_b^{G_k} \in E_{G_k}^{\mathcal{B}}$: # aus NV'en mit gleicher Über-
10 | $z(e_b^{G_j}) = z(e_b^{G_k}) \wedge y(e_b^{G_j}) = y(e_b^{G_k}) \wedge z'(e_b^{G_j}) = z'(e_b^{G_k})\Big\}$ # gangsmenge
11 | $\mathcal{G}^O \longleftarrow \mathcal{G}^O \setminus M_i$ # Mischverteilung aus Liste entfernen
12 | **foreach** $e_b \in E_{G_j}^{\mathcal{B}}$ **do** # Übergänge mit Mischverteilung erzeugen
13 | | $e_{a_2} \longleftarrow (z(e_b), M_i, y(e_b), w(e_{a_2}), z'(e_b))$ # für $w(e_{a_2})$ siehe Gleichung (2.51)
14 | | $E^{\mathcal{A}_2} \longleftarrow E^{\mathcal{A}_2} \cup \{e_{a_2}\}$
15 | **end**
16 **end**

Bezeichnung	Variable	Vorkommen von M_1		
		$V ='$	$V =''$	$V ='''$
Übergangsgewichte in $\mathcal{B}$	$w(e^V_{B,G_1})$	0,25	0,1	0,25
	$w(e^V_{B,G_2})$	0,5	0,1	0,125
	$w(e^V_{B,G_3})$	0,25	0,025	0,125
Verhältnis der Übergangsgewichte	$w(e^V_{B,G_2})/w(e^V_{B,G_1})$	2,0	1,0	0,5
	$w(e^V_{B,G_3})/w(e^V_{B,G_1})$	1,0	0,25	0,5
geschätztes Verhältnis der Mixturgewichte	$p(G_2\|M_1)/p(G_1\|M_1)$		1,0	
	$p(G_3\|M_1)/p(G_1\|M_1)$		0,5	
Mixtur- und Übergangsgewichte in $\mathcal{A}_2$	$p(G_{base} = G_1\|M_1)$		0,4	
	$p(G_2\|M_1)$		0,4	
	$p(G_3\|M_1)$		0,2	
	$w(e^V_{A_2})$	1,0	0,225	0,5
Rückrechnung der Übergangsgewichte in $\mathcal{B}$	$w(e^V_{B,G_1})$	0,4	0,09	0,2
	$w(e^V_{B,G_2})$	0,4	0,09	0,2
	$w(e^V_{B,G_3})$	0,2	0,045	0,1

Tabelle 2.2.: Kleines Beispiel der Schätzung der Mixturgewichte für die Mischverteilung $M_1 = \{G_1, G_2, G_3\}$

Transformation von B nach C

Die der Transformation von Topologie B nach Topologie C wurde bereits in der Arbeit zur Optimierung von Hidden-Markov-Modellen für die Sprach- und Signalerkennung beleuchtet [Duc07]. Dort wurde die Topologie C „echtes“ HMM genannt. Bei dieser Transformation ist es notwendig, die Zustände zu teilen, bei denen mehrere Übergänge mit einer unterschiedlichen Verteilung enden. Die Zustände im Automaten $\mathcal{C}$ werden daher als Tupel aus einem Zustand im Automaten $\mathcal{B}$ sowie einer Normalverteilung definiert: $z_c = (z_b, G_i)$. Die Normalverteilung muss mit dem Eingabesymbol der eingehenden Übergänge des Zustandes übereinstimmen. Somit entsteht für jede Normalverteilung ein eigener Zustand. Für Zustände, bei denen keine Übergänge enden, die eine Normalverteilung tragen, wird diese symbolisch auf Epsilon gesetzt: $z_c = (z_b, \epsilon)$.

Für jeden Übergang in der Topologie B werden einer oder mehrere Übergänge erzeugt. Einer für jeden der durch Teilung des Startzustandes entstanden Zustände. Die Menge dieser Zustände im Automaten $\mathcal{C}$ definiert sich über die Menge der Normalverteilungen $E^{\mathcal{B}}_{e_b}$, die als Eingabesymbol eines Übergangs auftreten, wenn der Übergang am Startzustand $z(e_b)$ endet. Der Endzustand der

Übergänge ist jeweils durch den alten Endzustand sowie das Eingabesymbol des Übergangs festgelegt.

Insgesamt werden bei dem Verfahren keine durchgehenden Wege hinzugefügt, gelöscht oder bezüglich ihres Gewichtes geändert. Daher müssen die Gewichte beibehalten $w(e_c) = w(e_b)$ werden, um einen äquivalenten Automaten zu erhalten. Algorithmus 2.3 gibt den vollständigen Ablauf an.

Algorithmus 2.3 : Transformation von B nach C (NV=Normalverteilung)

Eingabe : $\mathcal{B} = (Z^{\mathcal{B}}, I^{\mathcal{B}}, F^{\mathcal{B}}, X^{\mathcal{B}}, Y^{\mathcal{B}}, S^{\mathcal{B}}, E^{\mathcal{B}})$
Ausgabe : $\mathcal{C} = (Z^{\mathcal{C}}, I^{\mathcal{C}}, F^{\mathcal{C}}, X^{\mathcal{C}}, Y^{\mathcal{C}}, S^{\mathcal{C}}, E^{\mathcal{C}})$

$\mathcal{C} \longleftarrow (\emptyset, \emptyset, \emptyset, X^{\mathcal{B}}, Y^{\mathcal{B}}, S^{\mathcal{B}}, \emptyset)$ # Initialisierung
foreach $e_b \in E^{\mathcal{B}}$ **do** # für alle Übergänge
  $Z^{\mathcal{C}} \longleftarrow Z^{\mathcal{C}} \cup \{z'_c = (z'(e_b), x(e_b))\}$ # Endzustand erzeugen
  $E^{\mathcal{B}}_{e_b} \longleftarrow \left\{ G_i \;\middle|\; e'_b \in E^{\mathcal{B}} : x(e'_b) = G_i \wedge z'(e'_b) = z(e_b) \right\}$ # Menge der NV am Startzustand
  if $E^{\mathcal{B}}_{e_b} = \emptyset$ **then** # Startzustand ohne NV'en
    $Z^{\mathcal{C}} \longleftarrow Z^{\mathcal{C}} \cup \{z_c \longleftarrow (z(e_b), \epsilon)\}$ # nur einen Übergang erzeugen
    $E^{\mathcal{C}} \longleftarrow E^{\mathcal{C}} \cup \{e_c \longleftarrow (z_c, x(e_b), y(e_b), w(e_b), z'_c)\}$
  else
    foreach $G_i \in E^{\mathcal{B}}_{e_b}$ **do** # einen Übergang pro NV erzeugen
      $Z^{\mathcal{C}} \longleftarrow Z^{\mathcal{C}} \cup \{z_c \longleftarrow (z(e_b), G_i)\}$
      $E^{\mathcal{C}} \longleftarrow E^{\mathcal{C}} \cup \{e_c \longleftarrow (z_c, x(e_b), y(e_b), w(e_b), z'_c)\}$
    end
  end
end
$I^{\mathcal{C}} \longleftarrow \{z_c = (z_b, G_i) \in Z^{\mathcal{C}} \mid z_b \in I^{\mathcal{B}}\}$ # Anfangs- und Schlusszustände übernehmen
$F^{\mathcal{C}} \longleftarrow \{z_c = (z_b, G_i) \in Z^{\mathcal{C}} \mid z_b \in F^{\mathcal{B}}\}$

Transformation von C nach B

Die Rücktransformation zur Topologie B ist wieder eine Approximation, da die Gewichte der Übergänge, welche zusammengefasst werden müssen, nicht unbedingt gleich sind. Das Zusammenfassen von mehreren Übergängen mit unterschiedlichen Gewichten kann hier jedoch recht einfach durch ein arithmetisches Mittel realisiert werden, weil die Wege durch die zusammenzufassenden Übergänge immer parallel liegen. Die Äquivalenz der Automaten ohne Veränderung zwischen Hin- und Rücktransformation ist somit gewährleistet.

Bei dieser Transformation werden jeweils Gruppen von Zuständen zu einem Zustand zusammengefasst. Die Gruppen kennzeichnen sich dadurch aus, dass jeder Zustand durch einen Übergang mit jedem anderen Zustand verbunden ist sowie dass entweder alle oder keiner der Zustände Anfangs- beziehungsweise Schlusszustände sind. Das gilt genau für die bei der Hintransformation geteilten Zustände.

Im Algorithmus 2.4 ist der vollständige Ablauf formalisiert. In einem ersten Schritt wird zu jedem Zustand z_c eine Menge $Z^{\mathcal{C}}_{(z_c)}$ mit Zuständen gebildet, welche mit dem Zustand z_c durch Übergänge in beiden Richtungen verbunden sind. Danach werden aus der Menge der Zustände des Automaten $\mathcal{C}$ die oben definierten Gruppen von Zuständen $Z^{\mathcal{C}}_{(z_c,O)}$ gebildet (Zeilen 2-5). Für jede Gruppe wird ein neuer, vereinigter Zustand z_b angelegt (Zeile 10). Die Funktion $f_{\mathcal{B}} : Z^{\mathcal{C}} \to Z^{\mathcal{B}}$ weist einem Zustand im Quellautomaten den Zustand im Zielautomaten zu, zu dem er gehört (Zeile 13). Abschließend werden alle Übergänge vereinigt, welche in Start- und Endzustand sowie in Eingabe- und Ausgabesymbol gleich sind (Zeilen 16-19). Die Menge $E^{\mathcal{C}}_{(z_b,G_i,y_i,z'_b)}$ fasst die zu vereinigenden Zustände zusammen. Das Gewicht des neuen Übergangs ist das arithmetische Mittel.

$$w(e_b) = \frac{1}{\left|E^{\mathcal{C}}_{(z_b,G_i,y_i,z'_b)}\right|} \sum_{e_c \in E^{\mathcal{C}}_{(z_b,G_i,y_i,z'_b)}} w(e_c) \qquad (2.52)$$

2.2.5. Ergebnisse für die Spracherkennung

Um die Leistungsfähigkeit der einzelnen Topologien zu untersuchen, wurden zwei Experimente am Beispiel der Spracherkennung durchgeführt. Zum Ersten wurde die Genauigkeit (Accuracy) in der freien Phonemerkennung gemessen, da diese ein gutes Maß für die Leistung der einzelnen Phonemmodelle ist. Der Einfluss von Lexikon und Sprachmodell wird hier ausgeblendet. Zum Anderen wurde die Wortgenauigkeit in der Kommandoerkennung bestimmt.

Grundlage der Experimente ist der mit der Datenbasis Verbmobil erstellte Phonemerkenner, siehe Anhang A.1. Zur Evaluierung der freien Phonemerkennung wurde das Datenset „Test“ verwendet. Die Kommandoerkennung benutzt zur Evaluierung die SSMG Datenbasis, siehe Anhang A.2. Dabei wurden die Ergebnisse aus beiden Datensets (Samurai und Myuse) zusammengefasst. Alle Ergebnisse werden mit dem 95%-Konfidenzintervall dargestellt. Dem liegt die Annahme zugrunde, dass das Erkennungsergebnis eine normalverteilte Zufallsgröße X ist. In dieser Arbeit wird es nach folgender Formel aus dem Mittelwert $\mu(X)$, der Standardabweichung $\sigma(X)$ und der Stichprobengröße N geschätzt. Dabei wird die studentsche t-Verteilung durch den Faktor 2 angenähert, womit für Stichprobengrößen $N > 60$ das wirkliche Konfidenzintervall eher überschätzt wird.

$$\mathrm{Conf}_{95}(X) \approx \mu(X) \pm \frac{2\sigma(X)}{\sqrt{N}} \qquad (2.53)$$

Algorithmus 2.4 : Transformation von Topologie C nach B

Eingabe : $\mathcal{C} = (Z^{\mathcal{C}}, I^{\mathcal{C}}, F^{\mathcal{C}}, X^{\mathcal{C}}, Y^{\mathcal{C}}, S^{\mathcal{C}}, E^{\mathcal{C}})$
Ausgabe : $\mathcal{B} = (Z^{\mathcal{B}}, I^{\mathcal{B}}, F^{\mathcal{B}}, X^{\mathcal{B}}, Y^{\mathcal{B}}, S^{\mathcal{B}}, E^{\mathcal{B}})$

$\mathcal{B} \longleftarrow (\emptyset, \emptyset, \emptyset, X^{\mathcal{C}}, Y^{\mathcal{C}}, S^{\mathcal{C}}, \emptyset)$ # Initialisierung
foreach $z_c \in Z^{\mathcal{C}}$ **do** # Menge in beider Richtung verbundener Zustände
  $Z^{\mathcal{C}}_{(z_c)} \longleftarrow \Big\{ z'_c \in Z^{\mathcal{C}} \mid \exists e_{c1}, e_{c2} \in E^{\mathcal{C}} :$
  $z(e_{c1}) = z_c \ \wedge \ z'(e_{c1}) = z'_c \ \wedge \ z(e_{c2}) = z'_c \ \wedge \ z'(e_{c2}) = z_c \Big\}$
end
$Z^{O} \longleftarrow Z^{\mathcal{C}}$ # Liste nicht bearbeiteter Zustände
while $\exists\ z_c \in Z^{O}$ **do**
  $Z^{\mathcal{C}}_{(z_c,O)} \longleftarrow \{z_c\} \cup \Big\{ z'_c \in Z^{O} \mid \forall z''_c \in Z^{\mathcal{C}}_{(z_c,O)} : \ z'_c \in Z^{\mathcal{C}}_{(z''_c)} \ \wedge$ # Menge der
  $z'_c \in I^{\mathcal{C}} \Leftrightarrow z_c \in I^{\mathcal{C}} \ \wedge \ z'_c \in F^{\mathcal{C}} \Leftrightarrow z_c \in F^{\mathcal{C}} \Big\}$ # Zustände, die vereinigt werden
  $Z^{\mathcal{B}} \longleftarrow Z^{\mathcal{B}} \cup \{z_b\}$ # Vereinigten Zustand erstellen
  if $z_c \in I^{\mathcal{C}}$ **then** $I^{\mathcal{B}} \longleftarrow I^{\mathcal{B}} \cup \{z_b\}$ # Anfangszustände aktualisieren
  if $z_c \in F^{\mathcal{C}}$ **then** $F^{\mathcal{B}} \longleftarrow F^{\mathcal{B}} \cup \{z_b\}$ # Endzustände aktualisieren
  foreach $z'_c \in Z^{\mathcal{C}}_{(z_c,O)}$ **do** $f_{\mathcal{B}}(z'_c) \longleftarrow z_b$ # Vereinigungsfunktion aktualisieren
  $Z^{O} \longleftarrow Z^{O} \setminus Z^{\mathcal{C}}_{(z_c,O)}$ # Zustände aus Liste entfernen
end
foreach $(z_b, G_i, y_i, z'_b) \in Z^{\mathcal{C}} \times \mathcal{G} \times Y^{\mathcal{C}} \times Z^{\mathcal{C}}$ **do** # Übergänge vereinigen
  $E^{\mathcal{C}}_{(z_b,G_i,y_i,z'_b)} \longleftarrow \{ e_c \in E^{\mathcal{C}} \mid f_{\mathcal{B}}(z(e_c)) = z_b \ \wedge \ x(e_c) = G_i \ \wedge \ f_{\mathcal{B}}(z'(e_c)) = z'_b \}$
  $E^{\mathcal{B}} \longleftarrow E^{\mathcal{B}} \cup \{ e_b \longleftarrow (z_b, G_i, y_i, w(e_b), z'_b) \}$
end

Für jede der drei Topologien (A, B und C) wurde ein vollständiger Trainingsdurchlauf der Phonemmodelle durchgeführt und die Erkennungsleistung ermittelt. Im Anschluss wurde jedes der Modelle jeweils in beide anderen Topologien transformiert und erneut über vier Iterationen trainiert. Danach wurde ebenfalls die Erkennungsleistung gemessen (AB bis CB).

In der Abbildung 2.7 ist die Genauigkeit der freien Phonemerkennung angegeben. Man sieht, dass die Erkennungsleistung der Topologie A bei direktem Training am größten ist, gefolgt von B und danach C. Durch Transformation von der Topologie A nach C beziehungsweise von B nach A oder C kann die Erkennungsleistung geringfügig gesteigert werden. Offensichtlich ist es hier, wie auch beim Teilen der Normalverteilungen, besser erst ein kleineres Modell zu trainieren und dann die Komplexität zu erhöhen.

Die Kommandoerkennung in Abbildung 2.8 zeigt nur sehr geringe Änderungen in der Erkennungsleistung. Im Gegensatz zur freien Phonemerkennungsrate verschlechtert sich hier die Wortgenauigkeit jeweils bei Transformation in die Topologie C. Nach Konvertierung von C nach A oder B wird aber nahezu die gleiche Leistung erreicht wie bei direktem Training mit diesen Topologien. Vermutlich kommt die komplexere Modellierung der Phoneme mit der Topologie C hier weniger zum Tragen, da die möglichen Phonemfolgen von der Grammatik und dem Lexikon vorgegeben werden. Koartikulationseffekte und ähnliche Effekte spielen eine geringere Rolle.

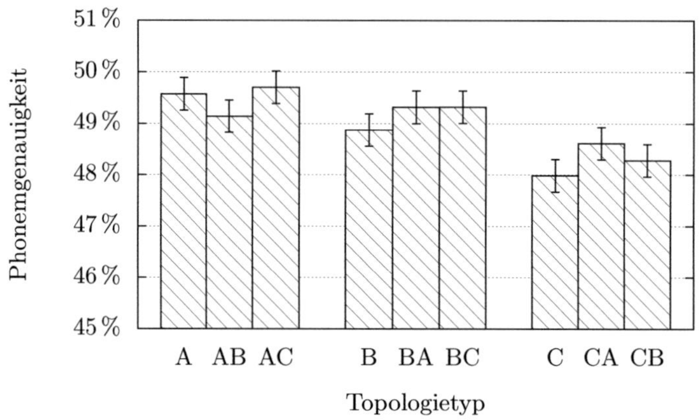

Abbildung 2.7.: Erkennungsleistung verschiedener Topologien in der freien Phonemerkennung
(Phonemgenauigkeit mit 95%-Konfidenzintervall)

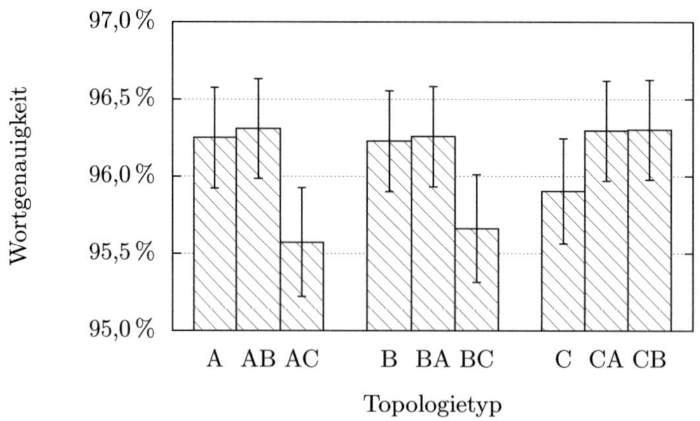

Abbildung 2.8.: Erkennungsleistung verschiedener Topologien in der Kommandoerkennung
(Wortgenauigkeit mit 95%-Konfidenzintervall)

2.3. Modelle in der Spracherkennung als Automaten

Wie schon in den vorherigen Kapiteln erwähnt, können alle Modelle in der Spracherkennung als gewichtete endliche Automaten abgebildet werden. Dieses Kapitel soll nun einen Überblick über aktuell vorhandene Möglichkeiten zur Modellierung geben. In der Literatur existieren bereits einige Zusammenfassungen der Methoden, zum Beispiel [Moh02, Gar08]. Hier werden weiterhin die einzelnen Modelle anhand eines kleinen Beispiels praktisch veranschaulicht. Das Beispiel basiert auf folgendem Zungenbrecher:

„Wenn Hessen in Essen Essen essen,
essen Hessen Essen in Essen.“ [Wik13b]

In den nachfolgenden Abschnitten werden nun Phonem-Kontext-Modelle, Lexikon und Sprachmodelle auf Grundlage dieses Zungenbrechers erstellt. Dafür sind einige Schritte der Vorverarbeitung notwendig. Im ersten Schritt wird der Text normalisiert. Die Groß- und Kleinschreibung sowie Satzzeichen werden entfernt. Anstelle der Satzzeichen wird ein Satzanfangs- und ein Satzendesymbol eingefügt („<“ beziehungsweise „>“). Es entsteht der normalisierte Text in Tabelle 2.3(a). Außerdem enthält diese Tabelle die phonetische Umschrift des Satzes, welche durch das Lexikon in der Tabelle 2.3(c) erstellt wurde. In einer weiteren Tabelle 2.3(b) sind die enthaltenen Triphone sowie deren Häufigkeit aufgelistet.

< wenn hessen in essen essen essen essen hessen essen in essen >
<vEnhEs@nInEs@nEs@nEs@nEs@nhEs@nEs@nInEs@n>

(a) Normalisierter Text, Phonetische Umschrift

Triphon	Häufigkeit	Triphon	Häufigkeit
s@n	8	@nE	4
hEs	2	@nI	2
nEs	6	@nh	1
vEn	1	Enh	1
nIn	2	InE	2
nhE	2	Es@	8
@n>	1	<vE	1
Summe			41

(b) Triphone

Wort	Aussprache
<	<
>	>
essen	Es@n
hessen	hEs@n
in	In
wenn	vEn

(c) Lexikon

Tabelle 2.3.: Kleines Beispiel für Modelle in der Spracherkennung

Gewichtete endliche Automaten in Form von Transduktoren sind nun in der Lage zwischen diesen einzelnen Ebenen der Sprachverarbeitung zu übersetzen.

2.3.1. Phonem-Kontext-Modelle

Phonem-Kontext-Modelle werden verwendet, um den Kontext der einzelnen Phoneme in den Phonemmodellen berücksichtigen zu können. Bei Triphonen werden separate Modelle in Abhängigkeit des vorangegangen und des nachfolgenden Phonems erzeugt. Sie übersetzten zwischen der Schicht der Phonemmodelle, zum Beispiel Triphone, und der Schicht der Phoneme. Ansätze zur Erstellung solcher Modelle sowie zur Optimierung betreffender Algorithmen finden sich in [Ril97, Moh98, Moh99, Sto06].

Das Grundprinzip zur Erstellung ist Folgendes:

- Jedes Triphon $t_i = (p_i^0, p_i^1, p_i^2)$ wird durch genau einen Übergang im Modell repräsentiert.
- Der Übergang beginnt im Zustand (p_i^0, p_i^1) und endet im Zustand (p_i^1, p_i^2).
- Eingabesymbol ist das Triphon t_i und Ausgabesymbol ist das mittlere Phonem p_i^1.
- Weiterhin gibt es einige spezielle Übergänge, die den Anfangs- beziehungsweise den Schlusszustand des Automaten mit allen Zuständen verbinden, welche das Satzanfangs- oder Satzendesymbol enthalten.

Die Abbildung 2.9 zeigt das Phonem-Kontext-Modell in Automatenform, welches sich mit diesem einfachen Verfahren für das oben eingeführte Beispiel ergibt.

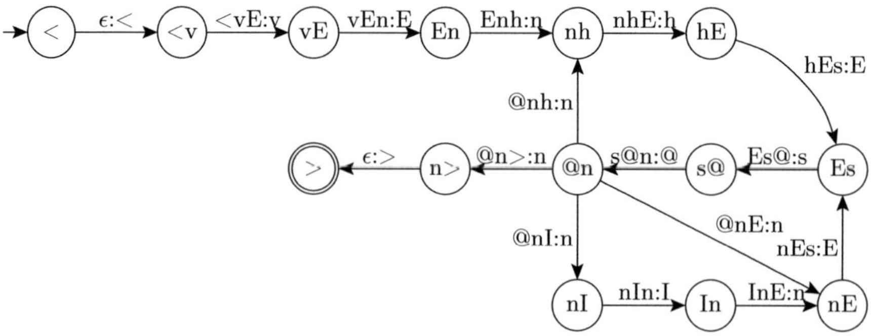

Abbildung 2.9.: Phonem-Kontext-Automat für Triphone am Beispiel

2.3.2. Lexikonmodelle

Automaten für Lexikonmodelle übersetzten zwischen der Ebene der Phoneme und der Ebene der Wörter. Ein einfaches Beispiel für ein Lexikonmodell der Aussprache des Wortes „aus“ wurde bereits in der Abbildung 2.1 im Kapitel 2.1.2 vorgestellt. Allgemein repräsentiert jeder durchgehende Weg im Automaten eine Aussprache eines bestimmten Wortes. Der Weg hat gewöhnlich nur ein Ausgabesymbol (das Wort). Die Folge der Eingabesymbole entspricht der Phonemfolge. Durch Minimierung (siehe Kapitel 2.5.2) kann die Größe des Automaten oft stark reduziert werden, da Wörter mit gleichem Anfangs- beziehungsweise gleichem Endteil zusammengefasst werden.

Die Abbildung 2.10 zeigt den Automaten für das Lexikon des verwendeten Beispiels. Unter anderem erkennt man hier, dass alle Wege zurück zum Zustand z_0 nur über den Übergang vom Zustand z_1 möglich sind. Der Grund dafür ist, dass alle Wörter im Beispiel mit dem Phonem „n“ enden und dies zur Optimierung des Automaten genutzt wurde. Weiterhin ist zu sehen, dass das Satzanfangs- wie auch das Satzendesymbol in gleiche Phonemsymbole übersetzt werden. Praktisch wird hier ein Pausen-Modell verwendet.

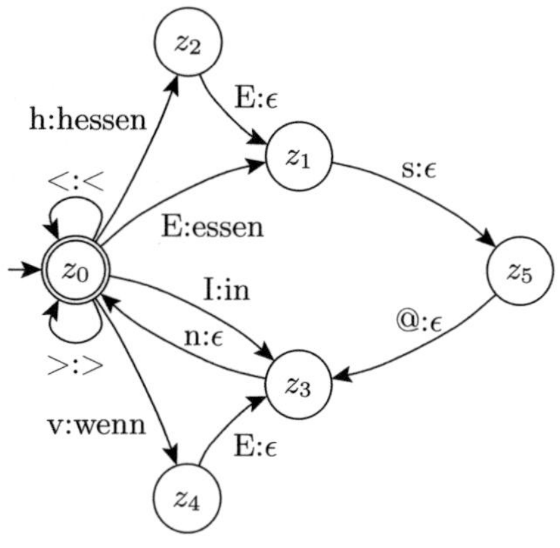

Abbildung 2.10.: Lexikon-Automat für Beispiel

2.3.3. Sprachmodelle

Sprachmodelle treten in der Spracherkennung grundsätzlich in zwei verschiedenen Formen auf. Zum einen als manuell vordefinierte Grammatiken und zum anderen als automatisch trainierte statistische Modelle. Erstere werden zum Beispiel in Kommandoerkennungssystemen eingesetzt. Dabei werden einzelne Wörter als Eingabesymbole und spezielle Kommandozeichen als Ausgabesymbole verwendet. Die Art und Weise der Erstellung hängt im Allgemeinen von der Anwendung ab.

Statistische Sprachmodelle hingegen bilden einen Wortfolge-Akzeptor (implementiert als Transduktor mit identischen Ein- und Ausgabesymbolen). An Algorithmen zur Erstellung wurde und wird weiterhin intensiv geforscht, da diese Modelle häufig den größten und aufwendigsten Automaten in der Spracherkennung darstellen. Einige Arbeiten, die sich mit der Erzeugung und Optimierung von Sprachmodellen speziell als gewichtete endliche Automaten beschäftigen, sind zum Beispiel [Ort96, Dol01, Liu10, Sor11].

Im Folgenden wird anhand des oben eingeführten Beispiels ein statistisches Sprachmodell erzeugt. Dabei soll das Grundprinzip verdeutlicht werden. Auf spezielle Optimierungen wurde daher verzichtet. Die Tabelle 2.4 zeigt die im Beispielsatz enthaltenen Uni-, Bi- und Trigramme. Weiterhin ist die Häufigkeit $C(w_{i-n+1}, \ldots, w_i)$ der n-Gramme sowie eine geglättete Wahrscheinlichkeit $P(w_i|w_{i-n+1}, \ldots, w_{i-1})$ dargestellt. Wobei w_i das i-te Wort der Trainingsdaten und n die Tiefe der n-Gramme angibt.

Es wurde das einfache Verfahren der Add-One- oder Laplace-Glättung verwendet [Jur08]. Nicht in den Trainingsdaten enthaltene n-Gramme wurden durch Rückfall auf das nächst kürzere n-Gramm nach dem Verfahren von Katz [Kat87] modelliert. Mit der Vokabulargröße von $V = 5$ (Satzanfangsymbol kann im Satz nicht vorkommen) ergeben sich folgende Formeln zur Berechnung der geglätteten Wahrscheinlichkeiten $P(w_i|w_{i-n+1}, \ldots, w_{i-1})$ sowie der Rückfallwahrscheinlichkeiten $P(BO|w_{i-n+1}, \ldots, w_{i-1})$.

$$P(w_i) = \frac{C(w_i) + 1}{2V} \tag{2.54}$$

$$P(w_i|w_{i-n+1}, \ldots, w_{i-1}) = \begin{cases} \frac{C(w_{i-n+1}, \ldots, w_i) + 1}{C(w_{i-n+1}, \ldots, w_{i-1}) + V} \\ \qquad \text{wenn } C(w_{i-n+1}, \ldots, w_i) > 0 \\ P(BO|w_{i-n+1}, \ldots, w_{i-1}) P(w_{i-1}|w_{i-n+1}, \ldots, w_{i-2}) \\ \qquad \text{sonst} \end{cases} \tag{2.55}$$

$$P(BO|w_{i-n+1}, \ldots, w_{i-1}) = \frac{\sum\limits_{w_i \in V} \delta(C(w_{i-n+1}, \ldots, w_i))}{C(w_{i-n+1}, \ldots, w_{i-1}) + V} \tag{2.56}$$

$$\delta(i) = \begin{cases} 1 & \text{für } i = 0 \\ 0 & \text{sonst} \end{cases} \tag{2.57}$$

Die Tabelle 2.4 lässt sich in einen Automaten überführen, indem für jedes n-Gramm $w_{i-n+1}, \ldots, w_i$ ein Übergang angelegt wird. Der Übergang beginnt im

Unigramm			Bigramm			Trigramm		
<			< wenn	1	1/3	< wenn hessen	1	1/3
						< wenn -		2/3
			< -		2/3			
>	1	1/12						
essen	6	1/2	essen >	1	2/11			
			essen essen	3	4/11	essen essen essen	2	3/8
						essen essen hessen	1	1/4
						essen essen -		3/8
			essen hessen	1	2/11	essen hessen essen	1	1/3
						essen hessen -		2/3
			essen in	1	2/11	essen in essen	1	1/3
						essen in -		2/3
			essen -		1/11			
hessen	2	1/6	hessen essen	1	2/7	hessen essen in	1	1/3
						hessen essen -		2/3
			hessen in	1	2/7	hessen in essen	1	1/3
						hessen in -		2/3
			hessen -		3/7			
in	2	1/6	in essen	2	3/7	in essen >	1	2/7
						in essen essen	1	2/7
						in essen -		3/7
			in -		4/7			
wenn	1	1/12	wenn hessen	1	1/3	wenn hessen in	1	1/3
						wenn hessen -		2/3
			wenn -		2/3			
Summe	12			12			11	

Tabelle 2.4.: Berechnung des Sprachmodells für das Beispiel

Zustand der Vergangenheit $w_{i-n+1}, \ldots, w_{i-1}$ des Wortes w_i und endet im Zustand der Vergangenheit $w_{i-n+2}, \ldots, w_i$ des nächsten n-Gramms. Das Gewicht des Übergangs bestimmt sich durch die n-Gramm-Wahrscheinlichkeit. Außerdem dient ein Anfangszustand (z_0) mit einem Übergang zum Zustand des Satzanfangssymbols dem Einstieg in den Automaten. Der Zustand der leeren Vergangenheit ist der Rückfallzustand (-). Der Zustand des Satzendesymbols ist gleichzeitig Schlusszustand. In der Abbildung 2.11 ist der Automat für das Beispiel dargestellt.

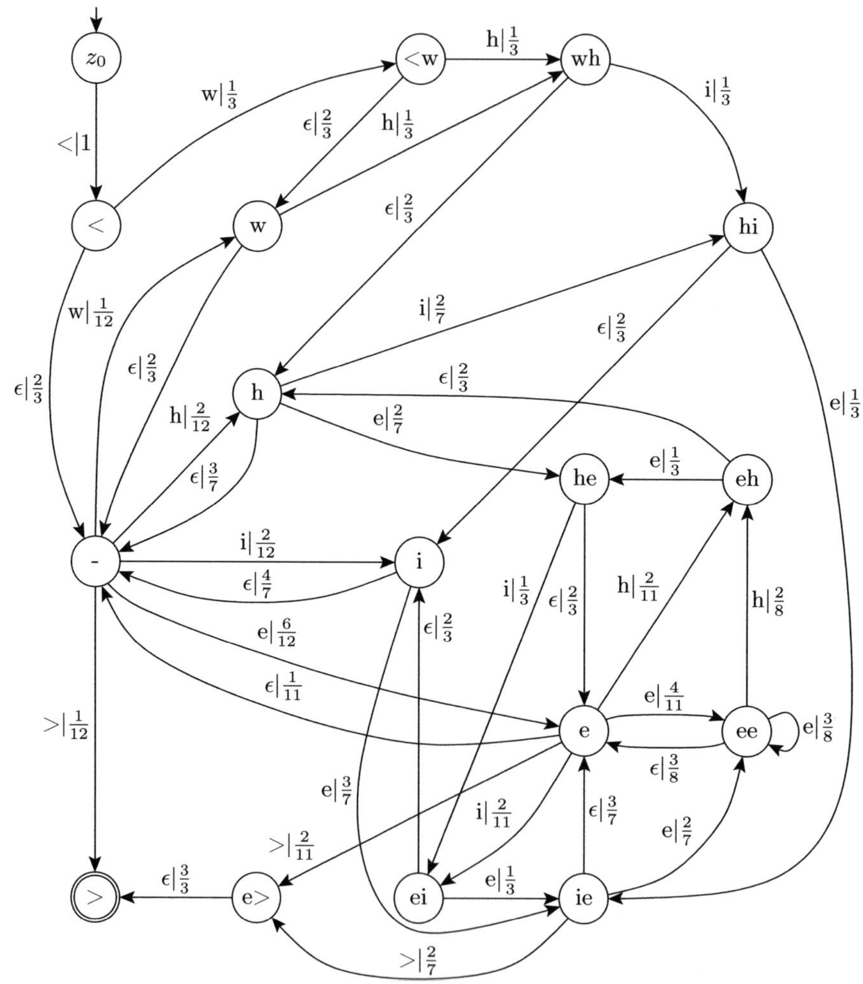

Abbildung 2.11.: Sprachmodell als Automat für das Beispiel

2.4. Komposition mit neuem, universellem Epsilon-Filter

Die Komposition ist eine der wichtigsten Automatenoperationen in der akustischen Mustererkennung. Sie wird verwendet, um Automaten unterschiedlicher Ebenen, zum Beispiel Lexikon und Sprachmodell, zu vereinen. Der Zweck des Verfahrens lässt sich anhand der Modelle für die Spracherkennung aus dem vorherigen Abschnitt gut veranschaulichen. Die einzelnen Automaten modellieren unterschiedliche Schichten der Sprache. Sie sind jeweils Transduktoren zwischen einzelnen Ebenen (Phoneme, Wörter, ...). Ein Spracherkenner soll das beste Ergebnis bezüglich aller Modelle finden. Dazu werden die einzelnen Automaten durch Komposition zu einem Erkennungsnetzwerk vereinigt, welches direkt von der untersten zur obersten Ebene übersetzt. In diesem Netzwerk kann durch Suche der wahrscheinlichste Pfad bezüglich der Merkmalvektorfolge bestimmt sowie daraus das Ergebnis abgelesen werden.

Die Komposition wurde von Mehryar Mohri für gewichtete endliche Automaten in der Spracherkennung eingeführt (siehe [Moh02, Moh08, Moh97]). In den folgenden Jahren wurde der Algorithmus mehrfach erweitert. Speziell die on-the-fly Komposition ist hier zu nennen. Sie wird immer häufiger eingesetzt (siehe [Dol01, Cas06, Hor05, McD07, Oon08]). Statt das vollständige Erkennungsnetzwerk zu berechnen, wird die Komposition hier gleichzeitig mit der Suche ausgeführt. Es wird nur der Teil des Automaten berechnet, welcher von der Suche benutzt wird. Mittlerweile wurden auch schon einige on-the-fly Ansätze verallgemeinert, sodass sie auf beliebige Automaten angewendet werden können (siehe [All09, Che07, Oon09]).

In den folgenden Abschnitten wird deutlich, dass für die Komposition ein Epsilon-Filter (ϵ-Filter) benötigt wird. Aktuell werden zwei verschiedene Filter eingesetzt: der von Mohri eingeführte anpassende (matching) Filter und ein sequenzieller Filter. Keiner der beiden Filter arbeitet jedoch für alle Automaten optimal bezüglich der Größe des entstehenden Automaten. Im Folgenden wird ein neuer, universeller ϵ-Filter vorgestellt, der die Vorteile beider existierender Filter vereint (siehe [Duc11]). Außerdem kann der universelle Filter zusammen mit vielen aktuellen Erweiterungen der Komposition verwendet werden, einschließlich der on-the-fly Komposition.

Der nächste Abschnitt führt den allgemeinen Algorithmus zur Komposition ein. Danach wird die Funktionsweise eines ϵ-Filters anhand der beiden existierenden Filter dargestellt. Die Einführung des neuen, universellen ϵ-Filters bedarf zwei Änderungen am Kompositionsalgorithmus. Schließlich zeigen Experimente zur Spracherkennung, welche Erkennungsnetzwerkgrößen erreicht werden können.

2.4.1. Allgemeiner Algorithmus zur Komposition von endlichen gewichteten Automaten

Dieser Abschnitt stellt den allgemeinen Algorithmus zur Komposition von endlichen gewichteten Automaten vor. Das Verfahren wurde von Mehryar Mohri entwickelt und wird hier an die oben eingeführte Syntax angepasst.

Ziel der Komposition ist es, zwei Transduktoren $\mathcal{A}$ und $\mathcal{B}$ zu vereinen. Dabei übersetzt der Transduktor $\mathcal{A}$ von dem Alphabet X in das Alphabet Y und der zweite Transduktor $\mathcal{B}$ übersetzt von Y nach Z. Der entstehende Transduktor $\mathcal{C}$ soll direkt von X nach Z übersetzen. Das Gewicht für die Übersetzung einer Zeichenkette x nach z berechnet sich aus dem Produkt der Gewichte der beiden Operanden laut Gleichung (2.59).

$$\mathcal{C} = \mathcal{A} \circ \mathcal{B} \tag{2.58}$$

$$\forall x \in X, z \in Z : \quad \mathcal{C}(x,z) = \bigoplus_{y \in Y^*} \mathcal{A}(x,y) \otimes \mathcal{B}(y,z) \tag{2.59}$$

Das Verfahren ist im Algorithmus 2.5 angegeben. Als Eingabe wird zusätzlich ein ϵ-Filter $\mathcal{E}$ benötigt, auf welchen im Folgenden noch näher eingegangen wird. Das Verfahren läuft in zwei Schritten ab:

1. Erstellen von leeren Schleifen an allen Übergängen in beiden Operatoren (Zeilen 1,2). Es wird spezielles ϵ-Symbol verwendet: ϵ_{cps}. Dadurch kann im ϵ-Filter zwischen eingefügten leeren Schleifen und existierenden leeren Übergängen unterschieden werden.

2. Ausgehend von den Anfangszuständen in beiden Operatoren sowie dem ϵ-Filter werden Übergänge zu neuen Übergängen im Ergebnisautomaten $\mathcal{C}$ zusammengefasst (Zeilen 8-13), welche passende Symbole haben. Passend heißt hier, dass das Ausgabesymbol in $\mathcal{A}$ dem Eingabesymbol im ϵ-Filter sowie das Ausgabesymbol im ϵ-Filter dem Eingabesymbol in $\mathcal{B}$ entspricht. Die Funktion der speziellen Symbole in ϵ-Filter wird im nächsten Abschnitt erläutert. Zustände im Automaten $\mathcal{C}$ lassen sich als Tupel der Zustände in $\mathcal{A}$, $\mathcal{E}$ und $\mathcal{B}$ auffassen. Zur Bearbeitung der Zustände wird hier eine Warteschlange Q in Form einer Menge verwendet (Zeilen 5-7).

2.4.2. Epsilon-Filter in der Komposition mit Beispiel

Ein ϵ-Filter ist für die Komposition notwendig, wenn im linken Operanden $\mathcal{A}$ Übergänge mit Ausgabesymbol ϵ existieren sowie im rechten Operanden $\mathcal{B}$ Über-

Algorithmus 2.5 : Allgemeiner Kompositionsalgorithmus ($\mathcal{C} = \mathcal{A} \circ \mathcal{B}$) unter Benutzung des ϵ-Filter $\mathcal{E}$ (wird durch die verschiedenen Typen ($\mathcal{E}_{anp}, \mathcal{E}_{seq}, \mathcal{E}_{uni}$) ersetzt werden) – nach [All09]

Eingabe : $\mathcal{A} = (Z^{\mathcal{A}}, I^{\mathcal{A}}, F^{\mathcal{A}}, X^{\mathcal{A}}, Y^{\mathcal{A}}, S, E^{\mathcal{A}})$
$\mathcal{E} = (Z^{\mathcal{E}}, I^{\mathcal{E}}, F^{\mathcal{E}}, Y^{\mathcal{A}}, X^{\mathcal{B}}, S, E^{\mathcal{E}})$
$\mathcal{B} = (Z^{\mathcal{B}}, I^{\mathcal{B}}, F^{\mathcal{B}}, X^{\mathcal{B}}, Y^{\mathcal{B}}, S, E^{\mathcal{B}})$

Ausgabe : $\mathcal{C} = (Z^{\mathcal{C}}, I^{\mathcal{C}}, F^{\mathcal{C}}, X^{\mathcal{A}}, Y^{\mathcal{B}}, S, E^{\mathcal{C}})$

$E^{\mathcal{A}} \longleftarrow E^{\mathcal{A}} \cup \{(z_i, \epsilon, \epsilon_{cps}, \overline{1}, z_i) | z_i \in Z^{\mathcal{A}}\}$ # leere Schleife für jedem Zustand in $\mathcal{A}$
$E^{\mathcal{B}} \longleftarrow E^{\mathcal{B}} \cup \{(z_i, \epsilon_{cps}, \epsilon, \overline{1}, z_i) | z_i \in Z^{\mathcal{B}}\}$ # leere Schleife für jedem Zustand in $\mathcal{B}$
$Z^{\mathcal{C}} \longleftarrow I^{\mathcal{C}} \longleftarrow \{(z_a, z_e, z_b) | z_a \in Z^{\mathcal{A}}, z_e \in Z^{\mathcal{E}}, z_b \in Z^{\mathcal{B}}\}$ # Anfangszustände initial.
$F^{\mathcal{C}} \longleftarrow \emptyset$ # Schlusszustände initialisieren
$Q \longleftarrow I^{\mathcal{C}}$ # Warteschlange erzeugen
while $Q \neq \emptyset$ **do** # solange die Warteschlange nicht leer ist
  $Q \longleftarrow Q \setminus \{z_c = (z_a, z_e, z_b) \in Q\}$ # Zustand aus der Warteschlange nehmen
  if $z_c \in (F^{\mathcal{A}} \times F^{\mathcal{E}} \times F^{\mathcal{B}})$ **then** $F^{\mathcal{C}} \longleftarrow F^{\mathcal{C}} \cup \{z_c\}$ # Schlusszustand erzeugen
  # Für alle abgehenden Kanten mit passenden Symbolen
  foreach
  $e_a \in E^{\mathcal{A}}, e_e \in E^{\mathcal{E}}, e_b \in E^{\mathcal{B}} : z_c = (z(e_a), z(e_e), z(e_b)) \wedge y(e_a) = x(e_e) \wedge y(e_e) = x(e_b)$
  do
    if $z'_c = (z'(e_a), z'(e_e), z'(e_b)) \notin Z^{\mathcal{C}}$ **then** # neuer Zustand?
      $Z^{\mathcal{C}} \longleftarrow Z^{\mathcal{C}} \cup \{z'_c\}$, $Q \longleftarrow Q \cup \{z'_c\}$ # Zustand erzeugen
    end
    $E^{\mathcal{C}} \longleftarrow E^{\mathcal{C}} \cup \{(z_c, x(e_a), y(e_b), w(e_a) \otimes w(e_b), z'_c)\}$ # Übergang erzeugen
  end
end

gänge mit Eingabesymbol ϵ existieren. Die Abbildung 2.12 zeigt ein Beispiel für die Komposition der Automaten $\mathcal{A}$ und $\mathcal{B}$. Der Automat $\mathcal{A}$ übersetzt die Symbolfolge „ab“ nach „ϵ “ mit dem Gewicht Eins. Der Automat $\mathcal{B}$ übersetzt „ϵ “ nach „a“ ebenfalls mit dem Gewicht Eins. Laut Gleichung (2.59) muss die Komposition einen Automaten erzeugen, der „ab“ nach „a“ mit dem Gewicht Eins übersetzt.

$$\mathcal{C}(\text{ab}, \text{a}) = \bigoplus_{y \in Y^*} \mathcal{A}(\text{ab}, y) \otimes \mathcal{B}(y, \text{a}) = \mathcal{A}(\text{ab}, \epsilon) \otimes \mathcal{B}(y, \epsilon) = 1 \otimes 1 = 1 \quad (2.60)$$

In der Abbildung 2.12(a) ist das Kompositionsergebnis ohne ϵ-Filter dargestellt. Der entstandene Automat hat zwar nur Übergänge mit dem Gewicht Eins und alle Pfade haben die Eingabesymbolfolge „ab“ und die Ausgabesymbolfolge „a“. Allerdings gibt es insgesamt fünf Pfade vom Anfangs- zum Schlusszustand. Daher ist das Gewicht der Übersetzung von „ab“ nach „a“ Fünf (siehe Gleichung (2.14) im Kapitel 2.1.4). Das Ergebnis der Komposition wäre ungültig.

Der Fehler liegt darin, dass jeder leere Übergang mit allen leeren Übergängen komponiert wurde. Dies zu verhindern ist Aufgabe des ϵ-Filters. Er soll garantieren, dass in einem ϵ-Teilautomaten nur genau ein Pfad erzeugt wird. Ein ϵ-Teilautomat ist dabei der Teil des erzeugten Automaten, der durch die Komposition von leeren Übergängen entsteht. Somit ist in dem Beispiel der Abbildung 2.12(b) und 2.12(c) das Gewicht der Übersetzung Eins. Es entsteht stets ein gültiges Ergebnis.

$$\mathcal{C}_{none}(\text{ab}, \text{a}) = 5 \quad (2.61)$$

$$\mathcal{C}_{seq}(\text{ab}, \text{a}) = 1 \quad (2.62)$$

$$\mathcal{C}_{anp}(\text{ab}, \text{a}) = 1 \quad (2.63)$$

Schon in der Abbildung wird deutlich, dass es verschiedene Möglichkeiten gibt, diesen Pfad auszuwählen. Dies hängt vom benutzten ϵ-Filter ab. Der ϵ-Filter unterscheidet dabei zwischen existierenden ϵ-Symbolen und durch die Komposition erzeugten leeren Schleifen (Symbol: ϵ_{cps}). Alle nicht-ϵ-Symbole müssen lediglich im linken und rechten Operanden bei der Komposition einzelner Übergänge gleich sein. Sie werden im ϵ-Filter stellvertretend durch die Bezeichnung $X{:}X$ am Übergang dargestellt.

In der Abbildung 2.13 sind die beiden häufig verwendeten ϵ-Filter dargestellt.

- Bei dem **sequenziellen ϵ-Filter** werden zuerst alle Übergänge des linken Operanden durchlaufen (Zustand z_0) und anschließend die des Rechten (Zustand z_1). Somit ist sichergestellt, dass nur genau ein Pfad erzeugt wird. Die Abbildung 2.12(b) zeigt den ausgewählten Pfad im Beispiel. Es gibt auch die Variante des **inversen sequenziellen ϵ-Filters**, wobei die Operanden in umgekehrter Reihenfolge bearbeitet werden. Sie unterscheidet sich aber nicht prinzipiell, daher wird der inverse Filter im Folgenden nicht gesondert betrachtet.

- Beim **anpassenden ϵ-Filter** oder matching Filter werden Übergänge beider Operanden zusammengefasst (Zustand z_1). Anschließend werden die Übergänge nur eines Operanden durchlaufen (Zustand z_1 beziehungsweise z_2). Ein Rücksprung auf das Zusammenfassen oder den anderen Operanden ist nicht möglich. Somit ist ebenfalls sichergestellt, dass nur genau ein Pfad erzeugt wird. Die Abbildung 2.12(c) zeigt den ausgewählten Pfad im Beispiel.

Beide bekannten ϵ-Filter liefern nicht immer ein optimales Ergebnis bezüglich der Größe des erzeugten Automaten. Das heißt, es kann ein äquivalenter Automat existieren, der weniger Zustände oder Übergänge hat. Das gilt auch für die beiden Filter untereinander. Es gibt Fälle, wo der sequenzielle Filter einen kleineren Automaten liefert, aber auch andere, wo der anpassende Filter einen kleineren

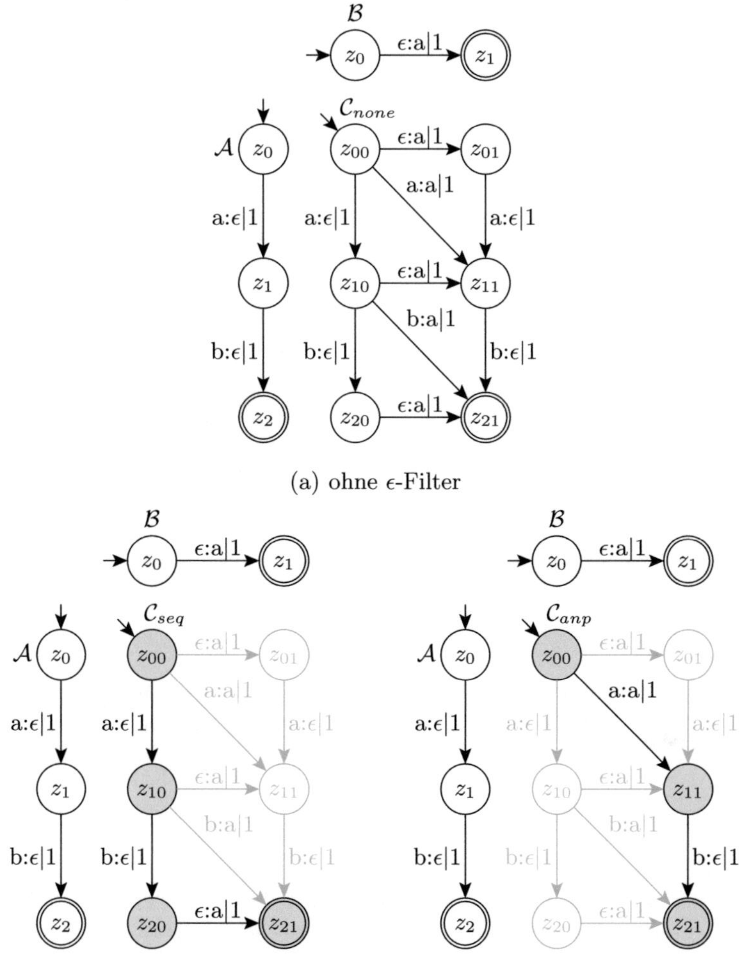

(a) ohne ϵ-Filter

(b) mit sequenziellem ϵ-Filter $\mathcal{E}_{seq}$ (c) mit anpassendem ϵ-Filter $\mathcal{E}_{anp}$

Abbildung 2.12.: Funktionsweise der ϵ-Filter am Beispiel (Wahrscheinlichkeitshalbring)

Automaten liefert. Ein Fall für ein nicht optimales Ergebnis des anpassenden Filters ist ein Automat mit leeren Schleifen. Eine leere Schleife ist ein Pfad mit $z(U) = z'(U)$ und $y(U) = \epsilon$ für den linken Operanden. Ein Spezialfall sind leere Übergänge, die an ihrem Startzustand enden ($z(e) = z'(e)$). Diese treten in der akustischen Mustererkennung besonders häufig in Hidden-Markov-Modellen bei emittierenden Zuständen auf (siehe Kapitel 2.2). Die Abbildung 2.14 zeigt das Ergebnis der Komposition von $\mathcal{A}$ und $\mathcal{B}$ mit dem anpassenden Filter: $\mathcal{C}_{anp}$. Es ist

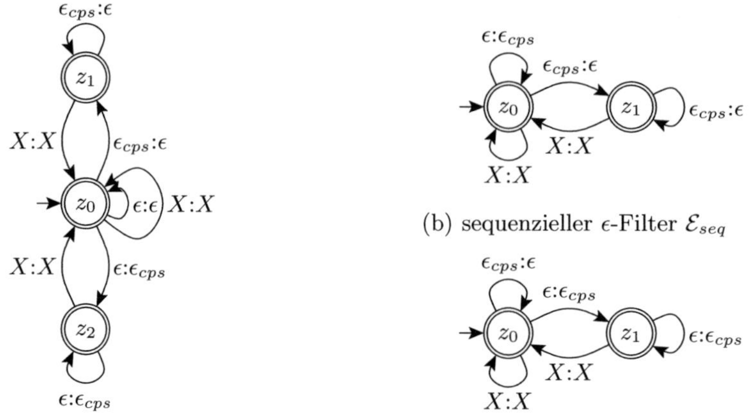

(a) anpassender ϵ-Filter $\mathcal{E}_{anp}$ (aus [Moh08])

(b) sequenzieller ϵ-Filter $\mathcal{E}_{seq}$

(c) inverser sequenzieller ϵ-Filter $\mathcal{E}_{seq2}$

Abbildung 2.13.: Anpassender (matching) und beide sequenziellen ϵ-Filter

zu sehen, das die leere Schleife im Automaten $\mathcal{A}$ in drei Übergänge „ausgerollt" wird. Durch Minimierung (siehe Kapitel 2.5.2) kann der Automat $\mathcal{C}_{anp}$ in den Automaten $\mathcal{C}_{uni}$ überführt werden. Allerdings ist die Minimierung praktisch oft zu aufwendig oder nicht möglich, zum Beispiel bei der on-the-fly Komposition.

Wegen dieser Schwäche des anpassenden ϵ-Filters wird in der akustischen Mustererkennung meist der sequenzielle Filter verwendet. Der erzeugte Automat ist jedoch auch nicht immer optimal. Die Abbildung 2.12 zeigt ein Beispiel dafür. Der Pfad des anpassenden Filters ist kürzer als der Pfad des sequenziellen Filters. Ebenso könnte der Automat $\mathcal{C}_{seq}$ in der Abbildung 2.14 durch Minimierung in den Automaten $\mathcal{C}_{uni}$ überführt werden.

Diese Arbeit stellt im Folgenden einen neuen, universellen ϵ-Filter vor, welcher für die in der akustischen Mustererkennung typischen Operanden einen Automaten erzeugt, dessen Größe kleiner oder gleich der Größe für beide bekannten Filter ist. Im Beispiel in Abbildung 2.14 wird ein Automat $\mathcal{C}_{uni}$ erzeugt, der kleiner ist als bei beiden bekannten Filtern.

2.4.3. Universeller Epsilon-Filter

Der vorherige Abschnitt hat gezeigt, dass beide allgemein bekannten ϵ-Filter Nachteile haben, abhängig von den Eigenschaften der Operanden. Dieser Abschnitt stellt einen neuen, universellen ϵ-Filter vor. Im Unterschied zu den bei-

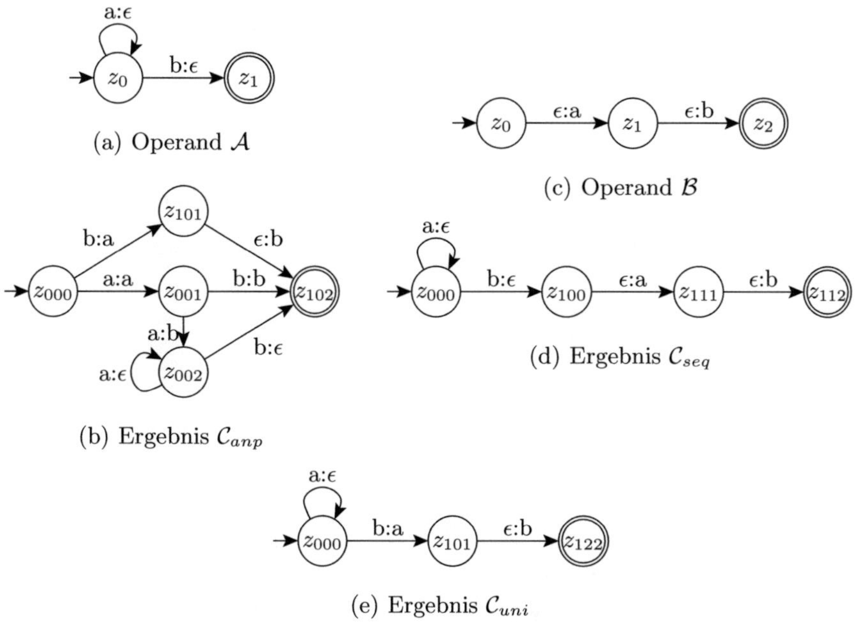

Abbildung 2.14.: Beispiel zur Komposition mit anpassendem, sequenziellem und universellem ϵ-Filter ($\mathcal{A} \circ \mathcal{B} = \mathcal{C}$)

den bekannten Filtern differenziert er ϵ-Symbole nicht nur nach existierenden leeren Übergängen (ϵ) und eingefügten leeren Schleifen (ϵ_{cps}) in den Operanden. Erstere werden zusätzlich zwischen existierenden ϵ-Symbolen an Schleifen (ϵ_l) und anderen Übergängen (ϵ) unterschieden. Um diese Unterscheidung zu ermöglichen, müssen alle ϵ-Symbole, welche an Schleifen vorkommen, vor der eigentlichen Komposition in ϵ_l geändert werden. Eine Vorverarbeitung realisiert die Unterscheidung für die Ausgabesymbole des linken Operanden $\mathcal{A}$ und die Eingabesymbole des Rechten $\mathcal{B}$ (siehe Algorithmus 2.6).

Der universelle ϵ-Filter $\mathcal{E}_{uni}$ ist in der Abbildung 2.15 dargestellt. Er basiert auf dem anpassenden ϵ-Filter $\mathcal{E}_{anp}$ (siehe Abbildung 2.13). Die wesentlichste Änderung ist die Teilung des Zustandes z_0 im Filter $\mathcal{E}_{anp}$ in z_0 und z_1 im Filter $\mathcal{E}_{uni}$. Dadurch können existierende leere Schleifen (ϵ_l) in der gleichen Art und Weise behandelt werden, wie es der sequenzielle ϵ-Filter $\mathcal{E}_{seq}$ ausführt. Drei Übergänge wurden durch spezielle Bezeichnungen (e_e^{l0},e_e^{l1},e_e^{d}) in der Abbildung gekennzeichnet, um im Weiteren darauf referenzieren zu können. Eine besondere Rolle in der Komposition spielt der gepunktete Übergang e_e^d von z_1 nach z_0. Er kann unter bestimmten Voraussetzungen nach der Komposition entfernt werden. Das wird im Folgenden an einem Beispiel verdeutlicht.

Algorithmus 2.6 : Erste Erweiterung der Komposition (Vorverarbeitung)

Eingabe : $\mathcal{A} = (Z^{\mathcal{A}}, I^{\mathcal{A}}, F^{\mathcal{A}}, X^{\mathcal{A}}, Y^{\mathcal{A}}, S, E^{\mathcal{A}})$
$\mathcal{E}_{uni} = (Z^{\mathcal{E}}, I^{\mathcal{E}}, F^{\mathcal{E}}, Y^{\mathcal{A}}, X^{\mathcal{B}}, S, E^{\mathcal{E}})$
$\mathcal{B} = (Z^{\mathcal{B}}, I^{\mathcal{B}}, F^{\mathcal{B}}, X^{\mathcal{B}}, Y^{\mathcal{B}}, S, E^{\mathcal{B}})$

Ausgabe : $\mathcal{C} = (Z^{\mathcal{C}}, I^{\mathcal{C}}, F^{\mathcal{C}}, X^{\mathcal{A}}, Y^{\mathcal{B}}, S, E^{\mathcal{C}})$

\# Ersetze alle leeren Symbole ϵ an Schleifen in beiden Operanden durch Symbol ϵ_l
foreach $e_a \in E^{\mathcal{A}}$: $z(e_a) = z'(e_a) \wedge y(e_a) = \epsilon$ **do** $y(e_a) \longleftarrow \epsilon_l$
foreach $e_b \in E^{\mathcal{B}}$: $z(e_b) = z'(e_b) \wedge x(e_b) = \epsilon$ **do** $x(e_b) \longleftarrow \epsilon_l$
... Algorithmus 2.5

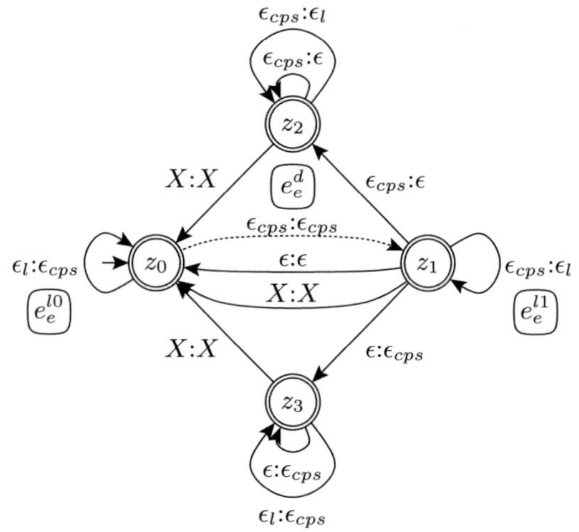

Abbildung 2.15.: Neuer, universeller ϵ-Filter $\mathcal{E}_{uni}$
(Runde Boxen enthalten Bezeichnungen der Übergänge)

Die Abbildung 2.16(a) zeigt das Ergebnis der Komposition der Automaten $\mathcal{A}$ und $\mathcal{B}$ in der Abbildung 2.14 mit dem neuen ϵ-Filter $\mathcal{E}_{uni}$ und dem Vorverarbeitungsschritt aus Algorithmus 2.6. Der Automat enthält noch zwei Übergänge mehr als das optimale Ergebnis in 2.16(b). Sie könnten hier übersprungen werden. Diese zwei Übergänge wurden durch Komposition mit dem gepunktetem Übergang e_e^d im ϵ-Filter $\mathcal{E}_{uni}$ erzeugt. Allgemein können Übergänge, welche durch den Übergang e_e^d entstanden sind, genau dann übersprungen werden, wenn von den Schleifen e_e^{l0} und e_e^{l1} direkt vor beziehungsweise nach dem Übergang e_e^d nicht beide benutzt wurden. Das ist in vielen Fällen möglich. Unter anderem immer dann, wenn nur einer der beiden Operanden leere Schleifen (ϵ_l) enthält. Ein Nachverarbeitungsschritt der Komposition mit dem universellen ϵ-Filter entfernt nicht benötigte Übergänge im Ergebnisautomaten (siehe Algorithmus 2.7).

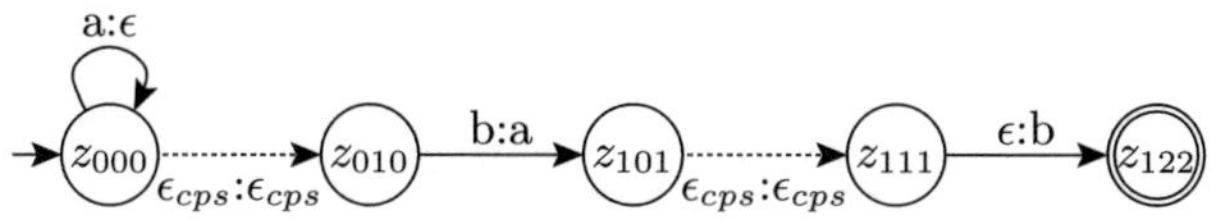

(a) vorläufiges Ergebnis $\mathcal{C}_{uni}^{(0)}$

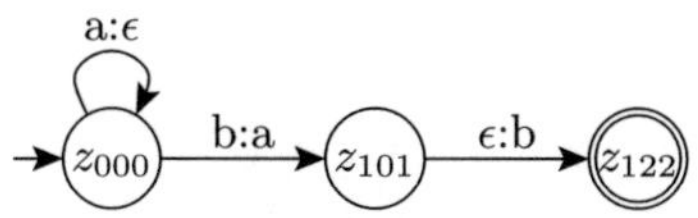

(b) Endergebnis $\mathcal{C}_{uni}$

Abbildung 2.16.: Ergebnis der Komposition von $\mathcal{A}$ und $\mathcal{B}$ in Abbildung 2.14 unter Benutzung des neuen, universellen ϵ-Filters

Algorithmus 2.7 : Zweite Erweiterung des Komposition (Nachverarbeitung)

Definition der Übergänge (siehe Abbildung 2.15)

$e_e^d \longleftarrow$ gepunkteter Übergang in ϵ-Filter $\mathcal{E}_{uni}$
$e_e^{l0} \longleftarrow$ Schleife am Zustand z_0 in ϵ-Filter $\mathcal{E}_{uni}$
$e_e^{l1} \longleftarrow$ Schleife am Zustand z_1 in ϵ-Filter $\mathcal{E}_{uni}$

Eingabe : $\mathcal{A} = (Z^{\mathcal{A}}, I^{\mathcal{A}}, F^{\mathcal{A}}, X^{\mathcal{A}}, Y^{\mathcal{A}}, S, E^{\mathcal{A}})$
$\mathcal{E}_{uni} = (Z^{\mathcal{E}}, I^{\mathcal{E}}, F^{\mathcal{E}}, Y^{\mathcal{A}}, X^{\mathcal{B}}, S, E^{\mathcal{E}})$
$\mathcal{B} = (Z^{\mathcal{B}}, I^{\mathcal{B}}, F^{\mathcal{B}}, X^{\mathcal{B}}, Y^{\mathcal{B}}, S, E^{\mathcal{B}})$
Ausgabe : $\mathcal{C} = (Z^{\mathcal{C}}, I^{\mathcal{C}}, F^{\mathcal{C}}, X^{\mathcal{A}}, Y^{\mathcal{B}}, S, E^{\mathcal{C}})$

... Algorithmus 2.6
... Algorithmus 2.5
foreach $e_c \in E^{\mathcal{C}}$ *erzeugt durch* e_e^d **do**
  # Wenn die Übergänge e_e^{l0} und e_e^{l1} nicht beide benutzt wurden
  if
  $\left(\nexists\, e_c^{l0} \in E^{\mathcal{C}} :\ z(e_c^{l0}) = z'(e_c^{l0}) = z(e_c)\right) \vee \left(\nexists\, e_c^{l1} \in E^{\mathcal{C}} :\ z(e_c^{l1}) = z'(e_c^{l1}) = z'(e_c)\right)$
  then
    $E^{\mathcal{C}} \longleftarrow E^{\mathcal{C}} \setminus \{e_c\}$ # Übergang e_c entfernen
    foreach $e_c' \in E^{\mathcal{C}} :\ z(e_c') = z'(e_c)$ **do** $z(e_c') \longleftarrow z(e_c)$ # e_c überspringen
    foreach $e_c' \in E^{\mathcal{C}} :\ z'(e_c') = z'(e_c)$ **do** $z'(e_c') \longleftarrow z(e_c)$ # e_c überspringen
    if $z'(e_c) \in F^{\mathcal{C}}$ **then** $F^{\mathcal{C}} \longleftarrow \{z'(e_c)\}$ # Schlussszustände aktualisieren
    $Z^{\mathcal{C}} \longleftarrow Z^{\mathcal{C}} \setminus \{z'(e_c)\}$ # Endzustand $z'(e_c)$ entfernen
  end
end

Der gesamte Ablauf der Komposition von den Operanden $\mathcal{A}$ und $\mathcal{B}$ mit dem neuen, universellem ϵ-Filter besteht demnach aus Vorverarbeitung, Komposition mit $\mathcal{E}_{uni}$ und Nachverarbeitung. Eine Nachverarbeitung ist allerdings bei

Algorithmus 2.8 : Prinzip der on-the-fly Komposition mit universellem ϵ-Filter

Definition der Übergänge (siehe Abbildung 2.15)

$e_e^d \longleftarrow$ gepunkteter Übergang in ϵ-Filter $\mathcal{E}_{uni}$

$e_e^{l0} \longleftarrow$ Schleife am Zustand z_0 in ϵ-Filter $\mathcal{E}_{uni}$

$e_e^{l1} \longleftarrow$ Schleife am Zustand z_1 in ϵ-Filter $\mathcal{E}_{uni}$

Eingabe : $\mathcal{A} = (Z^{\mathcal{A}}, I^{\mathcal{A}}, F^{\mathcal{A}}, X^{\mathcal{A}}, Y^{\mathcal{A}}, S, E^{\mathcal{A}})$
$\mathcal{E}_{uni} = (Z^{\mathcal{E}}, I^{\mathcal{E}}, F^{\mathcal{E}}, Y^{\mathcal{A}}, X^{\mathcal{B}}, S, E^{\mathcal{E}})$
$\mathcal{B} = (Z^{\mathcal{B}}, I^{\mathcal{B}}, F^{\mathcal{B}}, X^{\mathcal{B}}, Y^{\mathcal{B}}, S, E^{\mathcal{B}})$

Ausgabe : $\mathcal{C} = (Z^{\mathcal{C}}, I^{\mathcal{C}}, F^{\mathcal{C}}, X^{\mathcal{A}}, Y^{\mathcal{B}}, S, E^{\mathcal{C}})$

-1 **foreach** $e_a \in E^{\mathcal{A}}: \ z(e_a) = z'(e_a) \wedge y(e_a) = \epsilon$ **do** $y(e_a) \longleftarrow \epsilon_l$
0 **foreach** $e_b \in E^{\mathcal{B}}: \ z(e_b) = z'(e_b) \wedge x(e_b) = \epsilon$ **do** $x(e_b) \longleftarrow \epsilon_l$
1 $E^{\mathcal{A}} \longleftarrow E^{\mathcal{A}} \cup \{(z_i, \epsilon, \epsilon_{cps}, \bar{1}, z_i) | z_i \in Z^{\mathcal{A}}\}$ # leere Schleife für jedem Zustand in $\mathcal{A}$
2 $E^{\mathcal{B}} \longleftarrow E^{\mathcal{B}} \cup \{(z_i, \epsilon_{cps}, \epsilon, \bar{1}, z_i) | z_i \in Z^{\mathcal{B}}\}$ # leere Schleife für jedem Zustand in $\mathcal{B}$
3 $Z^{\mathcal{C}} \longleftarrow I^{\mathcal{C}} \longleftarrow \{(z_a, z_e, z_b) | z_a \in Z^{\mathcal{A}}, z_e \in Z^{\mathcal{E}}, z_b \in Z^{\mathcal{B}}\}$ # Anfangszustände initial.
4 $F^{\mathcal{C}} \longleftarrow \emptyset$ # Schlusszustände initialisieren
5 $Q \longleftarrow I^{\mathcal{C}}$ # Warteschlange erzeugen
5.1 $L \longleftarrow \emptyset$ **# Menge der Zustände mit Benutzung von e_e^{l0} oder e_e^{l1}**
5.2 $f_{l0} \longleftarrow \emptyset$ **# Funktion für Startzustand von e_e^d**
6 **while** $Q \neq \emptyset$ **do** # solange die Warteschlange nicht leer ist
7 $Q \longleftarrow Q \setminus \{z_c = (z_a, z_e, z_b) \in Q\}$ # Zustand aus der Warteschlange nehmen
8 **if** $z_c \in (F^{\mathcal{A}} \times F^{\mathcal{E}} \times F^{\mathcal{B}})$ **then** $F^{\mathcal{C}} \longleftarrow F^{\mathcal{C}} \cup \{z_c\}$ # Schlusszustand erzeugen
Für alle abgehenden Kanten mit passenden Symbolen
9 **foreach**
$e_a \in E^{\mathcal{A}}, e_e \in E^{\mathcal{E}}, e_b \in E^{\mathcal{B}} : z_c = (z(e_a), z(e_e), z(e_b)) \wedge y(e_a) = x(e_e) \wedge y(e_e) = x(e_b)$
do
10 **if** $z'_c = (z'(e_a), z'(e_e), z'(e_b)) \notin Z^{\mathcal{C}}$ **then** # neuer Zustand?
11 $Z^{\mathcal{C}} \longleftarrow Z^{\mathcal{C}} \cup \{z'_c\}, \ Q \longleftarrow Q \cup \{z'_c\}$ # Zustand erzeugen
12 **end**
13 $E^{\mathcal{C}} \longleftarrow E^{\mathcal{C}} \cup \{(z_c, x(e_a), y(e_b), w(e_a) \otimes w(e_b), z'_c)\}$ # Übergang erzeugen
13.1 **if** $e_e = e_e^{l0} \ \vee \ e_e = e_e^{l1}$ **then** $L \longleftarrow L \cup \{z_c\}$ **# Menge L aktualisieren**
13.2 **if** $e_e = e_e^d$ **then** $f_{l0}(z'_c) \longleftarrow z_c$ **# Funktion f_{l0} aktualisieren**
14 **end**
14.1 **if** $z_e = z_1 \in \mathcal{E}_{uni} \ \wedge \ (z_c \notin L \ \vee \ f_{l0}(z_c) \notin L)$ **then** **# Nicht e_e^{l0} und e_e^{l1} benutzt**
14.2 $E^{\mathcal{C}} \longleftarrow E^{\mathcal{C}} \setminus \{e_c^d : z(e_c^d) = f_{l0}(z_c) \ \wedge \ z'(e_c^d) = z_c\}$ **# e_e^d entfernen**
14.3 **foreach** $e_c \in E^{\mathcal{C}} : \ z(e_c) = z_c$ **do** $z(e_c) \longleftarrow f_{l0}(z_c)$ **# z_c überspringen**
14.4 **foreach** $e_c \in E^{\mathcal{C}} : \ z'(e_c) = z_c$ **do** $z'(e_c) \longleftarrow f_{l0}(z_c)$ **# z_c überspringen**
14.5 **if** $z_c \in F^{\mathcal{C}}$ **then** $F^{\mathcal{C}} \longleftarrow \{z_c\}$ **# Schlussszustände aktualisieren**
14.6 $Z^{\mathcal{C}} \longleftarrow Z^{\mathcal{C}} \setminus \{z_c\}$ **# Endzustand $\{z'(e^{\mathcal{C}})\}$ entfernen**
14.7 **end**
15 **end**

der on-the-fly Komposition nicht möglich, weil der Ergebnisautomat der Komposition nicht vollständig bestimmt wird. In diesem Fall kann das Entfernen von nicht benötigten Übergängen auch während der Komposition ausgeführt werden. Der Algorithmus 2.8 zeigt den Ablauf, bei welchem der Nachverarbeitungsschritt während der Komposition ausgeführt wird. Nachdem ein Zustand bearbeitet wurde, der aus dem Zustand z_1 im ϵ-Filter $\mathcal{E}_{uni}$ hervorging, kann der Übergang vor diesem Zustand entfernt werden, falls die Bedingung erfüllt ist (Zeilen 14.1-14.7). Das ist möglich, weil keine weiteren Pfade den Zustand z_1 oder z_0 erreichen werden und sich damit die Bedingung nicht nachträglich ändern kann. Die Möglichkeit zum Prüfen der Bedingung wird durch die Menge L und die Funktion f_{l0} realisiert. Die Menge L enthält alle Zustände im Zielautomat, an welchen der Übergang e_e^{l0} oder der Übergang e_e^{l1} im ϵ-Filter benutzt wurde. Die Funktion f_{l0} weist jedem Zustand im Zielautomat, der aus dem Zustand z_1 im ϵ-Filter hervorgegangen ist, den Vorgängerzustand zu, welcher aus dem Zustand z_0 hervorgegangen ist. Damit kann die Bedingung zum Überspringen des Übergangs e_e^d an entsprechender Stelle überprüft werden.

Der mit dem neuen ϵ-Filter $\mathcal{E}_{uni}$ erzeugte Automat ist äquivalent zu den Automaten des anpassendem und sequenziellem ϵ-Filter ($\mathcal{E}_{anp}$, $\mathcal{E}_{seq}$). Dies wurde mit Experimenten bestätigt (siehe nächster Abschnitt). Alle Automaten erzeugen exakt die selben Erkennungsergebnisse, falls auf weitere Einschränkungen wie zum Beispiel Pruning verzichtet wird.

2.4.4. Ergebnisse in der Spracherkennung

Um den vorgestellten ϵ-Filter zu evaluieren, wurden Erkennungsnetzwerke auf Basis einer kontextfreien Grammatik für die Erkennung von Zahlen erstellt. Die Tatsache, dass es möglich ist, mit den hier eingesetzten Automaten eine kontextfreie Grammatik abzubilden, ist auf eine Erweiterung der Automaten um Kellersymbole und -speicher zurückzuführen, welche im Kapitel 3.7 vorgestellt wird. Auf die Komposition hat die Erweiterung keinen Einfluss, die Kellersymbole werden lediglich übernommen. Allerdings ermöglicht sie, die verwendete Grammatik deutlich kompakter abzubilden.

Die Grammatik modelliert gesprochene deutsche Zahlen mit bis zu neun Stellen vor dem Komma und einer beliebigen Anzahl von Dezimalstellen. Ein Beispiel ist: *drei-tausend-ein-hundert-zwanzig-komma-fünf-sieben.* Die Abbildung 2.18 zeigt die verwendete Grammatik. Dabei wurden anstelle der Gewichte die Kellersymbole p_0, p_3 und p_6 sowie deren inverse Symbole angegeben. Das Lexikon enthält 40 Wörter und ist auf 43 Phonem-Hidden-Markov-Modellen gegründet. Die Phonem-Modelle sind kontextunabhängig trainiert. Deshalb wird kein Phonem-Kontext-Modell verwendet.

Das Erkennungsnetzwerk wird aus diesen Modellen durch eine der beiden Gleichungen (2.64) und (2.65) erzeugt. Die Grammatik wurde optional vor der Komposition determiniert. Die Determinierung wird häufig zur Optimierung der Modelle in der Spracherkennung angewendet. Ihre Funktionsweise ist in Abschnitt 2.5.1 erklärt. Da es sich hier um eine kontextfreie Grammatik handelt und der Algorithmus zur Determinierung die Kellersymbole nicht berücksichtigt, muss diese vor der Determinierung in eine reguläre Grammatik überführt werden. Dies wird durch die Operation stkrm realisiert. Diese führt eine Komposition der Grammatik bezüglich ihrer Kellersymbole mit einem Automaten durch, welcher alle zulässigen Folgen von Kellersymbolen enthält (siehe Abbildung 2.17). Für beide Kompositionsoperationen in den Gleichungen wurde jeweils der gleiche ϵ-Filter verwendet (entweder der Anpassende, der Sequenzielle oder der Universelle).

$$\mathcal{R} = (\mathcal{H} \circ \min(\mathcal{L})) \circ \mathcal{G} \tag{2.64}$$

$$\mathcal{R} = (\mathcal{H} \circ \min(\mathcal{L})) \circ \det(\text{stkrm}(\mathcal{G})) \tag{2.65}$$

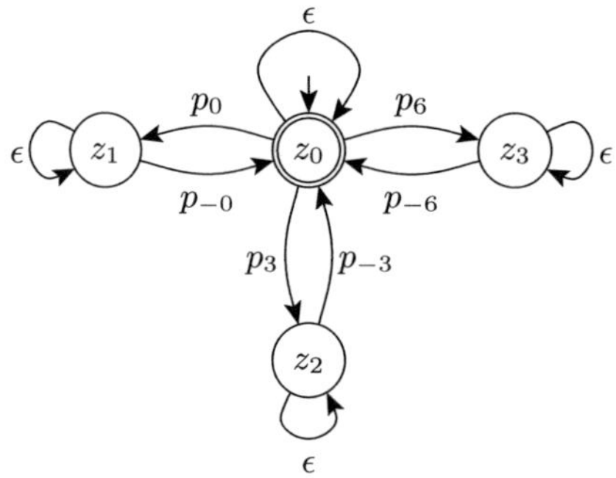

Abbildung 2.17.: Automat zur Überführung der kontextfreien Grammatik für Zahlen in eine Reguläre

Die Tabelle 2.5 zeigt die Anzahl der Zustände und Übergänge für alle drei ϵ-Filter. Der universelle ϵ-Filter reduziert die Netzwerkgröße für dieses Beispiel um 20 % beziehungsweise 30 % im Vergleich zum inversen sequenziellen beziehungsweise anpassenden Filter. Der Automat, welcher durch den sequenziellen Filter erzeugt wird, ist nahezu gleich groß. Der geringe Vorteil gegenüber dem universellen ϵ-Filter ist begründet in der Ausnutzung der Baumstruktur der ϵ-Teilautomaten bei der Erstellung der Worterkennungsnetzwerke.

Die Determinierung verhindert die kompakte Abbildung der Grammatik mit leeren Übergängen. Daher wird die Grammatik etwa um einen Faktor von 5 größer, was zu Speicherplatz- und Rechenzeitverlusten führt. Das erzeugte Erkennungsnetzwerk wird um einen Faktor von 1,5 bis 4 größer. Hier liefert der universelle ϵ-Filter das beste Ergebnis. Der sequenzielle ϵ-Filter erzeugt mit Abstand den größten Automaten.

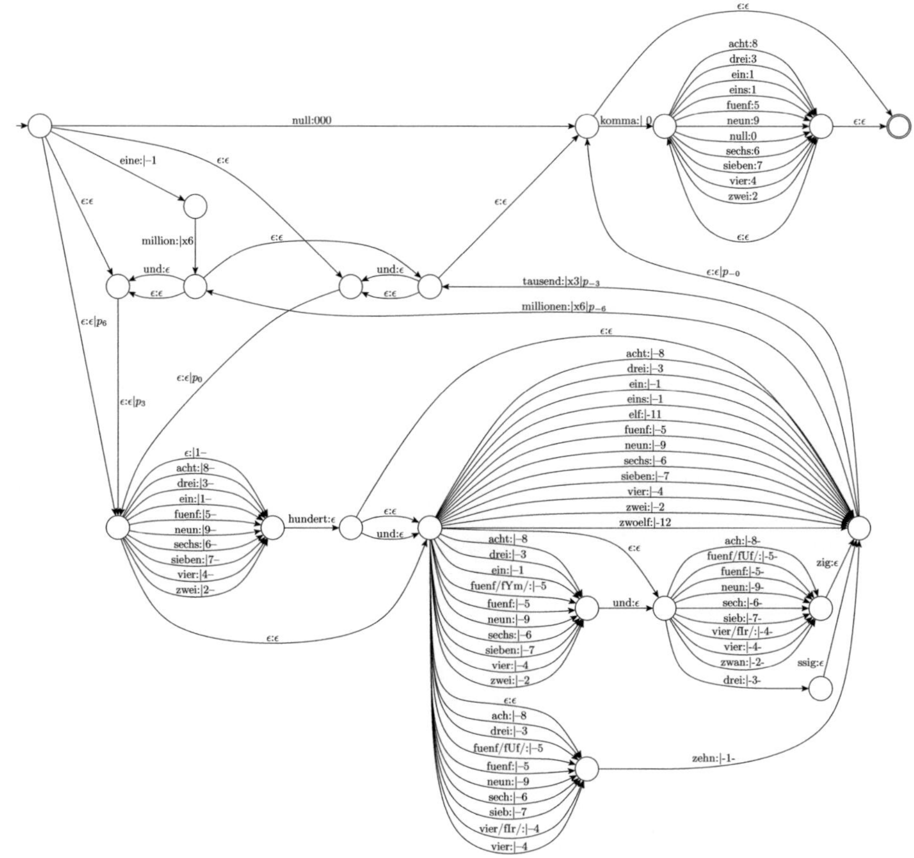

Abbildung 2.18.: Grammatik für gesprochene deutsche Zahlen mit bis zu neun Stellen vor dem Komma und einer beliebigen Anzahl danach (Anstelle der Gewichte sind die Kellersymbole angegeben.)

Die geringeren Netzwerkgrößen im Vergleich zu den in [Duc11] veröffentlichten sind auf die Verwendung von Automaten mit Kellerspeicher zurückzuführen (siehe Kapitel 3.7). Dadurch konnte der Grammatikautomat verkleinert werden.

Die Ergebnisse eines weiteren Experimentes, welches statistische Sprachmodelle benutzt, werden in Tabelle 2.6 gezeigt. Dabei erzeugt der universelle ϵ-Filter das gleiche Ergebnis wie der sequenzielle Filter. Zur Erstellung von Lexikon und Sprachmodell wurde die deutsche Datenbank Verbmobil (siehe Anhang A.1) verwendet. Es wurden zwei Lexikon-Modelle unterschiedlicher Größe erstellt. Eines mit 2947 Wörtern (abgekürzt als 3k Modell) und ein anderes mit 9037 Wörtern (abgekürzt als 9k Modell). Verglichen mit dem anpassenden und inversen se-

	ϵ-Filter	$\mathcal{G}$	det($\mathcal{G}$)
$\lvert Z^C \rvert$	anpassend	1991	2881
	inv. sequenziell	1653	2819
	sequenziell	**1347**	5546
	universell	**1347**	**2217**
$\lvert E^C \rvert$	anpassend	4384	6013
	inv. sequenziell	3266	5641
	sequenziell	**2712**	10 776
	universell	2751	**4510**

Tabelle 2.5.: Größe des Erkennungsnetzwerks für gesprochenen Zahlen

quenziellen ϵ-Filter kann die Netzwerkgröße um etwa 20 % reduziert werden. Es wurden spezielle Übergangssymbole eingefügt, damit Lexikon und Sprachmodell determinierbar werden („Symbol insertion“ - siehe [All03b]). Eine weitere Folge dieser Methode ist, dass die ϵ-Teilautomaten an den Übergangssymbolen gesplittet werden. Daher ist die Komposition gezwungen solche Übergänge zu vereinen, was den Spielraum des ϵ-Filters reduziert. Damit ist die Gleichheit der Ergebnisse von universellem und sequenziellem Filter einerseits sowie anpassendem und inversem sequenziellen Filter andererseits zu begründen.

Lexikongröße (Wörter) n-Gramm-Typ		3k bi	9k bi	3k tri	9k tri
$\lvert Z^C \rvert$	anpassend	342 k	1,51 M	1,11 M	6,25 M
	inv. sequenziell	342 k	1,51 M	1,11 M	6,25 M
	sequenziell	273 k	1,21 M	0,88 M	5,00 M
	universell	273 k	1,21 M	0,88 M	5,00 M
$\lvert E^C \rvert$	anpassend	639 k	2,83 M	2,05 M	11,2 M
	inv. sequenziell	639 k	2,83 M	2,05 M	11,2 M
	sequenziell	502 k	2,22 M	1,61 M	9,05 M
	universell	502 k	2,22 M	1,61 M	9,05 M

Tabelle 2.6.: Größe des Erkennungsnetzwerks mit statistischem Sprachmodell

Alle Experimente erzeugten bei vollständiger Suche (ohne Pruning) identische Erkennungsraten. Daher wird angenommen, dass die erzeugten Automaten äquivalent sind. Zusammenfassend zeigen die Experimente, dass der universelle ϵ-Filter stets einen Automaten erzeugt, der ähnlich groß oder kleiner verglichen mit den bekannten Filtern ist. Die Auswahl des ϵ-Filters wird damit überflüssig.

2.4.5. Effiziente Implementierung der Komposition

Im Weiteren ist eine Implementierung der Komposition entstanden, welche besonders effizient bezüglich Speicher- und Rechenzeitbedarf ist. Merkmale dieser Implementierung, welche die Effizienz begünstigen, sind folgende:

- Zustände und Übergänge im Zielautomaten werden jeweils durch eine eigene Datenstruktur realisiert. Die Beziehung zwischen diesen Zuständen und Übergängen wird ausschließlich über verkettete Listen von Zeigern implementiert.
- Zustände können außerdem in die verkette Liste der Warteschlange und in die Hash-Tabelle eingegliedert werden. Letztere dient zum Auffinden von bereits benutzten Zuständen. Die Identifikation der Zustände in der Hash-Tabelle geschieht über die Nummern der Zustände in den Operanden sowie im ϵ-Filter.
- Falls ein Zustand aus der Warteschlange vollständig expandiert wurde und dann keine abgehenden Übergänge enthält, wird er freigegeben. Weiterhin werden alle eingehenden Übergänge des Zustandes freigegeben und aus der Hash-Tabelle entfernt. Falls ein Startzustand einer dieser Übergänge anschließend ebenfalls keine abgehenden Übergänge enthält, wird das Verfahren rekursiv fortgesetzt.
- Ein Bitfeld, das über alle möglichen Zustände im Zielautomaten speichert, ob diese freigegeben wurden. Wenn ein Zustand freigegeben wird, wird das entsprechende Bit gesetzt. Falls ein Zustand mit gesetztem Bit in der Expansion erreicht wird, wird dieser Zustand übersprungen. Da er selbst keine abgehenden Übergänge nach der Expansion enthält, gibt es keine Pfade über diesen Zustand.

Die Tabelle 2.7 gibt einen Überblick über den Speicher- und Rechenzeitbedarf. Es wird die neue Implementierung mit der vorhergegangen im Experimentiersystem dLabPro verglichen. Außerdem wurden auch die Werte der Komposition in der freien wFST-Bibliothek OpenFst [Ope13] gemessen. Diese wurde in Version 1.2.7 ohne weitere Anpassungen eingesetzt. Alle Experimente wurde auf einem Intel® Xeon® CPU, 2,27 GHz mit 16 Kernen und 16 GB Hauptspeicher ausgeführt. Bei leeren Feldern in der Tabelle war eine Komposition aufgrund von Speicher- oder anderen Fehlern nicht möglich. Die n-Gramm-Typen entsprechen denen im vorherigen Abschnitt. Das n-Gramm-Cutoff gibt die maximale Häufigkeit der n-Gramme an, die nicht zum Training des Sprachmodells verwendet wurden. Die Tabelle zeigt, dass die neue Implementierung effizienter als die beiden anderen ist.

Cutoff	Lexikongröße n-Gramm-Typ	3k bi	9k bi	3k tri	9k tri
3	Größe $\mathcal{H} \circ \min(\mathcal{L})$	18 k/35 k	49 k/96 k	18 k/35 k	49 k/96 k
	Größe $\mathcal{G}$	486/6,0 k	1,5 k/27 k	1,2 k/8,0 k	7,2 k/47 k
	Implementierung dLabPro (alt)				
	Speicher	1,7 GB	—	4,4 GB	—
	Zeit	5:05 min	—	42 min	—
	Implementierung openfst				
	Speicher	816 MB	7,4 GB	2,0 GB	—
	Zeit	7 s	1:33 min	20 s	—
	Neue Implementierung				
	Speicher: Operanden	6 MB	17 MB	6 MB	19 MB
	Speicher: Zustände	5 MB	22 MB	6 MB	41 MB
	Speicher: Übergänge	7 MB	31 MB	9 MB	57 MB
	Speicher: Bitfeld	4 MB	35 MB	11 MB	169 MB
	Speicher: Gesamt	22 MB	105 MB	32 MB	286 MB
	Zeit	2,3 s	26 s	4,6 s	1:32 min
0	Größe $\mathcal{H} \circ \min(\mathcal{L})$	18 k/35 k	49 k/96 k	18 k/35 k	49 k/96 k
	Größe $\mathcal{G}$	2,9 k/27 k	9,0 k/114 k	23 k/86 k	102 k/449 k
	Implementierung dLabPro (alt)				
	Speicher	10,3 GB	—	—	—
	Zeit	4:45 h	—	—	—
	Implementierung openfst				
	Speicher	4,77 GB	—	—	—
	Zeit	47 s	—	—	—
	Neue Implementierung				
	Speicher: Operanden	8 MB	23 MB	15 MB	62 MB
	Speicher: Zustände	25 MB	111 MB	81 MB	459 MB
	Speicher: Übergänge	35 MB	153 MB	111 MB	625 MB
	Speicher: Bitfeld	26 MB	211 MB	203 MB	2,32 GB
	Speicher: Gesamt	162 MB	498 MB	410 MB	3,38 GB
	Zeit	11,0 s	2:06 min	1:12 min	21 min

Tabelle 2.7.: Rechenzeit und Speicherbedarf der Komposition

2.4.6. Zusammenfassung

In diesem Kapitel wurden spezielle Probleme bei der Komposition mit anpassendem oder sequenziellem ϵ-Filter beleuchtet. Eines ist die Existenz von leeren Schleifen, zum Beispiel in Hidden-Markov-Modellen. Ein anderes tritt bei der Komposition von nicht determinierten Automaten auf. Es wurde deutlich, dass dies für bestimmte Anwendungen wie zum Beispiel Sprachdialogsystemen nützlich sein kann. Eine Lösung ist die Kombination von anpassendem und sequenziellem ϵ-Filter in den hier vorgestellten, universellen Filter. Idealerweise kann dieser Filter für alle Kompositionsalgorithmen verwendet werden, welche auf dem Prinzip eines ϵ-Filters beruhen. Außerdem ist das Verfahren für on-the-fly Komposition geeignet. Für eine Grammatik mit gesprochenen deutschen Zahlen kann die Erkennungsnetzwerkgröße deutlich reduziert werden. Eine Auswahl des besten ϵ-Filters für jede Komposition wird überflüssig. Weiterhin wurde eine sehr effiziente Implementierung der Komposition kurz vorgestellt.

2.5. Optimierung von Automaten

Die Suche ist umso effizienter, je kompakter das Erkennungsnetzwerk ist. Die Minimierung dient dazu einen äquivalenten Automaten zu bestimmen, der möglichst kompakt ist. Das Verfahren wird zusammen mit der zugrunde liegenden Determinierung in den beiden folgenden Abschnitten kurz vorgestellt. Leider ist das bekannte Verfahren der Minimierung sehr aufwendig und nicht zusammen mit einer on-the-fly Komposition einsetzbar. Daher wurde ein sehr einfaches Verfahren entwickelt, welches Vereinfachungen im Automaten vornimmt, die in der Spracherkennung häufig auftreten. Das Verfahren der „faulen" Minimierung erzeugt ebenfalls einen äquivalenten Automaten.

2.5.1. Determinierung

Dieser Abschnitt stellt das Verfahren der Determinierung sowie darauf aufbauend das Verfahren der Minimierung von gewichteten endlichen Automaten vor. Ziel der Determinierung ist es einen äquivalenten Automaten zu erzeugen, bei dem in jedem Zustand durch das Eingabesymbol eindeutig der Folgezustand bestimmt ist. Somit dürfen in einem determinierten Automaten nicht zwei Übergänge existieren, welche an dem gleichen Zustand beginnen und das gleiche Eingabesymbol haben (2.67). Außerdem darf es nur einen Anfangszustand geben (2.66). Leere Eingaben ($x(e) = \epsilon$) sind nur an Übergängen zulässig, die entweder der einzige abgehende Übergang eines Zustandes sind oder ohne weitere Eingabesymbole zu einem Schlusszustand führen (2.68). Erstere müssen in diesem Zustand benutzt werden. Letztere werden genau dann benutzt, wenn die Eingabesymbolfolge vollständig verarbeitet wurde. Somit ist der Folgezustand stets eindeutig durch die Eingabesymbolfolge definiert.

$$\left|I^{\mathcal{A}}\right| = 1 \tag{2.66}$$

$$\forall e \in E^{\mathcal{A}},\ x(e) \neq \epsilon: \qquad \left|\left\{e' \in E^{\mathcal{A}} \;\middle|\; \begin{array}{c} z(e') = z(e) \wedge \\ x(e') = x(e) \end{array}\right\}\right| = 1 \tag{2.67}$$

$$\begin{aligned} \forall e \in E^{\mathcal{A}},\ x(e) = \epsilon: \qquad & \left|\left\{e' \in E^{\mathcal{A}} \;\middle|\; z(e') = z(e)\right\}\right| = 1 \vee \\ & \nexists U \in \mathcal{A}:\ z(U) = z'(e) \ \wedge\ x(U) \neq \epsilon \end{aligned} \tag{2.68}$$

Im Folgenden wird der Algorithmus zur Determinierung präsentiert. Er basiert im Wesentlichen auf den Arbeiten [Moh97, Moh08, Wol11]. Die Behandlung von Schlusszuständen sowie leeren Übergängen wurde an die hier verwendete Definition der Automaten angepasst. Voraussetzung für das Verfahren ist die Determinierbarkeit des Automaten. Diese kann mit Hilfe der Zwillingseigenschaft (twins property) überprüft werden, siehe [All03a]. Das hier vorgestellte Verfahren setzt außerdem voraus, dass keine Schleifen mit der Eingabe ϵ im Automaten existieren.

$$\nexists U \in \mathcal{A}: \; z(U) = z'(U) \;\wedge\; x(U) = \epsilon \tag{2.69}$$

Im Algorithmus 2.9 wird der Ablauf vorgestellt. Dabei werden Zustände im determinierten Automaten durch eine Menge von Resten definiert. Ein Rest ist ein Tupel aus einem Zustand im Quellautomaten, der nicht verarbeiteten Ausgabezeichenkette und dem nicht verarbeiteten Gewicht. Zu Beginn des Verfahrens wird für jeden Anfangszustand z_a ein neuer Anfangszustand z_b mit dem Rest $R = (z_a, \epsilon, \overline{1})$ erzeugt (Zeile 1). Diese Zustände werden in eine Menge von offenen Zuständen O abgelegt (Zeile 3).

Anschließend wird jeweils ein Zustand z_b aus der Menge der offenen Zustände O entfernt (Zeilen 4,5). Für alle Eingabesymbole x wird zu diesem Zustand eine Menge D generiert (Zeile 7). Diese Menge enthält Tupel aus jeweils einem Pfad U_a im Quellautomaten und einem Rest R aus dem betrachteten Zustand z_b. Der Pfad beginnt beim Zustand des Restes und besteht aus einer Folge von Übergängen mit Eingabe ϵ. Einzig der letzte Übergang im Pfad hat das betrachtete Eingabesymbol x. Nun wird ein neuer Zustand z'_b sowie ein neuer Übergang e_b von z_b zu diesem Zustand erzeugt (Zeilen 8-11). Das Gewicht w_b des Übergangs entspricht dem kleinstem gemeinsamem Gewicht der Reste in der Menge D. Das Ausgabesymbol y_b entspricht dem ersten Symbol der kürzesten gemeinsamen Ausgabesymbolfolge in der Menge D. Das erste Symbol einer Symbolfolge wird mit folgender Funktion bestimmt:

$$\mathrm{first}_{\mathrm{str}}(x) \;=\; \bigotimes_{\substack{\mathrm{str}\\ x' \in X}} x' \oplus_{\mathrm{str}} x \tag{2.70}$$

Der Endzustand z'_b des neuen Übergangs definiert sich durch die nicht verarbeiteten Symbole und Gewichte in Form von Resten. Um die nicht verarbeiteten Symbole und Gewichte bestimmen zu können, werden die Restoperationen $\oslash$ und $\oslash_{\mathrm{str}}$ benötigt. Jeder neu entstandene Zustand z'_b wird in die Menge der offenen Zustände O eingefügt (Zeilen 12-15).

$$x_1 \oslash_{\mathrm{str}} x_2 = x_3 \;\Leftrightarrow\; x_3 \otimes_{\mathrm{str}} x_2 = x_1 \qquad (x_1, x_3 \in X^*,\; x_2 \in X) \tag{2.71}$$

$$w_1 \oslash w_2 = w_3 \;\Leftrightarrow\; w_3 \otimes w_2 = w_1 \qquad (w_1, w_2, w_3 \in \mathbb{K}) \tag{2.72}$$

Die so erzeugten Reste werden noch durch die Funktion $\mathrm{fin}_{\mathrm{R}}$ verarbeitet (Zeile 10). Aufgabe dieser Funktion ist es Reste zu finden, welche zwangsweise ohne weitere Eingabe zu einem Schlusszustand führen. Dadurch können im bestimmten Fällen Zustände im determinierten Automaten vereinigt werden. Reste, für

Algorithmus 2.9 : Determinierung $\mathcal{B} = \det(\mathcal{A})$
(nach [Moh08, Wol11] mit Anpassungen)

Eingabe : $\mathcal{A} = (Z^{\mathcal{A}}, I^{\mathcal{A}}, F^{\mathcal{A}}, X, Y, S, E^{\mathcal{A}})$
Ausgabe : $\mathcal{B} = (Z^{\mathcal{B}}, I^{\mathcal{B}}, F^{\mathcal{B}}, X, Y, S, E^{\mathcal{B}})$

foreach $z_a \in I^{\mathcal{A}}$ **do** $I^{\mathcal{B}} \longleftarrow I^{\mathcal{B}} \cup \{z_b = \{R = (z_a, \epsilon, \overline{1})\}\}$ # Anfangszustände initial.
$F^{\mathcal{B}} \longleftarrow \emptyset$ # Menge von Schlusszuständen initialisieren
$O \longleftarrow Z^{\mathcal{B}} \longleftarrow I^{\mathcal{B}}$ # Menge der Zustände und offener Zustände initialisieren
while $\exists\ z_b \in O$ **do** # Offene Zustände nacheinander abarbeiten
  $O \longleftarrow O \setminus \{z_b\}$
  foreach $x \in (X \setminus \{\epsilon\})$ **do** # Alle Eingabesymbole betrachten
    # Menge D erzeugen für z_b und x
    $D \longleftarrow \left\{ (U_a, R) \;\middle|\; \begin{array}{c} R \in z_b \ \wedge\ U_a = (e_1, \ldots, e_K) \in \mathcal{A} \ \wedge\ K \geq 1 \ \wedge \\ z(U_a) = z(R) \ \wedge\ x(e_1), \ldots, x(e_{K-1}) = \epsilon \ \wedge\ x(e_K) = x \end{array} \right\}$
    $y_b \longleftarrow \text{first}_{\text{str}} \left(\bigoplus_{(U_a,R) \in D}^{\text{str}} y(R) \otimes_{\text{str}} y(U_a) \right)$ # neues Ausgabesymbol bestimmen
    $w_b \longleftarrow \bigoplus_{(U_a,R) \in D} w(R) \otimes w(U_a)$ # neues Gewicht bestimmen
    $z_b' \longleftarrow \bigcup_{(U_a,R) \in D} \text{fin}_{\text{R}} \begin{pmatrix} z'(U_a),\ (y(R) \otimes_{\text{str}} y(U_a)) \oslash_{\text{str}} y_b, \\ (w(R) \otimes w(U_a)) \oslash w_b \end{pmatrix}$ # Reste bestimmen
    $E^{\mathcal{B}} \longleftarrow E^{\mathcal{B}} \cup \{e_b = (z_b, x, y_b, w_b, z_b')\}$ # neuen Übergang erzeugen
    if $z_b' \notin Z^{\mathcal{B}}$ **then** # neuen Zustand erzeugen, falls nicht vorhanden
      $Z^{\mathcal{B}} \longleftarrow Z^{\mathcal{B}} \cup \{z_b'\}$
      $O \longleftarrow O \cup \{z_b'\}$
    end
  end
  if $z_b = \{(z_f, \epsilon, \overline{1})\}$ **then** $F^{\mathcal{B}} \longleftarrow F^{\mathcal{B}} \cup \{z_b\}$ # finaler Rest leer $\Rightarrow$ Schlusszustand
  else
    $\mathcal{R}_{\mathcal{F}} \longleftarrow \left\{ R_f \in z_b \;\middle|\; z(R_f) = z_f \right\} \cup$ # Menge finale Reste für z_b bestimmen
    $\left\{ R_f = \begin{pmatrix} z_f,\ y(R) \otimes_{\text{str}} y(U_f), \\ w(R) \otimes w(U_f) \end{pmatrix} \;\middle|\; \begin{array}{c} R \in z_b \ \wedge\ U_f \in \mathcal{A} \ \wedge\ z(U_f) = z(R) \\ \wedge\ z'(U_f) \in F^{\mathcal{A}} \ \wedge\ x(U_f) = \epsilon \end{array} \right\}$
    foreach $R \in \mathcal{R}_{\mathcal{F}}$ **do** # finale Reste bearbeiten
      $y_b \longleftarrow \text{first}_{\text{str}}(y(R))$ # neues Ausgabesymbol bestimmen
      $z_b' \longleftarrow \{(z_f, y(R) \oslash_{\text{str}} y_b, \overline{1})\}$ # Endzustand über Rest definieren
      $E^{\mathcal{B}} \longleftarrow E^{\mathcal{B}} \cup \{e_b = (z_b, \epsilon, y_b, w(R), z_b')\}$ # neuen Übergang erzeugen
      if $z_b' \notin Z^{\mathcal{B}}$ **then** # neuen Zustand erzeugen, falls nicht vorhanden
        $Z^{\mathcal{B}} \longleftarrow Z^{\mathcal{B}} \cup \{z_b'\}$
        $O \longleftarrow O \cup \{z_b'\}$
      end
    end
  end
end

die ein Pfad mit nicht leerer Eingabe existiert, werden ohne Änderung übernommen. Die anderen Reste werden durch eine Menge von finalen Resten ersetzt. Jeder finale Rest entsteht durch Vereinigung des ursprünglichen Restes mit einem beliebigen Pfad zu einem Schlusszustand. Der Zustand eines finalen Restes ist stets der Zustand z_f, welcher nicht im Automaten $\mathcal{A}$ existiert und einen beliebigen Schlusszustand repräsentiert. Ausgabesymbolfolge und Gewicht berechnen sich durch die Vereinigung der Werte der ursprünglichen Reste mit den Werten des Pfades.

$$\mathrm{fin_R}(R) = \begin{cases} \{R\} & \text{wenn } \exists U \in \mathcal{A}: \ z(U) = z(R) \ \wedge \ x(U) \neq \epsilon \\ \mathrm{fin^f_R}(R) & \text{sonst} \end{cases} \tag{2.73}$$

$$\mathrm{fin^f_R}(R) = \left\{ R_f = \begin{pmatrix} z_f, y(R) \otimes_{\mathrm{str}} y(U_f), \\ w(R) \otimes w(U_f) \end{pmatrix} \middle| \begin{matrix} U_f \in \mathcal{A} \wedge \\ z(U_f) = z(R) \wedge \\ z'(U_f) \in F^{\mathcal{A}} \wedge \\ x(U_f) = \epsilon \end{matrix} \right\} \tag{2.74}$$

Abschließend werden alle finalen Reste im betrachteten Zustand z_b bearbeitet. Falls der finale Rest der einzige Rest im Zustand ist und keine Ausgabesymbole und kein Gewicht enthält: $z_b = \{(z_f, \epsilon, \overline{1})\}$, wird der Zustand in die Menge der Schlusszustände $F^{\mathcal{B}}$ eingefügt (Zeile 17). Im anderen Fall wird ein Übergang e_b für jeden finalen Rest R erzeugt (Zeilen 21-29). Der Übergang trägt das erste Ausgabesymbol des Restes sowie dessen Gewicht. Das Ziel des Übergangs ist ein neuer Zustand z'_b, der sich über einen finalen Rest der nicht verarbeiteten Ausgabesymbolfolge definiert.

2.5.2. Minimierung

Ziel der Minimierung eines endlichen Automaten ist es, einen äquivalenten deterministischen Automaten mit einer minimalen Anzahl von Zuständen zu finden. Das Ergebnis des Verfahrens ist nicht eindeutig, da mehrere äquivalente Automaten mit gleicher Anzahl von Zuständen existieren können. Weiterhin ist es möglich, dass es einen nicht deterministischen Automaten mit weniger Zuständen gibt. Es gibt verschiedene Verfahren, welche die Minimierung umsetzten [Moo56, Brz62, Hop71, Aho74, Mal08]. Im Folgenden wird das Verfahren nach Brzozowski vorgestellt.

Der Brzozowski-Algorithmus zur Minimierung basiert auf der Determinierung. Durch zweimalige Umkehrung des Automaten mit anschließender Determinierung wird ein minimaler Automat erzeugt.

$$\min(\mathcal{A}) = \det(\mathrm{rev}(\det(\mathrm{rev}(\mathcal{A})))) \tag{2.75}$$

Die Umkehrung eines Automaten entspricht der Änderung der Richtung aller Übergänge im Automaten. Außerdem werden Anfangs- und Schlusszustände getauscht (siehe Algorithmus 2.10).

Algorithmus 2.10 : Umkehrung $\mathcal{B} = \mathrm{rev}(\mathcal{A})$

Eingabe : $\mathcal{A} = (Z, I^{\mathcal{A}}, F^{\mathcal{A}}, X, Y, S, E^{\mathcal{A}})$
Ausgabe : $\mathcal{B} = (Z, I^{\mathcal{B}}, F^{\mathcal{B}}, X, Y, S, E^{\mathcal{B}})$

$F^{\mathcal{B}} \longleftarrow I^{\mathcal{A}}$ # Anfangs- und Schlusszustände tauschen
$I^{\mathcal{B}} \longleftarrow F^{\mathcal{A}}$
foreach $e_a \in E^{\mathcal{A}}$ **do** # Übergänge umkehren
| $E^{\mathcal{B}} \longleftarrow E^{\mathcal{B}} \cup \{e_b = (z'(e_a), x(e_a), y(e_a), w(e_a), z(e_a))\}$
end

Beispiel

Die Abbildung 2.19 zeigt ein Beispiel für beide Verfahren. Der Quellautomat $\mathcal{A}$ wurde sowohl determiniert als auch minimiert.

2.5.3. „Faule" Minimierung

Die im vorherigen Abschnitt vorgestellte Minimierung von endlichen gewichteten Automaten ist sehr rechenaufwendig. Außerdem ist nicht jeder Automat determinierbar und damit auch nicht nach dem Verfahren von Brzozowski minimierbar. Auch andere Verfahren zur Minimierung des Automaten, zum Beispiel die im vorherigen Abschnitt erwähnten, sind aufwendig und stellen bestimmte Bedingungen an den Automaten.

Im Rahmen dieser Arbeit wurde ein Verfahren entwickelt, welches auf sehr einfache Art und Weise die Größe des Automaten reduzieren kann. Es arbeitet nur lokal im Automaten und vereint unter bestimmten Voraussetzungen einzelne Übergänge. Die Sprache des Automaten bleibt erhalten, da nur Äquivalenztransformationen vorgenommen werden. Im Gegensatz zu Verfahren wie Epsilon-Eliminierung, Determinierung und Anderen, welche auch lokal arbeiten können, ist die Größenreduktion hier das Hauptziel und kein Nebeneffekt. Allerdings erzeugt das Verfahren nicht den kleinstmöglichen Automaten, wie bei der gewöhnlichen Minimierung, benötigt aber aufgrund der lokalen Arbeitsweise nur vergleichbar wenig Ressourcen. Daher eignet es sich gut zum Einsatz in eingebetteten Systemen sowie zur schnellen Optimierung sehr großer Automaten. Im Gegensatz zur Minimierung nach Brzozowski entsteht nicht in jedem Fall ein

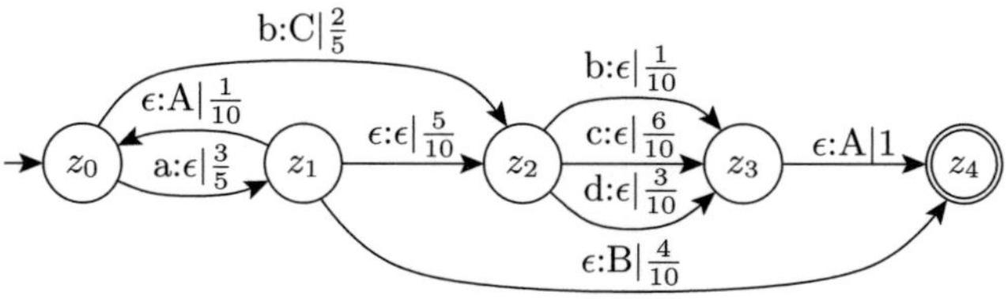

(a) Quellautomat $\mathcal{A}$

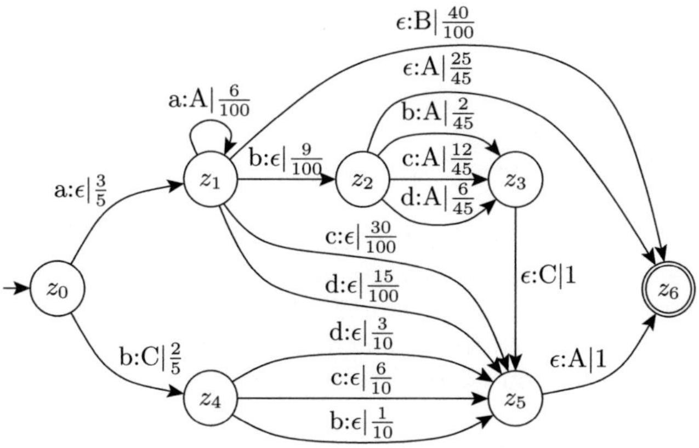

(b) Determinierter Automat det($\mathcal{A}$)

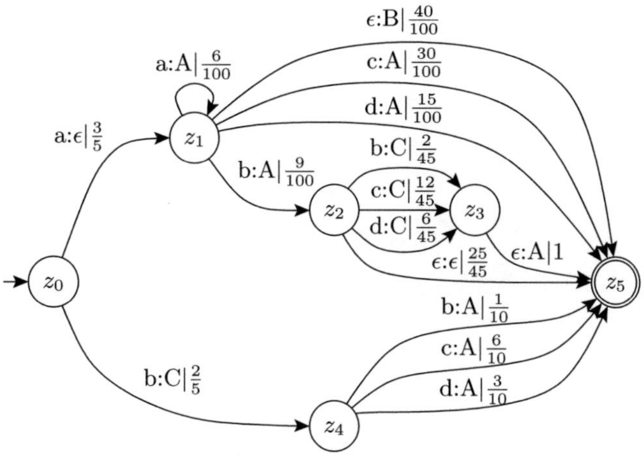

(c) Minimierter Automat min($\mathcal{A}$)

Abbildung 2.19.: Beispiel für die Determinierung und die Minimierung deterministischer Automat. Das kann in Bezug auf die Automatengröße aber auch ein Vorteil sein, wie das Beispiel in diesem Abschnitt zeigen wird.

Das Verfahren beschränkt sich auf die Reduktion von Übergängen, welche die einzigen eingehenden oder abgehenden Übergänge eines Zustandes sind. Es ist möglich solche Übergänge zu entfernen, indem alle Symbole sowie die Gewichte auf die Übergänge vor beziehungsweise nach dem Betrachteten verschoben werden. Das Verfahren wird durch folgendes Operationssymbol dargestellt:

$$\mathcal{B} = \text{lmin}(\mathcal{A}) \tag{2.76}$$

Zum leichteren Verständnis ist in der Abbildung 2.20 ein Beispiel angegeben. Der Quellautomat $\mathcal{A}$ soll verkleinert werden. Der Übergang vom Zustand z_0 ist der einzige eingehende Übergang des Zustandes z_1. Das Eingabesymbol a sowie das Gewicht $^3/_5$ können auf die Übergänge verschoben werden, welche dem Zustand z_1 folgen. Anschließend trägt der Übergang keine Information mehr. Er kann entfernt werden, indem die am Zustand z_1 abgehenden Übergänge direkt vom Zustand z_0 abgehen, siehe Zielautomat $\mathcal{B}$. Der Übergang vom Zustand z_3 zum Zustand z_4 kann ebenfalls entfernt werden, indem das Ausgabesymbol A auf die eingehenden Übergänge von Zustand z_3 verschoben wird.

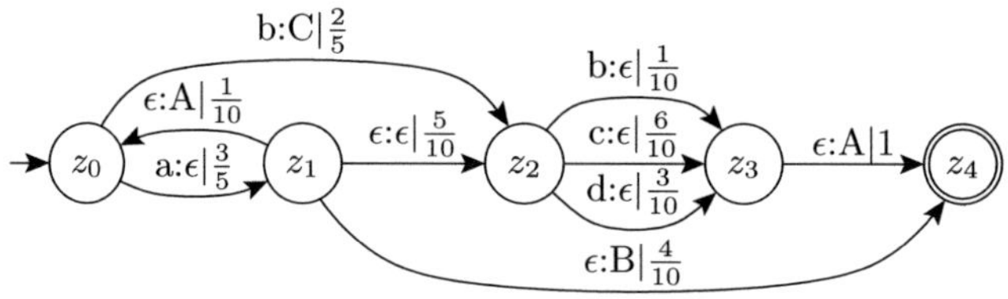

(a) Quellautomat $\mathcal{A}$

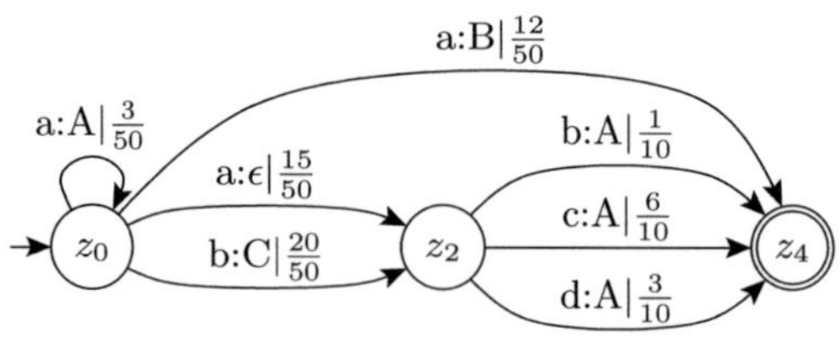

(b) Zielautomat $\mathcal{B} = \text{lmin}(\mathcal{A})$

Abbildung 2.20.: Beispiel für die Reduktion der Automatengröße durch „faule" Minimierung

Dieses Prinzip lässt sich verallgemeinern: Wenn ein Übergang e der einzige eingehende Übergang des Zustandes $z'(e)$ ist und alle Symbole $x(e)$, $y(e)$ sowie das

Gewicht $w(e)$ auf die abgehenden Übergänge des Zustandes $e' : z(e') = z'(e)$ verschoben werden können, dann kann der Übergang entfernt werden. Das wird realisiert, indem man alle abgehenden Übergänge e' des Endzustandes am Startzustand $z(e)$ des Übergangs e beginnen lässt: $z(e') \longleftarrow z(e)$. Das Gleiche gilt umgekehrt für Übergänge, welche die einzigen Abgehenden eines Zustandes sind. Einzige Ausnahme sind die Anfangs- und Schlusszustände des Automaten. Hier kann das Verfahren nicht angewendet werden, da sozusagen ein virtueller zusätzlicher eingehender beziehungsweise abgehender Übergang existiert.

Der Algorithmus 2.11 stellt das Verfahren vollständig dar. Es wird die Anzahl der eingehenden und abgehenden Übergänge jedes Zustandes bestimmt: $N_{in}(z)$, $N_{out}(z)$ (Zeile 2-5). Falls einer der beiden Zähler genau Eins ist, wird der Zustand zur Warteschlange Q hinzugefügt. Anschließend werden alle Zustände in der Warteschlange aus dem Automaten entfernt, falls die Symbole auf die nachfolgenden oder vorangegangenen Übergänge verschiebbar sind. Die Symbole und Gewichte werden dann verschoben und der Zustand z sowie der entsprechende Übergang e aus dem Automaten entfernt (Zeilen 11-17, 26-32). Abschließend werden die Zähler korrigiert (Zeilen 19,34). Falls ein Zähler Eins ist, wird der Zustand in die Warteschlange eingefügt. Auf Zustände mit nur einem eingehenden oder nur einem abgehenden Übergang wird separat geprüft.

Im Vergleich zur Determinierung und zur Minimierung im vorherigen Abschnitt (Abbildung 2.19) fällt auf, dass der hier erzeugte Automat (Abbildung 2.20) bei gleichem Quellautomat kleiner ist. Dieser Automat ist jedoch nicht deterministisch, was ihn als Ergebnis der Minimierung ausschließt. Dieses Größenverhältnis gilt nur für das hier verwendete Beispiel und lässt sich nicht auf andere Automaten verallgemeinern. Die Größenreduktion durch die „faule“ Minimierung hängt stark von dem Aufbau des Automaten ab.

Algorithmus 2.11 : „Faule" Minimierung $\mathcal{B} = \mathrm{lmin}(\mathcal{A})$

Ein-/Ausgabe : $\mathcal{A} = (Z^{\mathcal{A}}, I^{\mathcal{A}}, F^{\mathcal{A}}, X^{\mathcal{A}}, Y^{\mathcal{A}}, S, E^{\mathcal{A}})$

$Q \longleftarrow \emptyset$ # Warteschlange initialisieren
foreach $z \in Z^{\mathcal{A}} \setminus (I^{\mathcal{A}} \cup F^{\mathcal{A}})$ **do** # Für alle nicht Anfangs-/Schlusszustände
  $N_{in}(z) \longleftarrow \left|\{e \in E^{\mathcal{A}} \mid z'(e) = z\}\right|$ # Eingehende Übergänge zählen
  $N_{out}(z) \longleftarrow \left|\{e \in E^{\mathcal{A}} \mid z(e) = z\}\right|$ # Abgehende Übergänge zählen
  if $N_{in}(z) = 1 \vee N_{out}(z) = 1$ **then** $Q \longleftarrow Q \cup \{z\}$ # Warteschlange füllen
end
while $\exists\, z \in Q$ **do** $Q \longleftarrow Q \setminus \{z\}$ # Warteschlange abarbeiten
  if $N_{in}(z) = 1$ **then**
    $e \longleftarrow e \in E^{\mathcal{A}} :\ z'(e) = z$ # Einziger eingehender Übergang von z
    if $\left(x(e) = \epsilon \vee \{e' \in E^{\mathcal{A}} \mid z(e') = z \wedge x(e') \neq \epsilon\} = \emptyset\right) \wedge$
    $\left(y(e) = \epsilon \vee \{e' \in E^{\mathcal{A}} \mid z(e') = z \wedge y(e') \neq \epsilon\} = \emptyset\right)$ **then** # Symole frei?
      foreach $e' \in E^{\mathcal{A}} :\ z(e') = z$ **do** # Sym. und Gew. auf
        if $x(e) \neq \epsilon$ **then** $x(e') \longleftarrow x(e)$ # nachfolgende Übergänge
        if $y(e) \neq \epsilon$ **then** $y(e') \longleftarrow y(e)$ # verschieben
        $w(e') \longleftarrow w(e') \otimes w(e)$
        $z(e') \longleftarrow z(e)$ # Startzustand ändern
      end
      $E^{\mathcal{A}} \longleftarrow E^{\mathcal{A}} \setminus \{e\}$; $Z^{\mathcal{A}} \longleftarrow Z^{\mathcal{A}} \setminus \{z\}$ # Übergang+Endzustand entf.
      if $z(e) \notin (I^{\mathcal{A}} \cup F^{\mathcal{A}})$ **then**
        $N_{out}(z(e)) \longleftarrow \left|\{e \in E^{\mathcal{A}} \mid z(e) = z\}\right|$ # Zähler aktualisieren
        if $N_{out}(z(e)) = 1$ **then** $Q \longleftarrow Q \cup \{z(e)\}$ # Warteschl. aktual.
      end
    end
  else if $N_{out}(z) = 1$ **then**
    $e \longleftarrow e \in E^{\mathcal{A}} :\ z(e) = z$ # Einziger abgehender Übergang von z
    if $\left(x(e) = \epsilon \vee \{e' \in E^{\mathcal{A}} \mid z'(e') = z \wedge x(e') \neq \epsilon\} = \emptyset\right) \wedge$
    $\left(y(e) = \epsilon \vee \{e' \in E^{\mathcal{A}} \mid z'(e') = z \wedge y(e') \neq \epsilon\} = \emptyset\right)$ **then** # Symole frei?
      foreach $e' \in E^{\mathcal{A}} :\ z'(e') = z$ **do** # Sym. und Gew. auf
        if $x(e) \neq \epsilon$ **then** $x(e') \longleftarrow x(e)$ # vorangegangene Übergänge
        if $y(e) \neq \epsilon$ **then** $y(e') \longleftarrow y(e)$ # verschieben
        $w(e') \longleftarrow w(e') \otimes w(e)$
        $z'(e') \longleftarrow z'(e)$ # Endzustand ändern
      end
      $E^{\mathcal{A}} \longleftarrow E^{\mathcal{A}} \setminus \{e\}$; $Z^{\mathcal{A}} \longleftarrow Z^{\mathcal{A}} \setminus \{z\}$ # Übergang+Startzustand entf.
      if $z'(e) \notin (I^{\mathcal{A}} \cup F^{\mathcal{A}})$ **then**
        $N_{in}(z'(e)) \longleftarrow \left|\{e \in E^{\mathcal{A}} \mid z'(e) = z\}\right|$ # Zähler aktualisieren
        if $N_{in}(z'(e)) = 1$ **then** $Q \longleftarrow Q \cup \{z'(e)\}$ # Warteschl. aktual.
      end
    end
  end
end

3. Suchalgorithmen in der akustischen Mustererkennung

Suchalgorithmen werden in der akustischen Mustererkennung eingesetzt, um aus einer beobachteten Merkmalvektorfolge und dem Erkennungsnetzwerk das Erkennungsergebnis zu bestimmen. Damit bilden sie den Kern des Klassifikators. Nachdem im folgenden Abschnitt einige Besonderheiten der Suche in der akustischen Mustererkennung vorgestellt werden, zeigt eine Übersicht vorhandene Algorithmen sowie deren Eigenschaften. Anschließend werden die allgemein üblichen synchronen Suchverfahren mit der bisher kaum in der Mustererkennung eingesetzten A*-Suche verglichen. Dabei zeigt sich die A*-Suche in vielen Experimenten effizienter hinsichtlich der benötigten Rechenzeit. Weiterhin präsentiert das Kapitel zwei Erweiterungen. Zum einen ein einfaches und schnelles Verfahren, um Hypothesennetzwerke zu erzeugen. Weiterhin ermöglicht eine Erweiterung der Automatendefinition kontextfreie Grammatiken zu modellieren und zu dekodieren.

3.1. Zeitvariante Suche

Die Aufgabe der Klassifikation ist, das Erkennungsergebnis zu bestimmen, welches bei gegebener Merkmalvektorfolge die größte Wahrscheinlichkeit hat. In dieser Arbeit werden Klassifikatoren betrachtet, die Folgen von verschiedenen Ereignissen im Signal erkennen können. Die Einzelereignisse werden durch Symbole repräsentiert. Es muss also die Symbolfolge y^* bestimmt werden, welche die Wahrscheinlichkeit im Modell $\mathcal{A}$ mit der Merkmalvektorfolge $\vec{\mathbf{o}}$ maximiert.

$$y^* = \underset{y \in Y^{\mathcal{A}}}{\operatorname{argmax}} P(y|\mathcal{A}, \vec{\mathbf{o}}) \tag{3.1}$$

Durch den Satz von Bayes lässt sich diese Wahrscheinlichkeit umformen – Gleichung (3.2). Schließlich wird zur Berechnung nur die a-posteriori-Wahrscheinlichkeit $P(\vec{\mathbf{o}}|\mathcal{A}, y)$ und die a-priori-Wahrscheinlichkeit $P(y|\mathcal{A})$ benötigt, da der Wert von $P(\vec{\mathbf{o}}|\mathcal{A})$ konstant bezüglich der Ausgabesymbolfolge ist.

$$y^* = \operatorname*{argmax}_{y \in Y^{\mathcal{A}}} \frac{P(\vec{\mathbf{o}}|\mathcal{A}, y)P(y|\mathcal{A})}{P(\vec{\mathbf{o}}|\mathcal{A})} \tag{3.2}$$

$$= \operatorname*{argmax}_{y \in Y^{\mathcal{A}}} P(\vec{\mathbf{o}}|\mathcal{A}, y)P(y|\mathcal{A}) \tag{3.3}$$

Nun sollen gewichtete endliche Automaten zur Bildung der Modelle verwendet werden. Im Abschnitt 2.2.1 wurden Mischverteilungen als Eingabesymbole der Automaten vorgestellt. Mit dieser an das Hidden-Markov-Modell angelehnten Struktur ist es möglich, Modelle für Merkmalvektorfolgen zu bilden. Dem Produkt aus a-posteriori- und a-priori-Wahrscheinlichkeit entspricht bei diesen Modellen das Gewicht, mit welchem der Automat $\mathcal{A}$ der Merkmalvektorfolge $\vec{\mathbf{o}}$ die Ausgabesymbolfolge y^* zuordnet.

$$y^* = \operatorname*{argext}_{y \in Y^{\mathcal{A}}} \mathcal{A}(\vec{\mathbf{o}}, y) \tag{3.4}$$

$$= \operatorname*{argext}_{y \in Y^{\mathcal{A}}} \bigoplus_{\substack{U \in \mathcal{A}: \\ |x(U)|=|\vec{\mathbf{o}}| \,\wedge\, y(U)=y}} w(\vec{\mathbf{o}}, U) \tag{3.5}$$

$$= \operatorname*{argext}_{y \in Y^{\mathcal{A}}} \bigoplus_{\substack{U \in \mathcal{A}: \\ |x(U)|=|\vec{\mathbf{o}}| \,\wedge\, y(U)=y}} \bigotimes_{k=0}^{K-1} w(e_k) \otimes w(\vec{\mathbf{o}}, x(e_k)) \tag{3.6}$$

Die Berechnung dieses Gewichtes wurde im Kapitel 2.2.1 in Gleichung (2.34) hergeleitet. Praktisch besteht es aus den zeitinvarianten Übergangsgewichten $w(e)$ im Automaten und den zeitvarianten Gewichten $w(\vec{o}_k, M_i)$, welche sich aus der Zuordnung von Merkmalvektoren zu Mischverteilungen ergeben. Jeder Merkmalvektor innerhalb der Folge wird aus einem bestimmten Zeitabschnitt im Signal berechnet. Damit ist zu jedem Zeitpunkt ein Merkmalvektor aktiv. Mit jedem Zeitschritt ändert sich der aktive Merkmalvektor und damit auch alle zeitvarianten Gewichte im Erkennungsnetzwerk. Daher wird die Suche in der akustischen Mustererkennung zeitvariant genannt.

Die Abbildung 3.1 verdeutlicht die Zeitvarianz an einem Beispiel. In 3.1(a) ist ein Automat für die Merkmalvektorfolge $\vec{\mathbf{o}} = (\vec{o}_0, \vec{o}_1)$ mit zwei Vektoren dargestellt. Es ergeben sich drei Zustände vor, zwischen und nach den Merkmalvektoren. Jeder Merkmalvektor kann mit jeder der zwei Mischverteilungen M_1 und M_2 kombiniert werden. Durch die Kombination ergibt sich die zeitvariante Übergangswahrscheinlichkeit zu $P(\vec{o}_k|M_i)$. Das beispielhafte Erkennungsnetzwerk ist in 3.1(b) zu sehen. Auf die Darstellung der zeitinvarianten Übergangsgewichte sowie der Ausgabesymbole wurde verzichtet.

Da sich die zeitvarianten Gewichte mit jedem Zeitschritt ändern, kann man die Zeitschritte auch als Übergang in eine weitere Kopie des Erkennungsnetzwerks

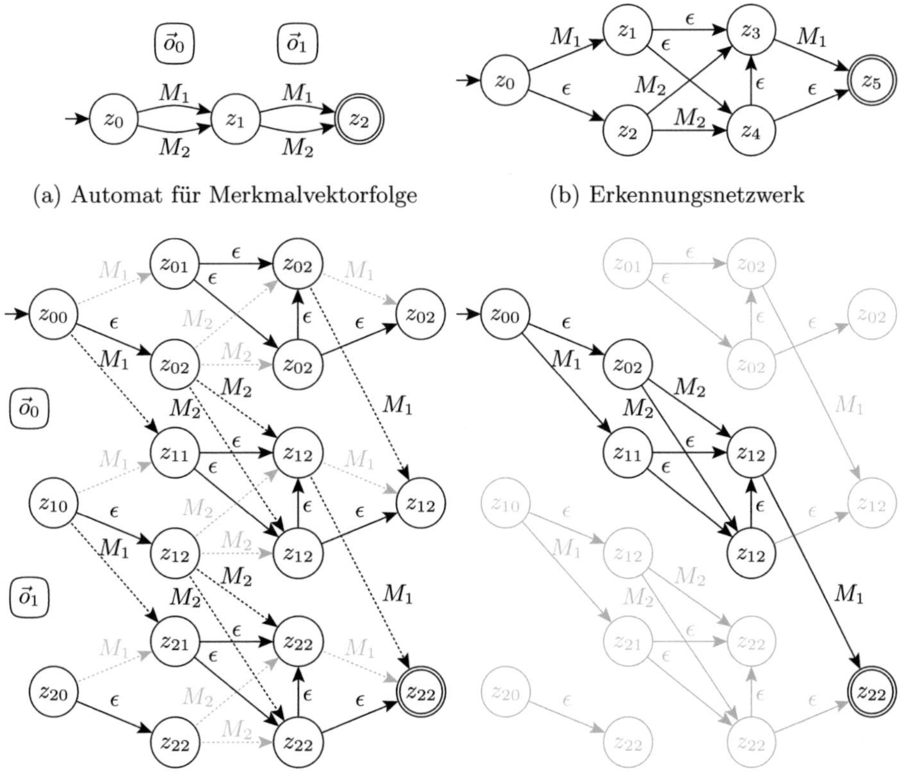

(a) Automat für Merkmalvektorfolge

(b) Erkennungsnetzwerk

(c) Erkennungsnetzwerk expandiert über Zeitschritte

(d) Reduktion auf erreichbaren Teil (Operation Zuschneiden/connect) ⇒ Trellisdiagramm

Abbildung 3.1.: Expansion des Erkennungsnetzwerks über der Zeit am Beispiel

betrachten. Der Automat in 3.1(c) hat für jeden Zustand im Automat der Merkmalvektorfolge eine Kopie des Erkennungsnetzwerks. Die Übergänge, welche ein Eingabesymbol (M_i) tragen, vollziehen einen Zeitschritt. Sie werden durch die gepunkteten Übergänge in die nächste Ebene ersetzt. Dieses Verfahren entspricht einer Komposition der beiden Automaten. Durch Elimination von Zuständen und Übergängen, welche nicht Teil eines durchgehenden Weges sind, entsteht der für die Suche relevante Automat 3.1(d). Diese Elimination wird durch die Automatenoperation Zuschneiden (connect) umgesetzt [Wol11]. Außerdem sollte nicht unerwähnt bleiben, dass der Automatengraph 3.1(d) als Trellisdiagramm bezeichnet wird.

Die Bestimmung der Ausgabesymbolfolge durch die Gleichung (3.6) vereinfacht sich im Fall des tropischen beziehungsweise des Max/Mal-Halbrings stark. Da die Additionsoperation bei diesen Halbringen lediglich eine Extermwertoperation ist, muss nur der beste durchgehende Pfad U^* für die Merkmalvektorfolge $\vec{\mathbf{o}}$ berechnet werden. Diese Vereinfachung entspricht der Viterbi-Approximation, welche ebenfalls nur den besten Pfad betrachtet.

$$\begin{aligned} U^* &= \underset{\substack{U \in \mathcal{A}: \\ |x(U)|=|\vec{\mathbf{o}}|}}{\operatorname{argext}} \; w(\vec{\mathbf{o}}, U) && (3.7) \\ &= \underset{\substack{U \in \mathcal{A}: \\ |x(U)|=|\vec{\mathbf{o}}|}}{\operatorname{argext}} \; \bigotimes_{k=0}^{K-1} w(e_k) \otimes w(\vec{\mathbf{o}}, x(e_k)) && (3.8) \\ y^* &= y(U^*) && (3.9) \end{aligned}$$

Die Viterbi-Approximation wird in der automatischen Klassifikation sehr häufig eingesetzt, da sie die Verwendung von effizienten Suchalgorithmen ermöglicht. Dabei wird nur der beste durchgehende Pfad im Automaten bestimmt. Praktisch ist es oft vorteilhaft neben dem besten Pfad die nächstfolgenden Pfade bezüglich des Gewichtes zu ermitteln [Sch90]. Diese Informationen können dann in höheren Verarbeitungsschritten benutzt werden, zum Beispiel zur Rückweisung von nicht plausiblen Erkennungsergebnissen. Insgesamt lassen sich drei wesentliche Ziele von zeitvarianten Suchverfahren definieren:

- Bestimmung der N besten Pfade U_n^* mit deren Gewichten $w(\vec{\mathbf{o}}, U_n^*)$

$$R^* = \{(U_n^*, w(\vec{\mathbf{o}}, U_n^*)) \mid n = 0, \ldots, N-1\} \qquad (3.10)$$

  Dabei soll jeder Pfad durchgehend sein (3.11), die Pfade sollen bezüglich ihres Gewichtes sortiert sein (3.12) und alle anderen Pfade im Automaten sollen ein schlechteres Gewicht haben (3.13).

$$\begin{aligned} \forall (U_n^*, w(\vec{\mathbf{o}}, U_n^*)) \in R^* : &\quad U_n^* \in \mathcal{A} \wedge z(U_n^*) \in I^{\mathcal{A}} \wedge \\ &\quad z'(U_n^*) \in F^{\mathcal{A}} && (3.11) \\ \forall (U_n^*, w(\vec{\mathbf{o}}, U_n^*)) \in R^*, n \neq N-1 : &\quad w(\vec{\mathbf{o}}, U_n^*) \circledS w(\vec{\mathbf{o}}, U_{n+1}^*) && (3.12) \\ \forall U \in \mathcal{A}, (U, w(\vec{\mathbf{o}}, U)) \notin R^* : &\quad w(\vec{\mathbf{o}}, U_{N-1}^*) \circledS w(\vec{\mathbf{o}}, U) && (3.13) \end{aligned}$$

- Damit sich die N besten Pfaden hinsichtlich des Erkennungsergebnisses unterscheiden, wird meist gefordert, dass sie eine unterschiedliche Ausgabesymbolfolge haben.

$$n \neq m : \qquad y(U_n^*) \neq y(U_m^*) \qquad (3.14)$$

- Ideal wäre die N besten Ausgabesymbolfolgen y_n^* mit Gewicht $\mathcal{A}(\vec{\mathbf{o}}, y_n^*)$ zu bestimmen.

$$R^* = \{(y_n^*, \mathcal{A}(\vec{\mathbf{o}}, y_n^*)) \mid n = 0, \ldots, N-1\} \tag{3.15}$$

  Sie sollten bezüglich ihres Gewichtes sortiert (3.16) sein und alle anderen Ausgabesymbolfolgen sollten ein schlechteres Gewicht haben (3.17).

$$\forall (y_n^*, \mathcal{A}(\vec{\mathbf{o}}, y_n^*)) \in R^*, n \neq N-1 : \quad \mathcal{A}(\vec{\mathbf{o}}, y_n^*) \circledcirc \mathcal{A}(\vec{\mathbf{o}}, y_{n+1}^*) \tag{3.16}$$

$$\forall y \in \left(Y^{\mathcal{A}}\right)^*, (y, \mathcal{A}(\vec{\mathbf{o}}, y)) \notin R^* : \quad \mathcal{A}(\vec{\mathbf{o}}, y_{N-1}^*) \circledcirc \mathcal{A}(\vec{\mathbf{o}}, y) \tag{3.17}$$

Diese Arbeit konzentriert sich im Folgenden auf Algorithmen für das erste und zweite Ziel, da sie sich effizienter berechnen lassen wie das Letzte. Dieses lässt sich durch Viterbi-Approximation in das Vorherige überführen. Alle vorgestellten Verfahren haben als Eingabe einen Automaten $\mathcal{A}$ und eine Merkmalvektorfolge $\vec{\mathbf{o}}$. Die Ausgabe ist entweder der beste Pfad $U^* \in \mathcal{A}$ sowie dessen Gewicht $w(U^*)$ oder eine Menge der N besten Pfade mit deren Gewichten $R^* = \{(U_n^*, w(U_n^*)) \mid n = 0, \ldots, N-1\}$.

3.2. Übersicht über Suchalgorithmen

Wie in der Einleitung mit dem Königsberger Brückenproblem verdeutlicht wurde, ist die Bestimmung eines Pfades in einem Netzwerk oder Graphen ein altes Problem. Es gibt eine Vielzahl von Suchverfahren, welche mehr oder weniger auf bestimmte Anwendungsgebiete spezialisiert sind. Sie werden in der Gruppe der Graphensuchverfahren zusammengefasst. Prinzipiell lassen sich diese Verfahren auch zur Suche in gewichteten endlichen Automaten einsetzen. Dieser Abschnitt gibt einen Überblick über Suchverfahren, welche in der akustischen Mustererkennung zur Suche in gewichteten endlichen Automaten eingesetzt werden können und zeigt deren Eigenschaften auf.

Von Xavier L. Aubert existiert eine Übersicht über Suchverfahren für die Spracherkennung [Aub00, Aub02]. Die Abbildung 3.2 zeigt eine grobe Kategorisierung der Suchverfahren zur akustischen Mustererkennung, welche an die Arbeiten von Aubert angelehnt ist. Dabei werden die Verfahren bezüglich folgender Punkte eingeteilt:

- **Zustandsreihenfolge**
  Hier wird unterschieden, in welcher Reihenfolge Zustände innerhalb des Suchverfahrens bearbeitet werden. Es ist möglich, alle Zustände eines Zeitschrittes vollständig zu bearbeiten, bevor der nächste Zeitschritt betrachtet

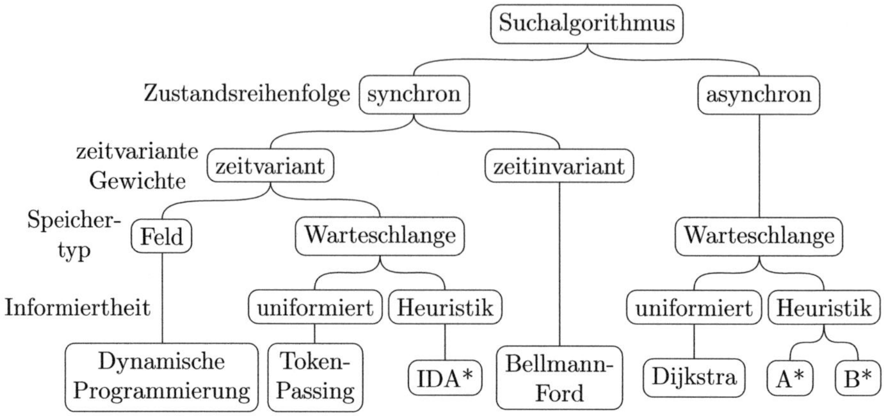

Abbildung 3.2.: Kategorisierung von Suchalgorithmen (in Anlehnung an [Nic08])

wird (synchrone Reihenfolge). Asynchrone Verfahren bestimmen die Reihenfolge im Allgemeinen anhand des Gewichtes der Zustände. Daher ist es möglich, dass gleichzeitig Zustände verschiedener Zeitschritte aktiv sind.

- **zeitvariante Gewichte**
  Prinzipiell sind nur Verfahren für die akustische Mustererkennung geeignet, welche zeitvariante Gewichte berücksichtigen. Andere Verfahren lassen sich jedoch einsetzten, indem die Komposition aus dem Erkennungsnetzwerk und dem Automat für die Merkmalvektorfolge verwendet wird, wie in Abbildung 3.1 veranschaulicht. Die Komposition kann statisch oder dynamisch berechnet werden.

- **Speichertyp**
  Während der Suche müssen alle aktiven Zustände in einem Speicher gehalten werden. Im einfachen Fall ist dieser Speicher in Form eines Feldes organisiert, welches für jeden möglichen aktiven Zustand ein Speicherplatz bereithält. Da aufgrund von verschiedenen Optimierungen der Suche nur ein kleiner Teil der Zustände aktiv ist, ist es effizienter den Speicher in Form eine Warteschlange aufzubauen [Jel69]. Diese kann als verkettete Liste oder als Heap realisiert sein. Ein weiterer Vorteil ist die Möglichkeit, die Zustände nach bestimmten Kriterien zu sortieren.

- **Informiertheit**
  Die Informiertheit beschreibt den Einfluss des Pfadgewichtes vom aktuellen Punkt bis zum Ende des Pfades. Wäre dieses Restgewicht bekannt, wäre das Suchproblem gelöst. Es müsste nur der Weg mit dem niedrigsten Gesamtgewicht verfolgt werden. Praktisch wird eine Heuristik eingesetzt, um

das Restgewicht zu schätzen. Im Verlauf der Suche werden dann Zustände mit niedrigem Restgewicht bevorzugt bearbeitet. Je besser die Heuristik das Restgewicht schätzt, um so effizienter ist die Suche.
„Heuristik bezeichnet die Kunst, mit begrenztem Wissen (‚unvollständige Informationen') und wenig Zeit zu guten Lösungen zu kommen.“ [Wik13a, Gig99] Im Allgemeinen ist eine Heuristik ein Verfahren welches mit geringem Rechenaufwand eine zulässige Lösung ermittelt, die allerdings nicht optimal sein muss. Im Bereich der Suchverfahren wird der Begriff jedoch oft synonym für das geschätzte Restgewicht benutzt, welches genau genommen das Ergebnis des Verfahrens der Heuristik ist.

In die Übersicht in Abbildung 3.2 wurde eine begrenzte Anzahl von Verfahren aufgenommen. Im Folgenden wird jedes dieser Suchverfahren kurz vorgestellt.

- **Dynamische Programmierung**
  Die dynamische Programmierung ist ursprünglich ein Prinzip, bei welchem ein Optimierungsproblem in Teilprobleme aufgeteilt wird. Die Lösungen der Teilprobleme zusammen lösen das eigentliche Problem [Bel57]. In der Mustererkennung wird der Begriff für ein synchrones Suchverfahren verwendet. Die Teilprobleme sind hier die Lösungen für einzelne Zeitschritte, welche sequenziell berechnet werden können. Im jeweils nächsten Zeitschritt können die Ergebnisse des vorangegangenen Zeitschrittes verwendet werden und müssen nicht neu berechnet werden.

- **Token-Passing**
  Beim Token-Passing-Verfahren wird jede Hypothese innerhalb der Suche durch ein Token repräsentiert [You89]. Dieses enthält alle Informationen über den jeweiligen aktiven Zustand sowie das bisherige Pfadgewicht. Alle aktiven Token werden in einer Warteschlange gehalten. Der Vorteil gegenüber der dynamischen Programmierung ist, dass nur für die aktuell benutzten Zustände Speicher benötigt wird. Weiterhin müssen auch nicht alle Zustände zu Beginn der Suche bekannt sein. Das ermöglicht die dynamische Erstellung des Erkennungsnetzwerkes. Das Prinzip des Tokens kann auch in anderen Suchverfahren angewendet werden, wie zum Beispiel bei der A*-Suche.

- **IDA***
  Der Iterative-Deepening-A*-Algorithmus [Kor85] ist eine Erweiterung des A*-Algorithmus. Im Unterschied zum A*-Algorithmus werden alle Zustände bis zu einer bestimmten Suchtiefe bearbeitet, bevor weitere Zustände in Betracht gezogen werden. Es können mehrere Suchtiefen als Grenzen der Bereiche definiert werden. Dieses Prinzip ist der iterativen Tiefensuche entlehnt. Bei der akustischen Mustererkennung bietet es sich an, die Grenzen der Suchtiefe an den Übergängen der Zeitschritte zu definieren. Damit

entsteht ein synchrones Suchverfahren, welches analog zur A*-Suche eine Heuristik für die Restgewichte verwendet.

- **Bellmann-Ford**
  Der Bellmann-Ford-Algorithmus [Bel58] unterscheidet nicht zwischen aktiven und inaktiven Zuständen. Es werden in jedem Durchlauf alle Zustände expandiert. Insgesamt wird genau ein Durchlauf weniger durchgeführt, wie es Zustände im Netzwerk gibt. Damit ist sichergestellt, dass auch der längste mögliche kreisfreie Pfad betrachtet wird. Anschließend kann der minimale Abstand vom Anfangszustand zu jedem beliebigen Zustand abgelesen werden.

- **Dijkstra**
  Der Dijkstra-Algorithmus [Dij59] ist eine Tiefensuche. Es wird immer der aktive Zustand bearbeitet, welcher aktuell das beste Gewicht hat und damit das beste Gewicht zum Schlusszustand verspricht. Alle anderen aktiven Zustände werden in einer Warteschlange gehalten. Der Algorithmus expandiert im Allgemeinen weniger Zustände als eine Breitensuche wie die dynamische Programmierung. Nachteilig sind der größere Speicherbedarf und der zusätzliche Rechenbedarf für die Warteschlange.

- **A***
  Ähnlich wie beim Dijkstra-Algorithmus wird auch beim A*-Algorithmus [Har68] immer der vielversprechendste Pfad weiterverfolgt. Allerdings wird nicht nur das bisherige Pfadgewicht betrachtet, sondern das Gewicht des gesamten Pfades. Da das Restgewicht vom jeweiligen Zustand zum Schlusszustand nicht bekannt ist, wird es mittels einer Heuristik geschätzt. Daher ist auch das Gewicht des gesamten Pfades nur eine Schätzung. Mit gewissen Anforderungen an die Heuristik kann jedoch gewährleistet werden, dass das Verfahren zuverlässig und sogar optimal ist (siehe Abschnitt 3.4). Für die Spracherkennung wurde die A*-Suche erstmals von Douglas B. Paul vorgeschlagen [Pau90, Pau92], fand seither jedoch wenig Beachtung.

- **B***
  Der B* Algorithmus betrachtet im Gegensatz zu den bisher vorgestellten Verfahren nicht jeweils ein Gewicht pro Zustand, sondern eine obere und eine untere Schranke für das Gewicht [Ber79]. Bei jeder Expansion werden die Schranken präzisiert. Ziel ist es, einen Pfad zu finden, dessen obere Schranke kleiner oder gleich jeder anderen unteren Schranke ist.

Aktuell werden in der Spracherkennung im Wesentlichen Suchverfahren eingesetzt, die Token-Passing basiert sind. So zum Beispiel der von Teemu Hirsimäki an der Helsinki University of Technology entwickelte Algorithmus für Spracherkennung mit großem Vokabular [Hir02]. Das Gleiche gilt auch für Spracherkenner, die mit gewichteten endlichen Automaten arbeiten. Hier ist das Programm

Juicer zu nennen – „time synchroneous Viterbi search based on the token-passing algorithm with beam-search and histogram pruning“ [Moo06], welches am Idiap Research Institute in der Schweiz entwickelt wurde. Dieser Dekoder ist außerdem unter der BSD Lizenz frei verwendbar. Ein weiterer Dekoder für gewichtete endliche Automate ist der T^3 – „single pass time synchroneous Viterbi beam search using token passing scheme“ [Dix07]. Er wurde von der Gruppe um Sadaoki Furui am Tokyo Institue of Technology erstellt. Schließlich gibt es noch eine Implementierung durch das NTT Communication Science Laboratories in Kyoto [Hor07], welche durch die Neubewertung von Hypothesen die Suche effizienter macht. Alle basieren letztlich auf dem Token-Passing-Prinzip und arbeiten die Zustände synchron ab. Ein Vergleich der Leistungsfähigkeit verschiedener Implementierungen wurde am Tokyo Institute of Technology und am National Institute of Information and Communications Technology in Kyoto durchgeführt [Nov10, Dix12].

3.3. Synchrone Suchverfahren

Dieser Abschnitt stellt bekannte Verfahren zur synchronen Suche vor. Wie im Abschnitt 3.1 erläutert, werden bei einem synchronen Suchverfahren jeweils alle Zustände eines Zeitschrittes expandiert, bevor mit der Bearbeitung von Zuständen des nächsten Zeitschrittes begonnen wird. Diese Arbeit beschränkt sich auf die zwei Algorithmen dynamische Programmierung und Token-Passing. Beide Verfahren werden häufig in der Mustererkennung eingesetzt. Sie wurden in dem Experimentiersystem Unified Approach to Speech Synthesis and Recognition [Hof03] implementiert und hinsichtlich Speicher- und Rechenzeitbedarf mit der A*-Suche verglichen (siehe Abschnitt 3.5).

3.3.1. Dynamische Programmierung

Die dynamische Programmierung ist ein sehr einfaches Verfahren, welches ein Optimierungsproblem in Teilprobleme zerlegt [Bel57], wie im Abschnitt 3.2 erläutert. In der Mustererkennung entsprechen die Teilprobleme den Zeitschritten, welche in ihrer Reihenfolge bearbeitet werden. Zu jedem Zeitschritt und jedem Zustand wird jeweils ein optimaler Pfad mit dem dazugehörigen Gewicht bestimmt. Dies ist der Pfad, welcher in einem Anfangszustand im ersten Zeitschritt beginnt, im betrachteten Zustand zum betrachteten Zeitpunkt endet und das beste Gewicht aufweist. Wenn zum jeweils aktuellen Zeitschritt die optimalen Pfade und Gewichte zu jedem der Zustände im Automaten bekannt sind, können daraus die optimalen Pfade und Gewichte für den folgenden Zeitschritt bestimmt werden. Dieses Verfahren wird bis zum letzten Zeitschritt wiederholt. Anschließend entspricht der global beste Pfad dem optimalen Pfad des Schlusszustandes mit dem besten optimalen Gewicht.

Das klassische Verfahren der dynamischen Programmierung setzt voraus, dass jeder Übergang einen Zeitschritt vollzieht. Für einen Automaten heißt das, es gibt keine Übergänge mit leerer Eingabe ($x(e) \neq \epsilon$).

Im Algorithmus 3.1 ist dieses Verfahren ohne leere Übergänge formalisiert. Das optimale Gewicht zum Zustand z und zum Zeitpunkt k wird durch $\hat{g}(z,k)$ dargestellt und der optimale Pfad durch $U^*(z,k)$. In den ersten beiden Zeilen werden die optimalen Gewichte und Pfade zum Zeitpunkt $k = 0$ initialisiert. Die Gewichte sind $\overline{1}$ für Anfangszustände und $\overline{0}$ für alle anderen Zustände.

Anschließend werden in jedem Zeitschritt alle Übergänge expandiert. Die Expansion eines Übergangs e bedeutet, aus dem optimalen Gewicht am Startzustand des Übergangs $\hat{g}(z(e),k)$ sowie dem zeitvarianten $w(\vec{o}_k, x(e))$ und dem zeitinvarianten Übergangsgewicht $w(e)$ das Gewicht $\hat{g}_e$ am Endzustand des Übergangs $z'(e)$ zu bestimmen (Zeile 5). Falls dieses Gewicht besser ist als das bis dahin

Algorithmus 3.1 : Dynamische Programmierung (nach [Vit67, Wol11])

Eingabe : $\mathcal{A} = (Z^{\mathcal{A}}, I^{\mathcal{A}}, F^{\mathcal{A}}, X^{\mathcal{A}}, Y^{\mathcal{A}}, S^{\mathcal{A}}, E^{\mathcal{A}})$
Eingabe : $\vec{\mathbf{o}} = (\vec{o}_0, \ldots, \vec{o}_{K-1})$
Ausgabe : $U^* \in \mathcal{A}$
Ausgabe : $w(U^*)$

1 $\forall z \in Z^{\mathcal{A}}, k = 0 \ldots K : \hat{g}(z,k) \longleftarrow \overline{0}; U^*(z,k) \longleftarrow \emptyset$ # Optimale Gewichte+Pfade init.
2 $\forall z \in I^{\mathcal{A}} : \hat{g}(z,0) \longleftarrow \overline{1}$ # Gewichte der Anfangszustände
3 **for** $k = 0 \ldots K-1$ **do** # Iteration über Zeitschritte
4   **foreach** $e \in E^{\mathcal{A}}$ **do** # Alle Übergänge expandieren
5     $\hat{g}_e \longleftarrow \hat{g}(z(e),k) \otimes w(e) \otimes w(\vec{o}_k, x(e))$ # Neues Pfadgewicht bestimmen
6   **if** $\hat{g}_e \oslash \hat{g}(z'(e), k+1)$ **then** # Falls Pfadgewicht verbessert
7       $\hat{g}(z'(e), k+1) \longleftarrow \hat{g}_e$ # Pfadgewicht speichern
8       $U^*(z'(e), k+1) \longleftarrow U^*(z(e),k) \cup e$ # Teilpfad speichern
9   **end**
10   **end**
11 **end**
12 $z^* \longleftarrow \operatorname{argext}_{z \in F^{\mathcal{A}}} \hat{g}(z,K)$ # Besten Schlusszustand bestimmen
13 $U^* \longleftarrow U^*(z^*, K)$ # Besten Pfad bestimmen
14 $w(U^*) \longleftarrow \hat{g}(z^*, K)$ # Pfadgewicht bestimmen

bestimmte optimale Gewicht $\hat{g}(z'(e), k+1)$, wird Letzteres aktualisiert (Zeile 7). Der neue optimale Pfad zum Endzustand $U^*(z'(e), k+1)$ ergibt sich aus dem optimalen Pfad zum Startzustand des Übergangs erweitert mit dem Übergang selbst (Zeile 8).

Nach Abschluss aller Zeitschritte wird der Zustand z^* im Automaten bestimmt, welcher nach dem letzten Zeitschritt das beste optimale Gewicht hat. Der beste Pfad und das entsprechende Pfadgewicht lassen sich dann direkt ablesen.

Zur effizienten Implementierung müssen jeweils nur die optimalen Pfade und Gewichte des aktuellen und des folgenden Zeitschrittes gespeichert werden. Alle vorangegangen Werte werden nicht wieder benötigt.

Wie schon am Beginn des Abschnittes erwähnt, ist der Algorithmus 3.1 nur für Automaten ohne leere Übergänge geeignet. Das Verfahren lässt sich jedoch durch eine Erweiterung auch für Automaten mit leeren Übergängen nutzen. Leere Übergänge vollziehen keinen Zeitschritt. Durch einen leeren Übergang ist es daher möglich, dass das optimale Gewicht eines Zustandes vom optimalen Gewicht eines anderen Zustandes im gleichen Zeitschritt abhängt. Daher müssen zur Bestimmung der optimalen Gewichte und Pfade nach jedem Zeitschritt alle Übergänge ohne Eingabesymbol expandiert werden. Das wird Epsilon-Expansion genannt.

Algorithmus 3.2 : Dynamische Programmierung mit Epsilon-Expansion

Eingabe : $\mathcal{A} = (Z^{\mathcal{A}}, I^{\mathcal{A}}, F^{\mathcal{A}}, X^{\mathcal{A}}, Y^{\mathcal{A}}, S^{\mathcal{A}}, E^{\mathcal{A}})$
Eingabe : $\vec{\mathbf{o}} = (\vec{o}_0, \ldots, \vec{o}_{K-1})$
Ausgabe : $U^* \in \mathcal{A}$
Ausgabe : $w(U^*)$

```
1  ∀z ∈ Z^A, k = 0...K : ĝ(z,k) ⟵ 0̄; U*(z,k) ⟵ ∅   # Optimale Gewichte+Pfade init.
2  ∀z ∈ I^A : ĝ(z,0) ⟵ 1̄                             # Gewichte der Anfangszustände
3  for k = 0...K do                                    # Iteration über Zeitschritte
4      repeat
5          N_E ⟵ 0                                     # Expansionszähler zurücksetzen
6          foreach e ∈ E^A ∧ x(e) = ϵ do               # Alle leeren Übergänge expandieren
7              ĝ_e ⟵ ĝ(z(e),k) ⊗ w(e)                  # Neues Pfadgewicht bestimmen
8              if ĝ_e ⊘ ĝ(z'(e),k) then                # Falls Pfadgewicht verbessert
9                  ĝ(z'(e),k) ⟵ ĝ_e                    # Pfadgewicht speichern
10                 U*(z'(e),k) ⟵ U*(z(e),k) ∪ e        # Teilpfad speichern
11                 N_E ⟵ N_E + 1                       # Expansionszähler aktualisieren
12             end
13         end
14     until N_E = 0                                   # Wiederholen bis keine weiteren Expansionen
15     if k < K then foreach e ∈ E^A ∧ x(e) ≠ ϵ do     # Alle nicht leeren Übergänge exp.
16         ĝ_e ⟵ ĝ(z(e),k) ⊗ w(e) ⊗ w(o⃗_k, x(e))      # Neues Pfadgewicht bestimmen
17         if ĝ_e ⊘ ĝ(z'(e),k+1) then                  # Falls Pfadgewicht verbessert
18             ĝ(z'(e),k+1) ⟵ ĝ_e                      # Pfadgewicht speichern
19             U*(z'(e),k+1) ⟵ U*(z(e),k) ∪ e          # Teilpfad speichern
20         end
21     end
22
23 end
24 z* ⟵ argext_{z∈F^A} ĝ(z,K)                          # Besten Schlusszustand bestimmen
25 U* ⟵ U*(z*,K)                                       # Besten Pfad bestimmen
26 w(U*) ⟵ ĝ(z*,K)                                     # Pfadgewicht bestimmen
```

Im Algorithmus 3.2 ist die erweiterte dynamische Programmierung dargestellt. Die Epsilon-Expansion (Zeilen 4-14) wird vor dem ersten Zeitschritt sowie nach jedem weiteren Zeitschritt durchgeführt. In jeder Epsilon-Expansion werden alle Übergänge ohne Eingabesymbol ($x(e) = \epsilon$) expandiert. Im Unterschied zur normalen Expansion wird kein zeitvariantes Gewicht berücksichtigt. Es ist notwendig die Epsilon-Expansion zu wiederholen, bis sich keines der optimalen Gewichte des aktuellen Zeitschrittes mehr ändert. Der Grund dafür ist, dass es auch Ketten von leeren Übergängen geben kann, bei welchen die Übergänge nacheinander expandiert werden müssen. Realisiert wird die Wiederholung durch einen Expansionszähler N_E. Falls dieser Null ist, gab es keine Änderungen mehr.

Dieses Vorgehen ist nur für Automaten mit wenigen leeren Übergängen effizient. Je mehr Übergänge ohne Eingabesymbol im Automaten existieren, desto mehr Übergänge müssen in einer Epsilon-Expansion betrachtet werden. Außerdem werden dann auch durchschnittlich mehr Wiederholungen der Epsilon-Expansionen benötigt, da längere Ketten möglich sind. Sinnvoller wäre es nach dem ersten Durchlauf nur die Übergänge zu betrachten, bei welchen sich das optimale Gewicht des Startzustandes geändert hat. Dazu wird eine Warteschlange von Zuständen benötigt, welche zum Prinzip des Token-Passing führt.

3.3.2. Token-Passing

Prinzip des Token-Passing ist es, dass jeder aktive Zustand durch ein Token repräsentiert wird [You89]. Aktive Zustände sind Zustände, die noch expandiert werden müssen. Alle Token werden in einer Warteschlange gehalten.

Im Algorithmus 3.3 ist eine Implementierung des Token-Passing für die synchrone Suche in der Mustererkennung mit endlichen Automaten dargestellt. Das Verfahren arbeitet synchron, das heißt, es werden jeweils alle Zustände eines Zeitschrittes bearbeitet, bevor zum nächsten Zeitschritt übergegangen wird. Um dies zu erreichen, wird für jeden Zeitschritt eine eigene Warteschlange mit Zuständen erstellt. In den ersten zwei Zeilen werden wie bei der dynamischen Programmierung die optimalen Gewichte und Pfade initialisiert. Die Warteschlange vor Beginn der Suche Q_0 beinhaltet alle Anfangszustände des Automaten.

Anschließend wird für alle Zeitschritte eine neue, leere Warteschlange Q_{k+1} erstellt sowie alle Zustände der aktuellen Warteschlange Q_k expandiert. Ein Zustand z der Warteschlange wird expandiert, indem er aus der Warteschlange entfernt wird (Zeile 7) und alle abgehenden Übergänge e des Zustandes expandiert werden. Für jeden abgehenden Übergang wird der neue Zustand, das neue Pfadgewicht und der neue Zeitschritt bestimmt. Der neue Zustand z_e ergibt sich aus dem Endzustand des Übergangs (Zeile 9). Der Zeitschritt k_e wird erhöht, falls der Übergang ein Eingabesymbol konsumiert. Das neue Gewicht $\hat{g}_e$ ergibt sich aus dem bisherigen Pfadgewicht, dem zeitinvarianten Übergangsgewicht sowie dem zeitvarianten Übergangsgewicht, falls der Übergang ein Eingabesymbol konsumiert (Zeilen 10,11). Wenn das neue Gewicht besser als das bisherige optimale Gewicht $\hat{g}(z_e, k_e)$ ist, wird ein neues Token erzeugt (Zeilen 13-15): Das optimale Gewicht und der optimale Pfad wird aktualisiert, der neue Zustand wird in die Warteschlange des neuen Zeitschrittes k_e eingefügt. Nach dem letzten Zeitschritt der Suche können nur noch leere Übergänge ($x(e) = e$) bearbeitet werden, da kein weiterer Zeitschritt möglich ist. Am Ende der Suche kann ähnlich der dynamischen Programmierung aus dem Zustand mit dem besten Gewicht in der letzten Warteschlange Q_K der beste Pfad U^* sowie dessen Gewicht $w(U^*)$ abgelesen werden.

Algorithmus 3.3 : Token-Passing-Algorithmus (nach [You89])

Eingabe : $\mathcal{A} = (Z^{\mathcal{A}}, I^{\mathcal{A}}, F^{\mathcal{A}}, X^{\mathcal{A}}, Y^{\mathcal{A}}, S^{\mathcal{A}}, E^{\mathcal{A}})$
Eingabe : $\vec{\mathbf{o}} = (\vec{o}_0, \ldots, \vec{o}_{K-1})$
Ausgabe : $U^* \in \mathcal{A}$
Ausgabe : $w(U^*)$

$\forall z \in Z^{\mathcal{A}}, k = 0 \ldots K : \hat{g}(z,k) \longleftarrow \overline{0}; U^*(z,k) \longleftarrow \emptyset$ # Optimale Gewichte+Pfade init.
$\forall z \in I^{\mathcal{A}} : \hat{g}(z,0) \longleftarrow \overline{1}$ # Gewichte der Anfangszustände
$Q_0 \longleftarrow I^{\mathcal{A}}$ # Warteschlange initialisieren
for $k = 0 \ldots K$ **do** # Iteration über Zeitschritte
  $Q_{k+1} \longleftarrow \emptyset$ # Nächste Warteschlange initialisieren
  while $\exists\ z \in Q_k$ **do** # Warteschlange abarbeiten
    $Q_k \longleftarrow Q_k \setminus \{z\}$ # Zustand deaktivieren
    foreach $e \in E^{\mathcal{A}} : z(e) = z \wedge (k < K \vee x(e) = \epsilon)$ **do** # Für alle abgehenden Ü.
      $z_e \longleftarrow z'(e)$ # Neuen Zustand bestimmen
      if $x(e) = \epsilon$ **then** $\hat{g}_e \longleftarrow \hat{g}(z,k) \otimes w(e)$; $k_e \longleftarrow k$ # Neues Pfadgewicht
      else $\hat{g}_e \longleftarrow \hat{g}(z,k) \otimes w(e) \otimes w(\vec{o}_k, x(e))$; $k_e \longleftarrow k+1$ # und Zeitschritt
      if $\hat{g}_e \oslash \hat{g}(z_e, k_e)$ **then** # Falls Pfadgewicht verbessert
        $\hat{g}(z_e, k_e) \longleftarrow \hat{g}_e$ # Pfadgewicht speichern
        $U^*(z_e, k_e) \longleftarrow U^*(z,k) \cup e$ # Teilpfad speichern
        $Q_{k_e} \longleftarrow Q_{k_e} \cup \{z_e\}$ # Zur Warteschlange hinzufügen
      end
    end
  end
end
$z^* \longleftarrow \operatorname{argext}_{z \in Q_K \wedge z \in F^{\mathcal{A}}} \hat{g}(z,K)$ # Besten Schlusszustand bestimmen
$U^* \longleftarrow U^*(z^*, K)$ # Besten Pfad bestimmen
$w(U^*) \longleftarrow \hat{g}(z^*, K)$ # Pfadgewicht bestimmen

3.3.3. Pruning

Das Verfahren des Pruning ist für nahezu jeden Suchalgorithmus einsetzbar. Ziel ist es, durch Reduktion des betrachteten Suchraumes den Rechenzeit- und Speicherbedarf der Suche stark zu verringern. Dabei wird in Kauf genommen, dass die Suche weder zulässig noch vollständig ist. Es wird der beste Pfad des betrachteten Suchraumes dekodiert. Dieser muss jedoch nicht mit dem besten Pfad des gesamten Suchraumes übereinstimmen. Es ist auch möglich, dass in dem betrachteten Suchraum kein durchgehender Pfad existiert. Das Pruning ist demnach besser, je weiter der Suchraum verkleinert werden kann und je geringer dabei das Risiko ist, dass der beste Pfad nicht mehr im verkleinerten Suchraum enthalten ist. Die Verkleinerung des Suchraumes wird dadurch erreicht, dass bestimmte aktive Zustände verworfen werden. Der Unterschied zwischen verschiedenen Pruningmethoden liegt daher im Wesentlichen in der Auswahl der Zustände. Dieser Abschnitt stellt zwei Pruningmethoden vor, welche für die formalisierten synchronen Suchverfahren eingesetzt werden können. Untersuchungen zur Effizienz der beiden Methoden finden sich im Abschnitt 3.5.

Gewichtspruning

Aufgabe des Pruning ist es, aktive Zustände zu bestimmen, welche mit großer Wahrscheinlichkeit zum besten Pfad führen. Beim Gewichtspruning (nach [Ort97]) werden die Zustände ausschließlich nach optimalem Gewicht ausgewählt, genauer nach dem Gewicht des besten Pfades von einem Anfangszustand zu diesem Zustand und Zeitschritt. Es werden alle Zustände weiter verfolgt, deren Gewicht innerhalb eines bestimmten Intervalls zum aktuell besten Gewicht liegt. Alle Zustände, deren Gewicht schlechter ist als dieses Intervall, werden verworfen. Bei der synchronen Suche wird das Intervall im Allgemeinen innerhalb jedes Zeitschrittes konstant gehalten, um die Reproduzierbarkeit der Suche bei verschiedener Reihenfolge der Expansionen zu gewährleisten. Praktisch wird während jedes Zeitschrittes das beste Gewicht $\hat{g}^*(k)$ gespeichert.

$$\hat{g}^*(0) = \overline{1} \tag{3.18}$$

$$\hat{g}^*(k) = \operatorname*{ext}_{z \in Z} \hat{g}(z, k) \tag{3.19}$$

Bei der Expansion eines Übergangs wird der neue Zustand z_e nur aktualisiert, falls das neue Gewicht $\hat{g}(z_e, k_e)$ innerhalb des Intervalls liegt. Das Intervall definiert sich über das beste Gewicht des vorherigen Zeitschrittes $\hat{g}^*(k_e - 1)$ und den Pruning-Schwellwert p_w.

$$\hat{g}(z_e, k_e) \circledleq \hat{g}^*(k_e - 1) \otimes p_w \tag{3.20}$$

Histogrammpruning

Im Gegensatz zum Gewichtspruning wird beim Histogrammpruning nicht ein Intervall fester Breite definiert, sondern eine feste Anzahl an Zuständen, die nicht verworfen werden sollen (nach [Ste94]). Der Schwellwert p_h definiert diese Anzahl der Zustände. Umgesetzt wird das Pruning, indem während jedem Zeitschritt ein Histogramm über die optimalen Gewichte erzeugt wird. Nach Abschluss des Zeitschrittes kann aus dem Histogramm das Gewicht p_{hw} bestimmt werden, unter welchem mindestens p_h der erfassten Gewichte liegen. Anschließend wird im nächsten Zeitschritt das Gewicht p_{hw} als Grenze für das Verwerfen neuer Zustände definiert (ähnlich wie beim Gewichtspruning).

$$\hat{g}(z_e, k_e) \circledleq p_{hw} \tag{3.21}$$

3.4. Zeitvariante A*-Suche

Der Algorithmus der A*-Suche wurde erstmals von Peter E. Hart, Nils J. Nilsson und Bertram Raphael vorgestellt [Har68]. Für die Spracherkennung wurde er erstmals von Douglas B. Paul vorgestellt [Pau90, Pau92]. Dessen Verfahren basiert auf dem klassischen Aufbau der Spracherkennung aus akustischem Modell und Sprachmodell. Die A*-Suche wurde im Wesentlichen nur auf der Ebene des Sprachmodells benutzt. Derzeit wird die A*-Suche für die Spracherkennung und auch für die akustische Mustererkennung kaum eingesetzt.

Im Folgenden wird der A*-Algorithmus für die Suche in der akustischen Mustererkennung formalisiert. Dies ist wahrscheinlich der erste Einsatz des Verfahrens für die Mustererkennung mit gewichteten endlichen Automaten.

3.4.1. Algorithmus

Der ursprüngliche A*-Algorithmus, wie er von Hart, Nilsson und Raphael präsentiert wurde, ist ein zeitinvariantes Suchverfahren. Das heißt, zeitvariante Gewichte werden nicht berücksichtigt. Es ist jedoch möglich, das Verfahren auch für die zeitvariante Suche einzusetzen. Dazu muß der Begriff des Zustandes in der Suche vom Zustand im Automaten getrennt werden. Der Zustand im Automaten bildet zusammen mit einem Zeitschritt den Zustand in der Suche. Dadurch wird gewissermaßen implizit eine Komposition des Automaten mit der Zeitachse vollzogen. Im Folgenden wird daher anstatt des Zustandes in der Suche immer das Paar aus Zustand im Automaten z und Zeitschritt k verwendet werden. Unter dem Begriff Zustand wird im Allgemeinen ein Zustand im Automaten verstanden. Der Zustand in der Suche wird in dieser Arbeit Suchzustand genannt, er bezeichnet folglich das Tupel (z, k).

Der A*-Algorithmus verfolgt die Best-First-Strategie. Es wird immer der Suchzustand expandiert, der aktuell das beste Gewicht hat. Allerdings weicht die A*-Suche hinsichtlich der Auswahl des nächsten Suchzustandes von der klassischen Bestensuche ab. Bei der Bestensuche wird zur Auswahl das Gewicht des besten Pfades von einem Anfangszustand zum betrachteten Zustand und Zeitschritt benutzt. Dieses Gewicht $g(z, k)$ wird im Folgenden Vorwärtsgewicht genannt. Das Vorwärtsgewicht kann zu jedem aktiven Suchzustand aus dem Pfad, über welchen der Suchzustand erreicht wurde, berechnet werden – Gleichung (3.22). Dabei berechnet sich das Gewicht des Pfades $w(\vec{o}_{0\ldots(k-1)}, U)$ aus den zeitinvarianten $w(e_{k'})$ und den zeitvarianten Übergangsgewichten $w(\vec{o}_{k'}, x(e_{k'})$. Die zeitvarianten Gewichte sind für leere Übergänge $\overline{1}$. Die Vorwärtsgewichte der aktiven Suchzustände sind vorläufige Werte $\hat{g}(z, k)$, da der Suchzustand möglicherweise über einen weiteren Pfad mit besserem Gewicht erreicht werden könnte.

$$g(z,k) = \operatorname*{ext}_{\substack{z(U_I)\in I^{\mathcal{A}} \wedge \\ z'(U_I)=z}} w(\vec{o}_{0\dots(k-1)}, U_I) \tag{3.22}$$

$$w(\vec{o}_{0\dots(k-1)}, U) = \bigotimes_{e_{k'}\in U} w(e_{k'}) \otimes w(\vec{o}_{k'}, x(e_{k'})) \tag{3.23}$$

$$w(\vec{o}_k, x_i) = \begin{cases} \overline{1} & \text{für } x_i = \epsilon \\ p(\vec{o}_k|M_i) & \text{sonst (Wk.-Halbring)} \end{cases} \tag{3.24}$$

Im Unterschied zur klassischen Bestensuche wird bei der A*-Suche zur Auswahl des nächsten Suchzustandes nicht nur das Vorwärtsgewicht $g(z,k)$ betrachtet, sondern auch das beste Pfadgewicht von diesem Zustand bis zu einem Schlusszustand $h(z,k)$. Dieses Gewicht wird im Folgenden Restgewicht genannt. Durch Kombination beider Gewichte lässt sich das Gewicht $f(z,k)$ (Gesamtgewicht) des besten durchgehenden Pfades bestimmen, welcher zum Zeitpunkt k durch den Zustand z verläuft.

$$f(z,k) = g(z,k) \otimes h(z,k) \tag{3.25}$$

Praktisch ist das Restgewicht $h(z,k)$ jedoch nicht bekannt. Durch eine Heuristik wird das Gewicht geschätzt. Die Heuristik muss verschiedene Bedingungen erfüllen, damit das Suchverfahren den besten Pfad dekodiert (siehe Abschnitt 3.4.2 Eigenschaften des Verfahrens). Durch die Kombination von geschätztem Restgewicht $\hat{h}(z,k)$ und bekanntem Vorwärtsgewicht $g(z,k)$ ergibt sich das geschätzte Gewicht des gesamten Pfades $\hat{f}(z,k)$. Dieses geschätzte Gesamtgewicht dient der A*-Suche letztlich zur Auswahl des jeweils nächsten Zustandes.

$$\hat{f}(z,k) = g(z,k) \otimes \hat{h}(z,k) \tag{3.26}$$

Im Algorithmus 3.4 ist das gesamte Verfahren der A*-Suche für gewichtete endliche Automaten formalisiert. Nach der Initialisierung der Vorwärtsgewichte und der Teilpfade werden die Warteschlange Q und die Liste geschlossener Suchzustände C initialisiert. Die Warteschlange beinhaltet jeweils alle aktiven Suchzustände. Zu Beginn der Suche sind dies die Anfangszustände zum Zeitpunkt $k = 0$. Die Liste geschlossener Suchzustände enthält alle Suchzustände, die bereits expandiert wurden.

Anschließend wird aus der Warteschlange jeweils der Suchzustand mit dem Zustand z und dem Zeitschritt k entfernt, der das beste Gesamtgewicht $\hat{f}(z,k)$ hat (Zeile 6). Dieser wird in die Liste geschlossener Suchzustände eingefügt und expandiert. Falls es sich um einen Schlusszustand nach dem letzten Zeitschritt

Algorithmus 3.4 : Zeitvarianter A*-Algorithmus

Eingabe : $\mathcal{A} = (Z^{\mathcal{A}}, I^{\mathcal{A}}, F^{\mathcal{A}}, X^{\mathcal{A}}, Y^{\mathcal{A}}, S^{\mathcal{A}}, E^{\mathcal{A}})$
Eingabe : $\vec{\mathbf{o}} = (\vec{o}_0, \dots, \vec{o}_{K-1})$
Ausgabe : $U^* \in \mathcal{A}$
Ausgabe : $w(U^*)$

```
1  ∀z ∈ Z^A, k = 0...K : ĝ(z,k) ⟵ 0̄; U*(z,k) ⟵ ∅   # Vorwärtsgew. + Teilpfade init.
2  ∀z ∈ I^A : ĝ(z,0) ⟵ 1̄                          # Initiale Vorwärtsgewichte
3  Q ⟵ {(z,0) | z ∈ I^A}                           # Warteschlange initialisieren
4  C ⟵ ∅                                          # Geschlossene Liste initialisieren
5  while Q ≠ ∅ do
6  |  (z,k) ⟵ argext_{(z,k)∈Q} ĝ(z,k) ⊗ ĥ(z,k)     # Besten Suchzustand aus Warteschlange entf.
7  |  Q ⟵ Q \ {(z,k)}                              # Suchzustand deaktivieren
8  |  C ⟵ C ∪ {(z,k)}                              # Geschlossene Liste aktualisieren
9  |  if z ∈ F^A ∧ k = K then                      # Falls Schlusszustand
10 |  |  U* = U*(z,k)                              # ⇒ Bester Pfad gefunden
11 |  |  w(U*) = ĝ(z,k)
12 |  |  return                                     # ⇒ Terminierung
13 |  end
14 |  foreach e ∈ E^A : z(e) = z ∧ (k < K ∨ x(e) = ϵ) do   # Für alle abgehenden Ü.
15 |  |  z_e ⟵ z'(e)                                # Neuen Zustand bestimmen
16 |  |  if x(e) = ϵ then ĝ_e ⟵ ĝ(z,k) ⊗ w(e); k_e ⟵ k     # Neues Vorwärtsgew.
17 |  |  else ĝ_e ⟵ ĝ(z,k) ⊗ w(e) ⊗ w(o⃗_k, x(e)); k_e ⟵ k + 1   # und Zeitschritt
18 |  |  if (z_e,k_e) ∉ C ∧ ĝ_e ⧀ ĝ(z_e,k_e) then    # Falls Vorwärtsgew. verbessert
19 |  |  |  ĝ(z_e,k_e) ⟵ ĝ_e                       # Vorwärtsgewicht speichern
20 |  |  |  U*(z_e,k_e) ⟵ U*(z,k) ∪ e             # Teilpfad speichern
21 |  |  |  Q ⟵ Q ∪ {(z_e,k_e)}                    # Zur Warteschlange hinzufügen
22 |  |  end
23 |  end
24 end
25 U* ⟵ ∅
26 w(U*) ⟵ 0̄
```

handelt, ist der beste Pfad U^* mit dem Gewicht $w(U^*)$ gefunden. Die Suche terminiert (Zeilen 10-12). Anderenfalls werden alle abgehenden Übergänge des Zustandes z betrachtet. Für jeden Übergang wird der Endzustand z_e, der neue Zeitschritt k_e sowie das Vorwärtsgewicht g_e nach dem Übergang bestimmt (Zeilen 15-17). Falls der neue Suchzustand nicht geschlossen ist und das Vorwärtsgewicht verbessert wurde, wird das Gewicht und der Teilpfad aktualisiert (Zeilen 19-21). Außerdem wird der Suchzustand in die Warteschlange eingefügt.

Wenn die Warteschlange leer ist, bevor ein Schlusszustand erreicht wurde, gibt es keinen durchgehenden Pfad im Automaten für die Anzahl von Zeitschritten.

3.4.2. Eigenschaften des Verfahrens

Voraussetzungen

Die Heuristik muss monoton und optimistisch sein, damit das Verfahren vollständig und zulässig ist. Monotonie bedeutet, dass das geschätzte Gesamtgewicht $\hat{f}(z,k)$ entlang eines Pfades an jedem Übergang nicht besser wird. Das heißt, das geschätzte Gesamtgewicht ist am Startzustand jedes Übergangs gleich oder besser als an dessen Endzustand.

$$\forall e \in E^{\mathcal{A}}, k = 0 \dots K :$$

$$\hat{f}(z(e),k) \quad \textcircled{\geq} \quad \begin{cases} \hat{f}(z'(e),k) & \text{für } x(e) = \epsilon \\ \hat{f}(z'(e),k+1) & \text{für } x(e) \neq \epsilon \end{cases} \tag{3.27}$$

Durch Elimination des Vorwärtsgewichtes $g(z(e),k))$ folgt, dass das geschätzte Restgewicht am Startzustand gleich oder besser sein muss als die Kombination aus Übergangsgewicht und dem geschätzten Restgewicht am Endzustand.

$$\forall e \in E^{\mathcal{A}}, k = 0 \dots K :$$

$$\hat{h}(z(e),k) \quad \textcircled{\geq} \quad \begin{cases} \hat{h}(z'(e),k) \otimes w(e) \\ \qquad \text{für } x(e) = \epsilon \\ \hat{h}(z'(e),k+1) \otimes w(e) \otimes w(\vec{o}_k, x(e)) \\ \qquad \text{für } x(e) \neq \epsilon \end{cases} \tag{3.28}$$

Die Heuristik ist optimistisch, falls das geschätzte Restgewicht stets besser ist als das wirkliche Restgewicht.

$$\forall z \in Z^{\mathcal{A}}, k = 0 \dots K : \ \hat{h}(z,k) \textcircled{\geq} h(z,k) \tag{3.29}$$

Jede monotone Heuristik ist optimistisch, wenn das geschätzte Restgewicht der Schlusszustände des Automaten nach dem letzten Zeitschritt $\hat{h}(z,K) = \overline{1}$ ist. Aufgrund der Monotonie ist das geschätzte Restgewicht eines Zustandes, welcher direkt mit einem oder mehreren parallelen Übergängen mit einem Schlusszustand verbunden ist, gleich oder besser dem besten Übergangsgewicht zum Schlusszustand. Das wirkliche Restgewicht entspricht dem besten Übergangsgewicht. Dieses Prinzip lässt sich rekursiv auf alle weiteren Zustände übertragen.

Vollständigkeit

Ein Suchverfahren ist vollständig, wenn es stets eine Lösung findet, falls mindestens eine Lösung existiert. Das vorgestellte Verfahren expandiert die Suchzustände ausgehend von den Anfangszuständen des Automaten zum Zeitpunkt

$k = 0$. Nach der Expansion eines Zustandes z werden alle Folgezustände z' in die Warteschlange eingefügt. Deren geschätztes Gesamtgewicht $\hat{f}(z', k)$ ist aufgrund der Monotonie der Heuristik stets schlechter als $\hat{f}(z, k)$. Da immer der Suchzustand mit dem besten geschätzten Gesamtgewicht $\hat{f}(z, k)$ aus der Warteschlange expandiert wird, wird es im Verlauf der Suche nie wieder einen Suchzustand mit besserem geschätztem Gesamtgewicht geben. Der Suchzustand wird daher nicht erneut in die Warteschlange aufgenommen. Also entspricht bei der Expansion eines Suchzustandes das vorläufige dem realen Vorwärtsgewicht $\hat{g}(z, k) = g(z, k)$. Da die Anzahl der Zustände im Automaten und die Anzahl der Zeitschritte endlich ist, ist auch die Anzahl der Suchzustände endlich. Demzufolge wird irgendwann ein Schlusszustand erreicht, falls es mindestens einen durchgehenden Pfad zu diesem gibt. Damit terminiert die Suche mit einer gefundenen Lösung.

Weil jeder expandierte Suchzustand aufgrund seines Gewichtes nie wieder in die Warteschlange aufgenommen wird, ist die Liste geschlossener Suchzustände überflüssig. Die Implementierung wird durch sie jedoch deutlich effizienter, da das Berechnen und Vergleichen des Vorwärtsgewichtes des Suchzustandes entfällt. Vorwärtsgewichte von expandierten Suchzuständen müssen nicht länger gespeichert werden.

Zulässigkeit

Ein Suchverfahren ist zulässig, wenn die gefundene Lösung stets die optimale Lösung ist. Die A*-Suche terminiert, wenn der erste Schlusszustand des Automaten nach dem letzten Zeitschritt expandiert wird. Da, wie im vorherigen Abschnitt beschrieben, nach jedem expandierten Suchzustand nur noch Suchzustände mit schlechterem Gesamtgewicht erreicht werden, ist die gefundene Lösung optimal.

Optimalität

Die A*-Suche ist für eine bestimmte Heuristik optimal effizient. Es gibt kein Verfahren, welches bei gleicher Heuristik weniger Suchzustände expandiert. Dabei wird allerdings der Aufwand für die Berechnung der Heuristik vernachlässigt.

3.4.3. Restgewichtschätzung

Entscheidend für die benötigte Rechenzeit der A*-Suche ist die Qualität der Schätzung der Restgewichte. Je informierter die Heuristik ist, umso weniger Suchzustände müssen expandiert werden. Eine Heuristik $\hat{h}_1$ ist informierter als $\hat{h}_2$, wenn gilt $\hat{h}_1(z, k) \circledS \hat{h}_2(z, k)$. Die Heuristik $\hat{h}(z, k) = \overline{1}$ ist uniformiert. Die optimale Heuristik wäre das reale Restgewicht $\hat{h}(z,k) = h(z,k)$, welches dem Pfad mit dem besten Gewicht vom Suchzustand (z,k) zu einem Schlusszustand entspricht.

Das reale Restgewicht $h(z,k)$ ist nicht bekannt. Die Berechnung der Heuristik für die zeitvariante Suche könnte stark vereinfacht werden, wenn das reale Restgewicht $h(z,k)$ durch eine Kombination von einem zeitvarianten Restgewicht $h(k)$ und einem zeitinvarianten Restgewicht $h(z)$ geschätzt werden könnte. Um eine optimistische Heuristik zu erhalten, muss die Schätzung $\hat{h}(z,k)$ stets besser sein als der reale Wert.

$$h(z,k) \quad \circledcirc\!\!\!\!\leq \quad \hat{h}(z,k) = h(z) \otimes h(k) \tag{3.30}$$

Zeitinvariantes Restgewicht

In einem ersten Schritt wird nur das zeitinvariante Restgewicht $h(z)$ als Schätzung für das gesamte Restgewicht $\hat{h}(z,k)$ verwendet. Es wird unter Vernachlässigung der zeitvarianten Gewichte bestimmt. Eine Schätzung ist nicht notwendig, es kann direkt das reale zeitinvariante Restgewicht verwendet werden. Es entspricht dem Gewicht des besten Pfades U_F vom Zustand z zu einem Schlusszustand im Automaten. Dabei werden nur die zeitinvarianten Übergangsgewichte $w(e)$ berücksichtigt.

$$\hat{h}(z,k) = h(z) \tag{3.31}$$

$$h(z) = \operatorname*{ext}_{\substack{z(U_F)=z \,\wedge \\ z'(U_F)\in F^{\mathcal{A}}}} w(U_F) \tag{3.32}$$

$$w(U_F) = \bigotimes_{e\in U_F} w(e) \tag{3.33}$$

Der Vorteil dieses Ansatzes ist, dass dieses Restgewicht vor der Suche durch Modifikation der Übergangsgewichte in den Automaten integriert werden kann. Während der Suche entfällt der Rechenaufwand. Im Folgenden wird die Modifikation der Übergangsgewichte hergeleitet.

Das Restgewicht der Anfangszustände des Automaten $h(I^{\mathcal{A}})$ wird als bestes Restgewicht dieser Zustände definiert – (3.34). Das Verhältnis aus Restgewicht aller Anfangszustände $h(I^{\mathcal{A}})$ zum Restgewicht eines Anfangszustandes $z_I \in I^{\mathcal{A}}$ wird als Offset des Anfangszustandes $h_O(z_I)$ definiert – (3.35). Das Gewicht jedes Übergangs e wird geändert, indem es mit dem Verhältnis aus Restgewicht des Endzustandes $h(z'(e))$ und Restgewicht des Startzustandes $h(z(e))$ multipliziert wird.

$$h(I^{\mathcal{A}}) = \operatorname*{ext}_{z \in I^{\mathcal{A}}} h(z) \quad (3.34)$$

$$h_O(z_I) = h(I^{\mathcal{A}}) \oslash h(z_I) \quad (3.35)$$

$$w'(e) = w(e) \otimes h(z'(e)) \oslash h(z(e)) \quad (3.36)$$

Das Gewicht eines Pfades, welcher an einem Anfangszustand des Automaten beginnt, wird ebenfalls geändert. Es wird durch das Offset des Startzustandes des Pfades $h_O(z(U_I))$ geteilt. Wenn die geänderten Gewichte aus der Gleichung (3.36) eingesetzt werden, ergibt sich das geänderte Gewicht des Pfades aus dem ursprünglichen Gewicht $w(\vec{o}_{0\ldots(k-1)}, U_I)$ multipliziert mit dem Restgewicht des Endzustandes $h(z'(U_I))$ und dividiert durch das Restgewicht der Anfangszustände $h(I^{\mathcal{A}})$.

$$w'(\vec{o}_{0\ldots(k-1)}, U_I) = \left(\bigotimes_{e_{k'} \in U_I} w'(e_{k'}) \otimes w(\vec{o}_{k'}, x(e_{k'})) \right) \oslash h_O(z(U_I)) \quad (3.37)$$

$$= \left(\bigotimes_{e_{k'} \in U_I} w(e_{k'}) \otimes w(\vec{o}_{k'}, x(e_{k'})) \right) \quad (3.38)$$

$$\otimes h(z'(U_I)) \oslash h(z(U_I)) \oslash h_O(z(U_I)) \quad (3.39)$$

$$= w(\vec{o}_{0\ldots(k-1)}, U_I) \otimes h(z'(U_I)) \oslash h(I^{\mathcal{A}}) \quad (3.40)$$

Durch die geänderten Gewichte der Pfade ergeben sich geänderte Vorwärtsgewichte $g'(z,k)$. Die folgende Berechnung zeigt, dass die ursprünglichen Vorwärtsgewichte $g(z,k)$ durch die Änderungen lediglich mit dem Verhältnis aus dem Restgewicht $h(z)$ und dem Restgewicht der Anfangszustände multipliziert werden.

$$g'(z,k) = \operatorname*{ext}_{\substack{z(U_I) \in I^{\mathcal{A}} \wedge \\ z'(U_I) = z}} w'(\vec{o}_{0\ldots(k-1)}, U_I) \quad (3.41)$$

$$= \operatorname*{ext}_{\substack{z(U_I) \in I^{\mathcal{A}} \wedge \\ z'(U_I) = z}} w(\vec{o}_{0\ldots(k-1)}, U_I) \otimes h(z'(U_I)) \oslash h(I^{\mathcal{A}}) \quad (3.42)$$

$$= \left(\operatorname*{ext}_{\substack{z(U_I) \in I^{\mathcal{A}} \wedge \\ z'(U_I) = z}} w(\vec{o}_{0\ldots(k-1)}, U_I) \right) \otimes h(z) \oslash h(I^{\mathcal{A}}) \quad (3.43)$$

$$= g(z,k) \otimes h(z) \oslash h(I^{\mathcal{A}}) \quad (3.44)$$

Da die Multiplikation der Vorwärtsgewichte $g(z,k)$ mit dem Restgewicht $h(z)$ implizit in den geänderten Vorwärtsgewichten $g'(z,k)$ enthalten ist, entsprechen diese auch den geänderten Gesamtgewichten $\hat{f}'(z,k)$. Die Berechnung der Restgewichte ist nicht mehr notwendig. Gleichung (3.47) zeigt, dass das geänderte aus dem ursprünglichen Gesamtgewicht durch Division mit dem Restgewicht der Anfangszustände hervorgeht. Diese Änderung hat jedoch keine Einfluss auf den Ablauf der A*-Suche, da das Restgewicht der Anfangszustände konstant ist. Die Reihenfolge, in der Suchzustände expandiert werden, ändert sich nicht.

$$\hat{f}'(z,k) = g'(z,k) \tag{3.45}$$

$$= g(z,k) \otimes h(z) \oslash h(I^{\mathcal{A}}) \tag{3.46}$$

$$= \hat{f}(z,k) \oslash h(I^{\mathcal{A}}) \tag{3.47}$$

Die Änderung der Übergangsgewichte entspricht dem von Mehryar Mohri eingeführten Weight-Pushing [Moh01].

Zeitvariantes Restgewicht

Zur Berechnung des zeitvarianten Restgewichtes $h(k)$ sollen ausschließlich zeitvariante Gewichte verwendet werden. Das optimale zeitvariante Restgewicht entspricht der Kombination der besten zeitvarianten Gewichte $w(\vec{o}_{k'}, x)$ aller folgenden Zeitschritte $k+1, \dots, K$.

$$\hat{h}(z,k) = h(k) \tag{3.48}$$

$$h(k) = \bigotimes_{k'=k+1}^{K} \operatorname*{ext}_{x \in X^{\mathcal{A}}} w(\vec{o}_{k'}, x) \tag{3.49}$$

Auch diese Heuristik lässt sich vor der Suche berechnen. Dafür wird das geschätzte Gesamtgewicht mit dem zeitvarianten Restgewicht $h(0)$ zum Zeitpunkt Null ($k=0$) normiert. Diese Normierung hat ebenfalls keinen Einfluss auf die Suche, da das zeitvariante Restgewicht zum Zeitpunkt $k=0$ konstant bezüglich des Suchzustandes ist. Es ergibt sich, dass jedes zeitvariante Gewicht $w(\vec{o}_{k'}, x(e_{k'}))$ durch das beste zeitvariante Gewicht des gleichen Zeitschrittes k' geteilt werden muss – Gleichung (3.53).

$$\hat{f}'(z,k) = \hat{f}(z,k) \oslash h(0) \tag{3.50}$$

$$= g(z,k) \otimes h(k) \oslash h(0) \tag{3.51}$$

$$= g(z,k) \oslash \bigotimes_{k'=1}^{k} \operatorname*{ext}_{x \in X^{\mathcal{A}}} w(\vec{o}_{k'}, x) \tag{3.52}$$

$$= \operatorname*{ext}_{\substack{z(U_I) \in I^{\mathcal{A}} \wedge \\ z'(U_I) = z}} \bigotimes_{e_{k'} \in U_I} w(e_{k'}) \otimes \left(w(\vec{o}_{k'}, x(e_{k'})) \oslash \operatorname*{ext}_{x \in X^{\mathcal{A}}} w(\vec{o}_{k'}, x) \right) \tag{3.53}$$

Damit lassen sich die geänderten zeitvarianten Gewichte $w'(\vec{o}_k, x)$ definieren. Die Änderung hängt nur von den zeitvarianten Gewichten eines Zeitschrittes ab. Sie kann berechnet werden, bevor die Werte aller Zeitschritte bekannt sind. Durch die Änderung ergibt sich ein anderes Vorwärtsgewicht $g'(z, k)$. Das geschätzte Gesamtgewicht $\hat{f}'(z, k)$ entspricht direkt dem geänderten Vorwärtsgewicht. Während der Suche ist keine Berechnung der Heuristik notwendig.

$$w'(\vec{o}_k, x) = w(\vec{o}_k, x) \oslash \operatorname*{ext}_{x' \in X^{\mathcal{A}}} w(\vec{o}_k, x') \tag{3.54}$$

$$w'(\vec{o}_{0\ldots(k-1)}, U) = \bigotimes_{e_{k'} \in U} w(e_{k'}) \otimes w'(\vec{o}_{k'}, x(e_{k'})) \tag{3.55}$$

$$g'(z, k) = \operatorname*{ext}_{\substack{z(U_I) \in I^{\mathcal{A}} \wedge \\ z'(U_I) = z}} w'(\vec{o}_{0\ldots(k-1)}, U_I) \tag{3.56}$$

$$\hat{f}'(z, k) = g'(z, k) \tag{3.57}$$

Kombiniertes Restgewicht

Die vorgestellte zeitvariante und zeitinvariante Heuristik sind unabhängig voneinander und können gleichzeitig eingesetzt werden. Allerdings könnte eine Heuristik, welche direkt zeitvariante und zeitinvariante Gewichte betrachtet, noch informierter sein als die Kombination von zwei einzelnen Heuristiken auf Basis dieser beiden Gewichtstypen. Bis jetzt wurde jedoch noch kein solches Verfahren gefunden, bei dem der benötigte Rechenaufwand für die Heuristik den Gewinn in der Suche nicht übersteigt.

3.4.4. Pruning

Das Pruning der Suche dient der Reduktion von Rechenzeit- und Speicherbedarf. Dabei wird in Kauf genommen, dass sowohl die Zulässigkeit als auch die Vollständigkeit des Suchverfahrens verloren geht. Wie im Abschnitt 3.3.3 beschrieben, wird das erreicht, indem aktive Zustände verworfen werden und dadurch der betrachtete Suchraum reduziert wird. Im Rahmen dieser Arbeit wurden drei Verfahren zum Pruning der zeitvarianten A*-Suche entwickelt und implementiert. Sie werden im Folgenden vorgestellt.

Warteschlangenpruning

Beim Warteschlangenpruning wird die Reduktion des betrachteten Suchraumes durch eine Begrenzung der Anzahl gleichzeitig aktiver Zustände realisiert. Praktisch wird dies umgesetzt, indem die Länge der Warteschlange Q in der Suche auf

p_Q Elemente begrenzt wird. Falls die Anzahl der Elemente den Schwellwert p_Q erreicht, wird im Idealfall der Suchzustand verworfen, welcher das schlechteste Gesamtgewicht hat.

$$if(|Q| = p_Q) \qquad Q \longleftarrow Q \setminus \left\{ \underset{(z,k)\in Q}{\text{argext2}}\, \hat{g}(z,k) \otimes \hat{h}(z,k) \right\} \tag{3.58}$$

Leider ist es aufwendig jeweils den Suchzustand mit dem schlechtesten Gesamtgewicht zu bestimmen, um nur diesen einen Suchzustand zu verwerfen. Praktisch wurde dieses Verfahren daher so umgesetzt, dass im Fall der vollen Warteschlange alle Suchzustände verworfen werden, die unter einer bestimmten Schwelle liegen. Es werden jedoch maximal 5 % der Zustände verworfen. Die Schwelle wird bei jedem erneuten Pruning angehoben. Sie wird auf 70 % unter dem aktuell besten Gesamtgewicht im Verhältnis zum schlechtesten hinzugefügten Gesamtgewicht gesetzt.

Zeitliches Pruning

Bei dem zeitlichen Pruning wird die Zeitspanne innerhalb der aktiven Zustände begrenzt. Der aktuell höchste Zeitschritt k^*, welcher in der Warteschlange Q vorkommt, wird während dem Hinzufügen von Suchzuständen protokolliert. Weiterhin werden nur neue Suchzustände betrachtet, deren Abstand des Zeitschrittes k zum höchsten Zeitschritt k^* innerhalb der Schwelle p_k liegt. Falls ein Suchzustand expandiert werden soll, dessen Zeitschritt die Bedingung (3.60) nicht erfüllt, wird dieser ebenfalls verworfen.

$$k^* = \max_{(z,k)\in Q} k \tag{3.59}$$

$$k \geq k^* - p_k \tag{3.60}$$

Gewichtspruning

Das Gewichtspruning verwirft Suchzustände ausschließlich aufgrund ihres geschätzten Gesamtgewichtes $\hat{f}(z,k)$. Da das Gesamtgewicht aufgrund der Schätzung des Restgewichtes nur bedingt zwischen verschiedenen Zeitschritten vergleichbar ist, wird der Vergleich des Gesamtgewichtes nur innerhalb eines Zeitschrittes k durchgeführt. Das beste Gesamtgewicht eines Zeitschrittes $\hat{f}^*(k)$ kann recht einfach bei der Expansion von Suchzuständen bestimmt werden. Es entspricht dem Gesamtgewicht des ersten Suchzustandes mit dem betrachteten Zeitschritt k, der expandiert wird. Anschließend werden nur noch Suchzustände expandiert beziehungsweise in die Warteschlange eingefügt, deren Gesamtgewicht höchstens um die Schwelle p_w schlechter ist als das beste Gesamtgewicht des gleichen Zeitschrittes.

$$\hat{f}^*(k) = \operatorname*{ext}_{z \in Z} \hat{f}(z,k) \tag{3.61}$$

$$\hat{f}(z,k) \circledcirc \hat{f}^*(k) \otimes p_w \tag{3.62}$$

3.4.5. N beste Pfade

Bisher wurde nur die Suche nach dem besten Pfad im Automaten mit dem A*-Algorithmus betrachtet. Der Algorithmus 3.5 zeigt die Erweiterung der A*-Suche für die Dekodierung einer beliebigen Anzahl N bester Pfade. Dabei unterscheiden sich alle gefundenen Pfade in ihrer Ausgabesymbolfolge. Dieses Verfahren implementiert also das zweite Suchziel im Abschnitt 3.1.

Im Unterschied zum Algorithmus 3.4 für den besten Pfad wird hier der Suchzustand noch um einen Pfadindex n erweitert. Der Suchzustand besteht also aus dem Tripel aus Zustand im Automaten z, Zeitschritt k und Pfadindex n. Der Pfadindex ist notwendig, da jeder Zustand im Automaten z mit dem Zeitschritt k bis zu N mal expandiert werden kann. Der Pfadindex ermöglicht die Unterscheidung. Ein weiterer Unterschied ist die Liste geschlossener Suchzustände. Die verwendete Menge C wird hier ersetzt durch einen Zähler $c(z,k)$ (Zeile 5). Dieser zählt, wie viele Suchzustände mit (z,k) bereits expandiert wurden.

Der Ablauf der Suche ist im Prinzip unverändert. Nach der Initialisierung wird jeweils der beste Suchzustand aus der Warteschlange entfernt und expandiert. Falls es sich um einen Schlusszustand im letzten Zeitschritt handelt, wurde ein neuer Pfad gefunden. Dieser wird zusammen mit seinem Gewicht in die Menge der dekodierten Pfade R^* eingefügt (Zeile 11). Falls die geforderte Anzahl N erreicht wurde, terminiert der Algorithmus. Bei der Expansion eines Übergangs wird überprüft, ob der neue Suchzustand geschlossen ist. Das ist gegeben, falls der Zähler $c(z,k)$ bereits auf N steht. Anderenfalls wird überprüft, ob es bereits einen Pfadindex n_e mit der gleichen Ausgabesymbolfolge gibt (Zeile 19). Ist dies nicht der Fall, wird der nächste freie Pfadindex n_e bestimmt und der neue Suchzustand eingefügt (Zeilen 20-23). Falls ein Pfadindex gefunden und das Vorwärtsgewicht verbessert wurde, wird der entsprechende Suchzustand aktualisiert (Zeilen 25,26).

Ohne Pruning ist dieses Verfahren ebenfalls vollständig und zuverlässig. Das heißt, falls es N Pfade mit verschiedenen Ausgabesymbolfolgen gibt, werden diese gefunden und die gefundenen Pfade sind die N besten Pfade im Automaten.

Algorithmus 3.5 : Zeitvarianter A*-Algorithmus (N beste Pfade)

Eingabe : $\mathcal{A} = (Z^{\mathcal{A}}, I^{\mathcal{A}}, F^{\mathcal{A}}, X^{\mathcal{A}}, Y^{\mathcal{A}}, S^{\mathcal{A}}, E^{\mathcal{A}})$
Eingabe : $\vec{\mathbf{o}} = (\vec{o}_0, \dots, \vec{o}_{K-1})$
Ausgabe : $R^* = \{(U^*, w(U^*)) \mid U^* \in \mathcal{A}\}$

$R^* \longleftarrow \emptyset$ # Menge durchgehender Pfade initialisieren
$\forall z \in Z^{\mathcal{A}}, k = 0 \dots K, n = 0 \dots N-1:\ \hat{g}(z,k,n) \longleftarrow \overline{0};\ U^*(z,k,n) \longleftarrow \emptyset$ # Vor.gew.
$\forall z \in I^{\mathcal{A}}:\ \hat{g}(z,0,0) \longleftarrow \overline{1}$ # und Teilpfade initialisieren
$Q \longleftarrow \{(z,0,0) \mid z \in I^{\mathcal{A}}\}$ # Warteschlange initialisieren
$\forall z \in Z^{\mathcal{A}}, k = 0 \dots K:\ c(z,k) \longleftarrow 0$ # Geschlossene Liste initialisieren
while $Q \neq \emptyset$ **do**
  $(z,k,n) \longleftarrow \underset{(z,k,n)\in Q}{\text{argext}}\ \hat{g}(z,k,n) \otimes \hat{h}(z,k)$ # Besten Suchzustand der Warteschlange entf.
  $Q \longleftarrow Q \setminus \{(z,k,n)\}$ # Suchzustand deaktivieren
  $c(z,k) \longleftarrow c(z,k) + 1$ # Geschlossene Liste aktualisieren
  if $z \in F^{\mathcal{A}} \wedge k = K$ **then** # Falls Schlusszustand
    $R^* \longleftarrow R^* \cup \{(U^*(z,k,n), \hat{g}(z,k,n))\}$ # $\Rightarrow$ Bester Pfad gefunden
    if $|R^*| = N$ **then return** # Terminierung falls Anzahl der Pfade erreicht
  end
  foreach $e \in E^{\mathcal{A}}:\ z(e) = z \wedge (k < K \vee x(e) = \epsilon)$ **do** # Für alle abgehenden Ü.
    $z_e \longleftarrow z'(e)$ # Neuen Zustand bestimmen
    if $x(e) = \epsilon$ **then** $\hat{g}_e \longleftarrow \hat{g}(z,k,n) \otimes w(e);\ k_e \longleftarrow k$ # Neues Vorwärtsgew.
    else $\hat{g}_e \longleftarrow \hat{g}(z,k,n) \otimes w(e) \otimes w(\vec{o}_k, x(e));\ k_e \longleftarrow k+1$ # und Zeitschritt
    if $c(z,k) < N$ **then** # Zustand nicht geschlossen
      # Neuer Zustand + Zeitschritt bisher nicht mit gleicher Ausgabe erreicht
      if $\nexists\, n_e:\ 0 \leq n_e < N\ \wedge\ y(U^*(z_e,k_e,n_e)) = y(U^*(z_e,k_e,n))$ **then**
        $n_e \longleftarrow \min\{n_e \mid 0 \leq n_e < N\ \wedge\ \hat{g}(z_e,k_e,n_e) = \overline{0}\}$ # Freier Pfadindex
        $\hat{g}(z_e,k_e,n_e) \longleftarrow \hat{g}_e$ # Vorwärtsgewicht speichern
        $U^*(z_e,k_e,n_e) \longleftarrow U^*(z,k,n) \cup e$ # Teilpfad speichern
        $Q \longleftarrow Q \cup \{(z_e,k_e,n_e)\}$ # Zur Warteschlange hinzufügen
      else if $\hat{g}_e \oslash \hat{g}(z_e,k_e,n_e)$ **then** # Falls Pfadgewicht verbessert
        $\hat{g}(z_e,k_e,n_e) \longleftarrow \hat{g}_e$ # Vorwärtsgewicht aktualisieren
        $Q \longleftarrow Q \cup \{(z_e,k_e,n_e)\}$ # Zur Warteschlange hinzufügen
      end
    end
  end
end

3.5. Ressourcenbedarf

In diesem Abschnitt wird der Ressourcenbedarf der in dieser Arbeit betrachteten Suchverfahren untersucht. Es werden verschiedene Experimente von der freien Phonemerkennung bis zur fließenden Spracherkennung vorgestellt. Abgeschlossen wird der Abschnitt mit einem Vergleich zum frei erhältlichen Dekoder Juicer, für Spracherkennung mit gewichteten endlichen Automaten.

Zur Abschätzung des Ressourcenbedarfs der einzelnen Algorithmen wurden für alle Verfahren drei Parameter ausgewertet, welche jeweils für verschiedene Einstellungen erhoben wurden. Sie werden im Folgenden kurz erläutert.

- **Phonem-/Wortfehlerrate**
  Die Fehlerrate der Phonem- und Wortfolgen berechnet sich aus der Levenshtein-Distanz [Lev65] zwischen der erkannten und der realen Folge von Phonemen/Wörter normiert auf die Länge der realen Folge. Die Levenshtein-Distanz entspricht der kleinstmöglichen Anzahl von Operationen (Einfügen, Löschen, Ändern) zur Überführung einer Folge von Symbolen in eine andere. Die Fehlerraten sind jeweils zusammen mit ihrem 95%-Konfidenzintervall dargestellt. Es berechnet sich wie im Abschnitt 2.2.5 in der Gleichung (2.53) angegeben.

- **Echtzeitfaktor**
  Der Echtzeitfaktor berechnet sich durch das Verhältnis der zur Suche benötigten Rechenzeit und der realen Signallänge. Beide Werte beziehen sich auf die gesamte Teststichprobe. Die Rechenzeit für die Merkmalanalyse, für die Berechnung der Mischverteilungsdichte und für die Erzeugung des Erkennungsnetzwerkes wurde nicht berücksichtigt. Weiterhin wurde keine on-the-fly Komposition eingesetzt, um die Vergleichbarkeit zu gewährleisten. Die Rechenzeit auf einem PC unterliegt systembedingt leichten Schwankungen, daher wurde der Echtzeitfaktor über 10 Wiederholungen der gesamten Teststichprobe gemittelt. Das dargestellte 95%-Konfidenzintervall berechnet sich ebenfalls aus diesen 10 Wiederholungen. Deren Größe liegt häufig unter der Darstellungsgenauigkeit.

- **Speicher**
  Bei der Dekodierung jeder Datei wird der maximal benötigte Speicher für die Suche protokolliert. Der Speicher für Quelldaten (Automat, Normalverteilungsdichten, ...) und der Speicher für das Rahmenprogramm werden dabei nicht berücksichtigt. Berechnet wird nur der Speicher, welcher für den Suchalgorithmus selbst benötigt wird. Dargestellt ist der mittlere benötigte Speicher über alle Dateien in der Teststichprobe sowie dessen 95%-Konfidenzintervall. Dieser Parameter ist im Gegensatz zu den Vorherigen nicht unabhängig von der durchschnittlichen Signallänge pro Datei.

Alle Experimente wurde auf einem Intel® Xeon® E5520 mit 2,27 GHz und 16 GB Arbeitsspeicher durchgeführt. Es wurde das Experimentiersystem Unified Approach to Speech Synthesis and Recognition [Hof03] vom Institut für Akustik und Sprachkommunikation zur Implementierung und Evaluierung der Verfahren verwendet. Die Tabelle 3.1 gibt einen Überblick über die verwendeten Daten sowie deren Signallänge im Gesamten und pro Datei. Es wurden drei Datenbanken zur Evaluierung eingesetzt. Zur freien Phonemerkennung wurde die Datenbank Verbmobil verwendet (siehe Anhang A.1), zur Kommandoerkennung beide Datensätze der SSMG Datenbank (siehe Anhang A.2) und zur Evaluierung mit fließender Spracherkennung die Datenbank Jugendschutz (siehe Anhang A.3).

Stichprobe	Signallänge Gesamt	Anzahl Dateien	Signallänge pro Datei Mittelwert	Standardabweichung	Median
Freie Phonemerkennung (Verbmobil – Anhang A.1)					
VM	2:32 h	1223	7,48 s	7,28 s	5,44 s
VMl	2:32 h	82	1:52 min	27,8 s	1:48 min
Kommandoerkennung (SSMG – Anhang A.2)					
Samurai	1:23 h	1308	3,79 s	1,20 s	3,60 s
Myuse	2:5 h	1810	4,16 s	1,06 s	4,05 s
Fließende Spracherkennung (Jugendschutz – Anhang A.3)					
Jschutz	5:57 h	1672	12,8 s	4,33 s	12,6 s

Tabelle 3.1.: Signallängen der verwendeten Teststichproben

Die Suchverfahren A*-Suche, Token-Passing und dynamische Programmierung wurden untersucht. Außerdem wurden die Ergebnisse mit dem frei verwendbaren Token-Passing-Dekoder Juicer im Abschnitt 3.5.4 verglichen. Damit die einzelnen Verfahren leicht zwischen verschiedenen Diagrammen wiedererkannt werden können, wurden einheitliche Symbole verwendet. Die Tabelle 3.2 gibt einen Überblick über die verwendeten Symbole. Die weiteren Symbole dienen dem Vergleich verschiedener Pruningmethoden für ein Suchverfahren. Bei Vergleichen zwischen verschiedenen Suchverfahren wurde jeweils die effektivste Pruningmethode gewählt.

In den Diagrammen ist die entsprechende Fehlerrate über dem Echtzeitfaktor beziehungsweise dem Speicherbedarf dargestellt. Die Kurven wurden durch Variation der Schwellwerte des Prunings generiert. Der jeweils letzte Datenpunkt jeder Kurve markiert den Ressourcenbedarf und die Erkennungsleistung ohne Pruning. Optimal ist eine möglichst geringe Fehlerrate bei geringem Echtzeitfaktor beziehungsweise geringem Speicherbedarf.

Suchverfahren	Abk.	Standard Symbol	Weitere Symbole
A*-Suche	A*	○	• ×
Token-Passing	TP	□	■
Dynamische Programmierung	DP	△	
Juicer	JU	◇	

Tabelle 3.2.: Symbole der Algorithmen in allen Darstellungen

3.5.1. Freie Phonemerkennung

Aus Sicht der Dekodierung benötigt die freie Phonemerkennung die geringsten Ressourcen. Das Erkennungsnetzwerk besteht lediglich aus der Schleife über alle Phonemmodelle. Es hat somit kaum mehr Zustände als die Modelle zusammen.

Zum Training und zur Evaluierung wurde die Datenbank Verbmobil verwendet (Anhang A.1). Insgesamt wurden 43 Phonemmodelle mit je drei emittierenden Zuständen benutzt. In der Abbildung 3.3 ist der Speicher- und Rechenzeitbedarf für alle drei Suchverfahren dargestellt. Es ist zu sehen, dass die A*-Suche die schnellste Dekodierung ermöglicht, gefolgt von dynamischer Programmierung und Token-Passing. Allerdings liegt der Echtzeitfaktor bei allen drei Verfahren unter einem Prozent. Das bedeutet, dass die benötigte Rechenzeit mehr als hundertmal kleiner ist als die reale Signallänge. Im Bezug auf den Speicher-

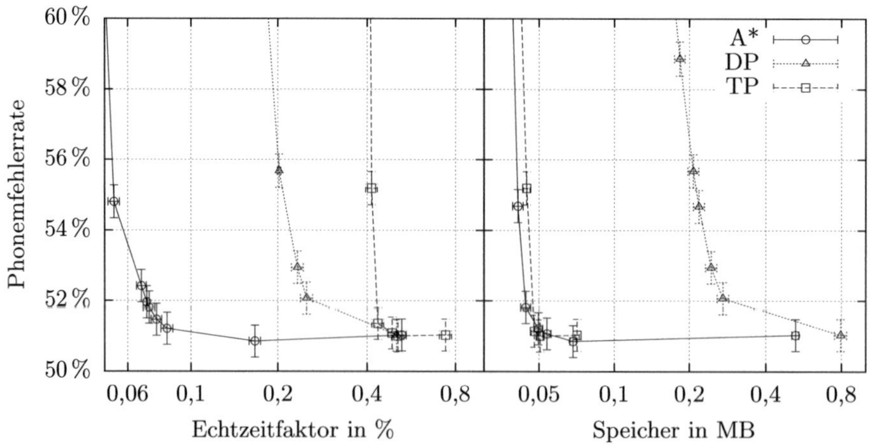

Abbildung 3.3.: Suchverfahren in der freien Phonemerkennung (Stichprobe VM)

bedarf liefern A*-Suche und Token-Passing nahezu gleiche Ergebnisse. Nur die dynamische Programmierung benötigt mehr Speicher. Der Grund dafür ist der notwendige Speicher für alle Zustände im Automaten trotz Pruning. Dennoch ist eine Reduktion des Speicherbedarfs bei stärkerem Pruning zu beobachten, welche sich in der Reduktion des Speichers für die Rückverfolgung begründet.

Die Abbildung 3.4 vergleicht die verschiedenen Pruningmethoden der A*-Suche. Bezüglich der Rechenzeit unterscheiden sie sich nur unwesentlich. Dagegen fällt auf, dass das Warteschlangenpruning (qsize) deutlich weniger Speicher benötigt wie das zeitliche Pruning (prnf) und das Gewichtspruning (prnw).

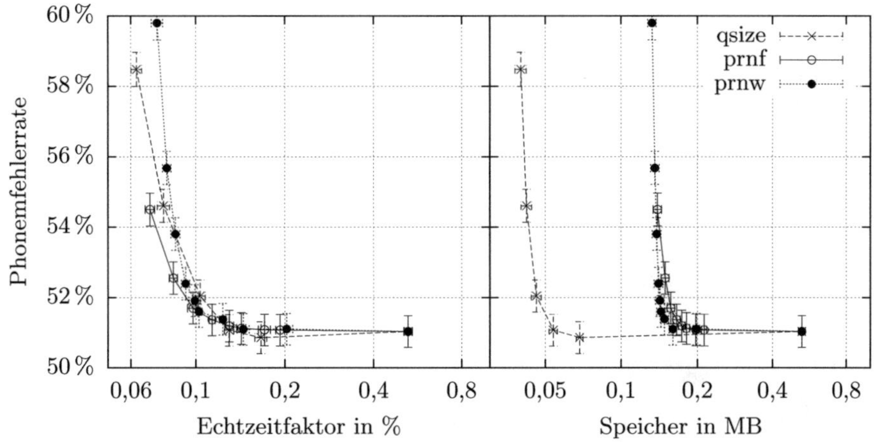

Abbildung 3.4.: Pruningmethoden der A*-Suche in der freien Phonemerkennung (Stichprobe VM)

Um eine Aussage über das Verhalten der Verfahren bei längeren Signalen zu erhalten, wurde ein weiteres Experiment mit der Stichprobe VMl durchgeführt. Die Signallänge der einzelnen Dateien der Teststichprobe VM beträgt im Mittel nur sieben Sekunden. Durch Verkettung mehrerer Dateien wurde die Stichprobe VMl erzeugt. Sie enthält exakt die gleichen Sprachabschnitte. Lediglich die Signallänge beträgt nun fast zwei Minuten pro Datei (siehe Tabelle 3.1) und damit auch pro Dekodierung. Die Abbildung 3.5 zeigt die Ergebnisse. Der Rechenzeitbedarf verändert sich für keines der Verfahren signifikant im Vergleich zur Abbildung 3.3. Der Speicherbedarf verzehnfacht sich in etwa. Außerdem ist nun ein kleiner Unterschied zwischen A*-Suche und Token-Passing zu sehen.

Zusammenfassend eignet sich die A*-Suche in Kombination mit dem Warteschlangenpruning am Besten zur freien Phonemerkennung. Die dynamische Programmierung braucht deutlich mehr Speicher und das Token-Passing braucht mehr Rechenzeit.

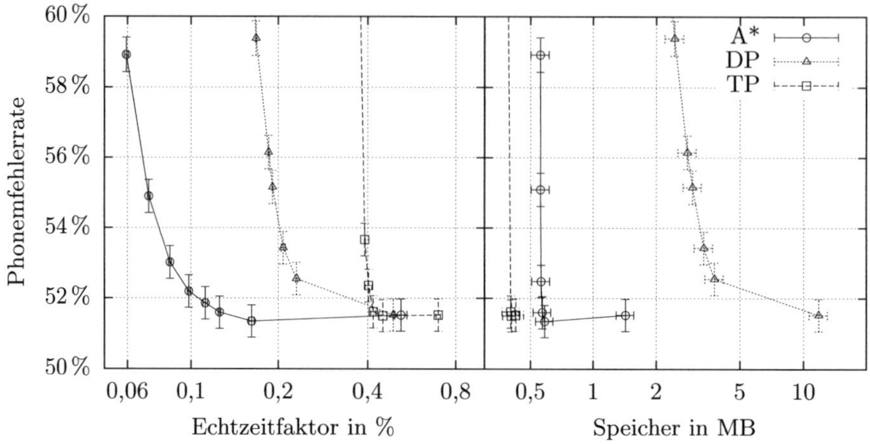

Abbildung 3.5.: Suchverfahren in freier Phonemerkennung bei langen Signalen (Stichprobe VMl)

3.5.2. Kommandoerkennung

Bei der hier verwendeten Kommandoerkennung wird eine vordefinierte Grammatik verwendet. Die eingesetzte Datenbank SSMG (siehe Anhang A.2) umfasst zwei Grammatiken – Samurai und Myuse, welche je aus 56 beziehungsweise 69 Wörtern aufgebaut sind. Durch die Integration von mehrstelligen gesprochenen Zahlen sind mehrere Millionen verschiedene Kommandos möglich. Das akustische Modell basiert wie die Modelle im vorherigen Abschnitt auf der Datenbank Verbmobil.

In der Abbildung 3.6 ist der Ressourcenbedarf der Suchverfahren für beide Grammatiken dargestellt. Bei geringen Verlusten in der Erkennungsleistung dekodiert die A*-Suche beide Grammatiken am schnellsten. Der Token-Passing-Dekoder ist etwa dreimal langsamer, die dynamische Programmierung um den Faktor 8-10. Die Reihenfolge bleibt auch ohne Pruning erhalten. Nur die Abstände sind deutlich geringer (Faktor 1,3 beziehungsweise 1,6).

Im rechten Teil beider Abbildungen ist der Speicherbedarf dargestellt. Das Token-Passing-Verfahren benötigt deutlich weniger Speicher als die A*-Suche und die dynamische Programmierung. Für die Grammatik Samurai konnte nur ein geringer Unterschied zwischen den letzten beiden Verfahren nachgewiesen werden. Im Fall der Grammatik Myuse kann mit der A*-Suche Speicher gespart werden. Die Reihenfolge bleibt ebenfalls auch ohne Pruning erhalten, allerdings sind die Unterschiede hier sichtlich größer als beim Rechenzeitbedarf.

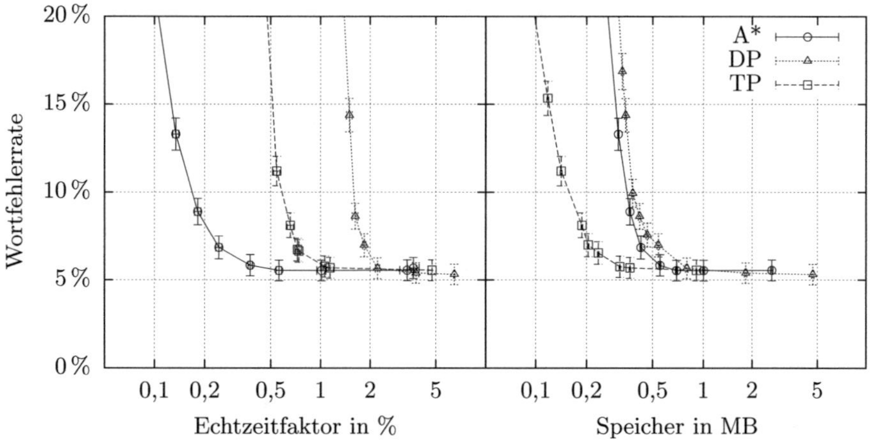

(a) Stichprobe Samurai

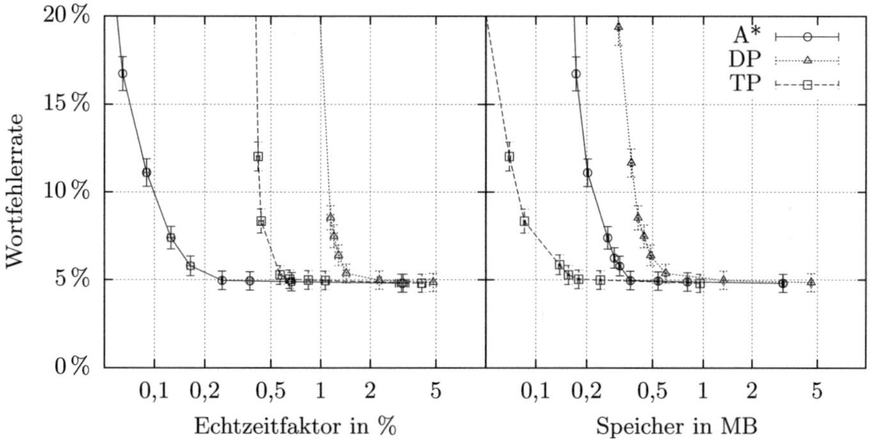

(b) Stichprobe Myuse

Abbildung 3.6.: Suchverfahren in der Kommandoerkennung

Für die A*-Suche und das Token-Passing werden in der Abbildung 3.7 die verschiedenen Pruningmethoden verglichen. Hierfür wurde ausschließlich die Teststichprobe der Grammatik Samurai verwendet. Bei den Pruningmethoden der A*-Suche fällt auf, dass im Gegensatz zur freien Phonemerkennung das Warteschlangenpruning (qsize) die schlechtesten Ergebnisse liefert. Das Warteschlangenpruning kann den Ressourcenbedarf nicht senken, ohne die Erkennungsleistung zu reduzieren. Der geringste Rechenzeit- und Speicherbedarf bei geringer

Fehlerrate stellt sich mit dem zeitlichen Pruning (prnf) ein. Bei dem Gewichtspruning (prnw) ist der Ressourcenbedarf in beiden Fällen etwa doppelt so groß.

Für das Token-Passing-Verfahren wurden Gewichtspruning (prnw) und Histogrammpruning (prnh) untersucht. Hier zeigt sich für die untersuchten Daten ein besseres Ergebnis für das Gewichtspruning. Allerdings ist der Unterschied relativ klein und an einigen Stellen nicht signifikant.

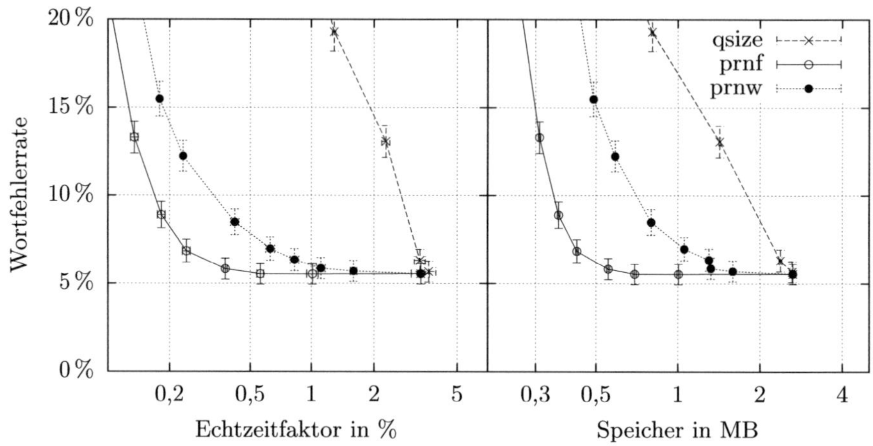

(a) A*-Suche

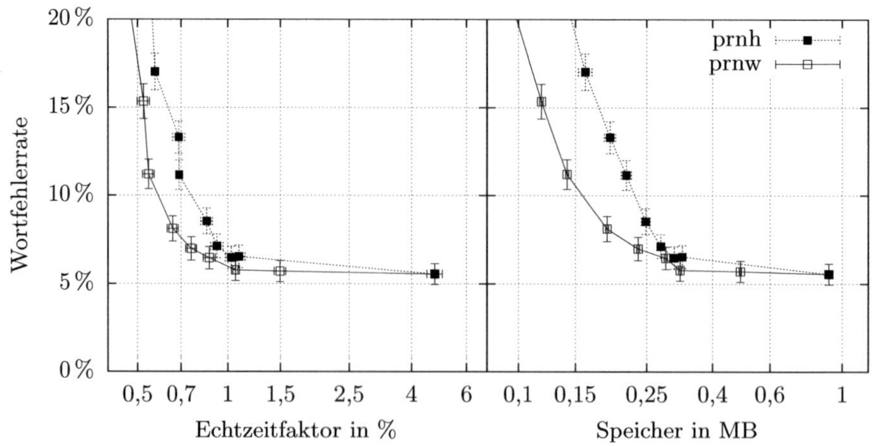

(b) Token-Passing

Abbildung 3.7.: Pruningmethoden der A*-Suche und des Token-Passing in der Kommandoerkennung (Stichprobe Samurai)

Schließlich ist für die Kommandoerkennung die A*-Suche mit dem zeitlichen Pruning am Besten geeignet, falls die Rechenzeit das entscheidende Kriterium ist. Falls der Speicherbedarf wichtiger ist, sollte das Token-Passing-Verfahren eingesetzt werden. Hier spielt die Pruningmethode keine wesentliche Rolle.

3.5.3. Fließende Spracherkennung

In einem letzten Abschnitt zum Vergleich der Verfahren, welche in dieser Arbeit vorgestellt wurden, werden nun einige Experimente zur fließenden Spracherkennung präsentiert. Zur Bildung des Sprachmodells sowie zur Evaluierung wurde die Datenbank Jugendschutz verwendet, welche für eine bestimmte Domain erstellt wurde (siehe Anhang A.3). Die erstellten Modelle umfassen 3053 Wörter. Die geringe Menge an vorhandenen Trainingsdaten erklärt die verhältnismäßig hohen Wortfehlerraten. Der Evaluierung des Dekoders kommt diese Eigenschaft entgegen, da es den Aufwand zur Suche vergrößert, wenn Pruning eingesetzt wird. Durch die wenigen Trainingsdaten gibt es weniger n-Gramme in dem Sprachmodell, was dazu führt, dass öfter auf das nächstkleinere n-Gramm zurückgegriffen werden muss. Dadurch wird der Suchraum kompakter, das heißt, es gibt mehr Alternativen mit geringen Gewichtsunterschieden. Für einen bestimmten Schwellwert im Pruning müssen mehr Zustände betrachtet werden. Der Aufwand für das Suchverfahren steigt und die Erkennungsleistung sinkt.

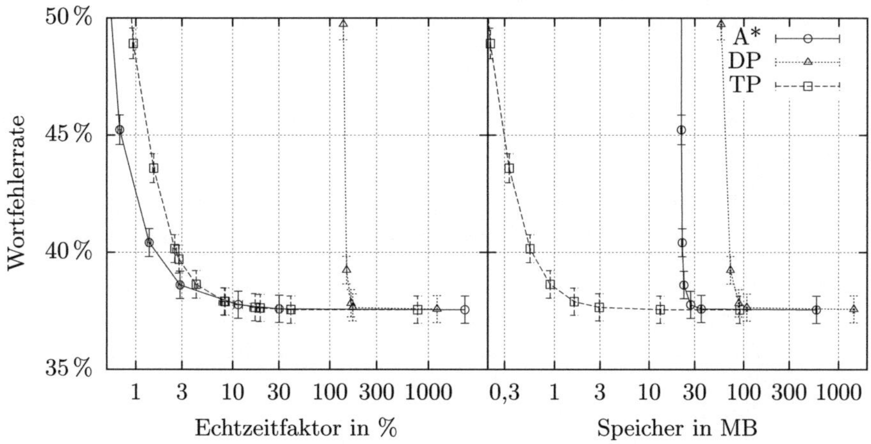

Abbildung 3.8.: Suchverfahren in der fließenden Spracherkennung

In der Abbildung 3.8 sind die Ergebnisse der einzelnen Suchverfahren dargestellt. Die A*-Suche und das Token-Passing benötigen nahezu die gleiche Rechenzeit zur Dekodierung. Das Token-Passing kommt dabei aber mit mehr als zehnmal weniger Speicher aus. Die dynamische Programmierung ist deutlich langsamer und benötigt noch mehr Speicher als die A*-Suche. Ohne Pruning benötigt das Token-Passing ebenfalls weniger Speicher und Rechenzeit wie die beiden anderen Verfahren. Wobei eine Dekodierung ohne Pruning bei einem Echtzeitfaktor von fast 1000 % wenig sinnvoll erscheint.

Hinsichtlich des Vergleichs der Pruningmethoden der A*-Suche und des Token-Passing in Abbildung 3.9 stellt sich ein umgekehrtes Verhalten im Vergleich zur Kommandoerkennung ein. Für die A*-Suche benötigt das Gewichtspruning (prnw) weniger Ressourcen als das zeitliche Pruning (prnf). Beim Token-Passing verhalten sich beide Methoden fast gleich bezüglich ihres Rechzeitbedarfs. Das Histogrammpruning (prnh) belegt allerdings etwa Faktor drei weniger Speicher als das Gewichtspruning (prnw).

Für die hier vorgestellten Experimente zur fließenden Spracherkennung eignet sich das Token-Passing am Besten. Allerdings ist die A*-Suche nur in Bezug auf den Speicherbedarf unterlegen. Der Bedarf an Rechenzeit unterscheidet sich nicht wesentlich zwischen diesen beiden Verfahren.

3.5.4. Vergleich mit Juicer

In den vorherigen Abschnitten wurden Experimente zu den Suchalgorithmen präsentiert, welche im Rahmen dieser Arbeit vorgestellt wurden. Um die Vergleichbarkeit mit anderen Implementierungen herzustellen, werden die Algorithmen in diesem Abschnitt mit dem Sprachdekoder Juicer verglichen. Dieser ist unter der BSD Lizenz frei verwendbar [Idi13, Moo06]. Er wurde durch Josef R. Novak, Paul R. Dixon und Sadaoki Furui mit den Dekodern T^3, HDecode und Sphinx3 verglichen [Nov10].

Der Juicer wird in Version 1.0 benutzt. Um dieses Programm mit den oben verwendeten Daten einsetzen zu können, waren folgende Änderungen notwendig:

- Da der Juicer die Verwendung von voll besetzten Kovarianzmatrizen nicht unterstützt, wurden neue akustische Modelle trainiert, welche anstatt der Kovarianzmatrizen nur Varianzvektoren besitzen. Die Anzahl der Normalverteilungen pro emittierendem Zustand wurde von 8 auf 32 erhöht, um eine ähnliche Erkennungsleistung zu erreichen.
- Der Dekoder Juicer führt während der Suche eine implizite Vereinigung von akustischen Hidden-Markov-Modellen $\mathcal{H}$ und dem Worterkennungsnetzwerk $\mathcal{L} \circ \mathcal{G}$ aus. Letzteres geht aus der Komposition von Lexikon $\mathcal{L}$ und Sprachmodell $\mathcal{G}$ sowie optional einem Phonem-Kontex-Modell $\mathcal{C}$ hervor. Um eine Verfälschung der Ergebnisse durch diese spezielle und optimierte Vereinigung zu verhindern, wurde als Eingabe für den Juicer anstatt

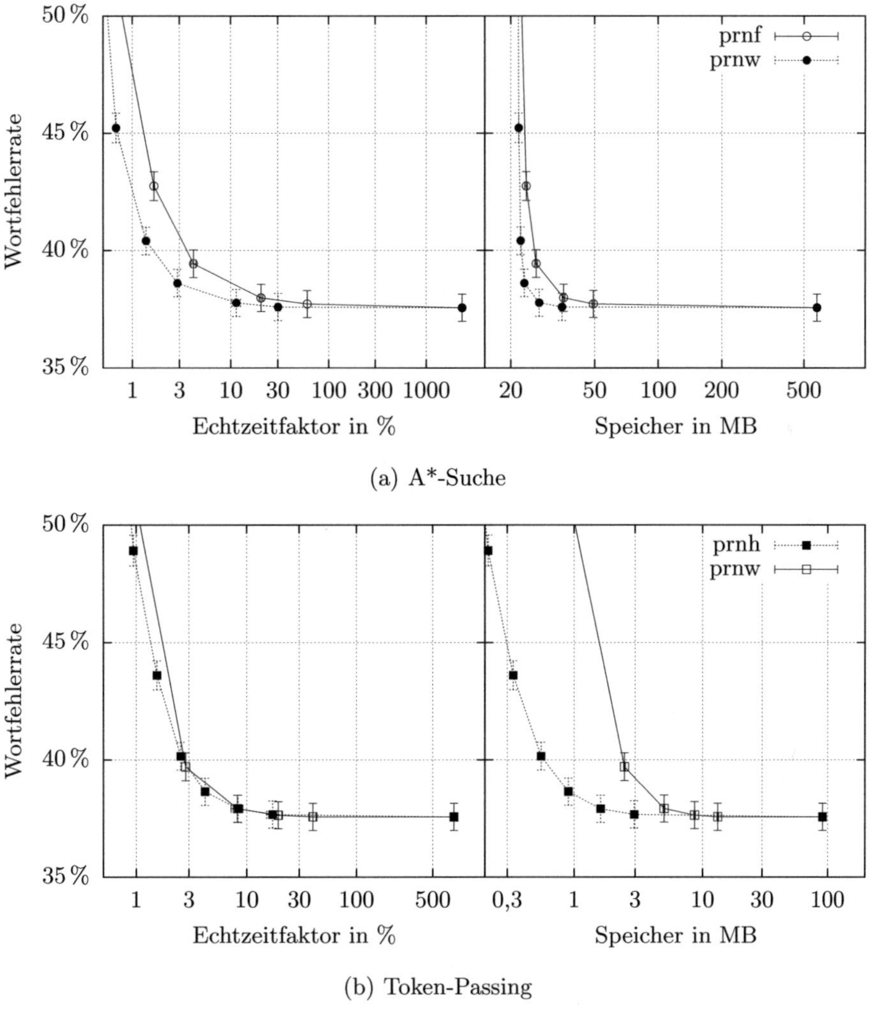

Abbildung 3.9.: Pruningmethoden der A*-Suche und des Token-Passing in der fließenden Spracherkennung

der Hidden-Markov-Modelle pro Phonem jeweils ein Modell pro emittierendem Zustand verwendet, welches nur die Mischverteilung dieses Zustandes beinhaltet. Die Struktur der Hidden-Markov-Modelle wurde durch Komposition in Automatenform mit dem Lexikon und dem Sprachmodell in ein Erkennungsnetzwerk $\mathcal{R} = \mathcal{H} \circ \mathcal{L} \circ \mathcal{G}$ integriert. Diese Konfiguration entspricht am ehesten der für die eigenen Algorithmen verwendeten Konfiguration.

- Die Erweiterung der endlichen Automaten zur Abbildung von kontextfreien Grammatiken, welche im Abschnitt 3.7 vorgestellt wird, wird von Juicer nicht unterstützt. Die Grammatik der Stichprobe Samurai wurde daher in eine größere, reguläre Grammatik überführt.

Diese Änderungen wurden in den folgenden Experimenten auch bei A*-Suche und Token-Passing angewendet. Dadurch ergibt sich eine gegenüber den vorherigen Abschnitten leicht geänderte Fehlerrate.

Die Abbildung 3.10 zeigt die Ergebnisse für die Teststichprobe Samurai der Kommandoerkennung sowie für die fließende Spracherkennung. Es wird nur der Rechenzeitbedarf dargestellt, da der Speicherbedarf des Dekoders Juicer nicht in vergleichbarem Maße bestimmt werden konnte. Bei der Kommandoerkennung wird deutlich, dass das Verhalten des hier vorgestelltem Token-Passing-Algorithmus dem des Juicer, welcher ebenfalls Token-Passing basiert ist, sehr nahe kommt. Die A*-Suche erreicht, wie bei den Experimenten in den vorherigen Abschnitten, die geringste Rechenzeit ohne starke Verluste in der Erkennungsleistung. In der fließenden Spracherkennung gibt es für alle drei Implementierungen nur geringfügige Unterschiede.

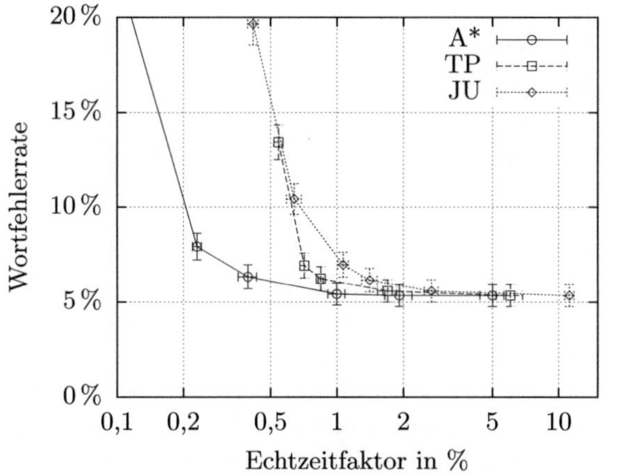

(a) Kommandoerkennung – Samurai

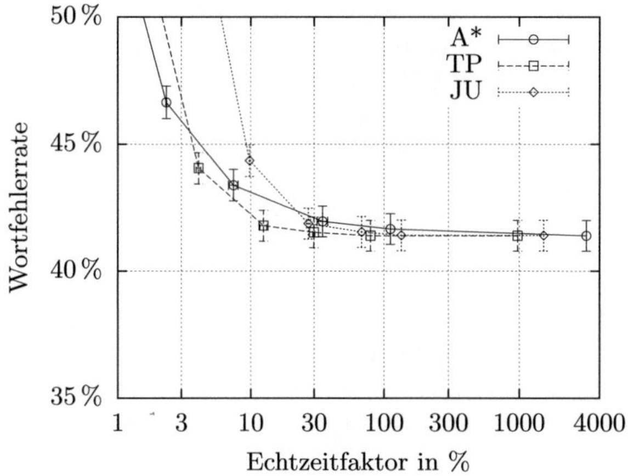

(b) Fließende Spracherkennung – Jugendschutz

Abbildung 3.10.: Vergleich der A*-Suche und des Token-Passing-Verfahrens mit dem Dekoder Juicer

3.6. Erzeugung von Hypothesennetzwerken

Hypothesennetzwerke sind gewichte endliche Automaten in Form von Akzeptoren. Die Menge der Pfade in einem Hypothesennetzwerk ist eine Untermenge des Suchraumes. Das heißt, jeder Pfad ist ein mögliches Erkennungsergebnis – eine Hypothese. Die Eingabesymbole der Pfade im Suchraum werden allerdings nicht in die Hypothesennetzwerke übernommen. Das Gewicht jedes Pfades im Netzwerk entspricht dem besten Gewicht eines Pfades im Suchraum mit der entsprechenden Ausgabesymbolfolge.

Hypothesennetzwerke können sehr viele Alternativen darstellen. Es wird deutlich weniger Speicher benötigt als bei der Dekodierung der N besten Pfade, wie zum Beispiel im Abschnitt 3.4.5. Weiterhin eignen sich Hypothesennetzwerke aufgrund der großen Anzahl an enthaltenen Symbolfolgen sehr gut für die weitere Verarbeitung. Es ist möglich, auf Basis eines größeren Sprachmodells eine Hypothese auszuwählen. Man kann auch eine Datenbank der erfassten Informationen erzeugen, in welche alle Hypothesen eingebunden werden, gesteuert durch ihr Gewicht.

Bei der Erkennung von nicht sprachlichen Signalen können Hypothesennetzwerke auf mehreren Ebenen eingesetzt werden. Bei der Spracherkennung handelt es sich im Allgemeinen um Worthypothesennetzwerke. Für diese wurden inzwischen schon einige Verfahren entwickelt. Stefan Ortmanns, Hermann Ney und Xavier Aubert haben zum Beispiel ein Verfahren vorgestellt [Ort97], welches im ersten Schritt ein Worthypothesennetzwerk erzeugt, um anschließend mit einem großen Sprachmodell die beste Wortfolge auszuwählen. Auch für gewichtete endliche Automaten gibt es bereits einige Algorithmen, von denen im Folgenden drei kurz beschrieben werden.

Andrej Ljolje, Fernando Pereira und Michael Riley haben ein Verfahren vorgestellt, welches in drei Schritten abläuft [Ljo99]. Während der Suche wird für jedes Phonem im Erkennungsnetzwerk ein Übergang im Hypothesennetzwerk erzeugt. Der dabei entstehende Automat übersetzt Phonemfolgen in Wortfolgen. Dieser wird anschließend zu einem Akzeptor für Wortfolgen reduziert und im letzten Schritt durch Pruning relativ zum besten Pfad optimiert. Das Verfahren, welches von George Saon, Daniel Povey und Geoffrey Zweig implementiert wurde [Sao05], fügt nur Übergänge in das Hypothesennetzwerk ein, welche ein Wort tragen. Außerdem wird hier die Anzahl von Hypothesen an jedem Zustand beschränkt. Schließlich gibt es noch ein vergleichsweise neues Verfahren von Daniel Povey und anderen [Pov12]. Dabei wird das Pruning periodisch während der Erzeugung des Netzwerkes durchgeführt. Außerdem werden zusätzlich die Grenzen zwischen einzelnen Wörtern protokolliert, da diese sonst nicht rekonstruiert werden können.

Im Rahmen dieser Arbeit wurde ein weiteres Verfahren zur Erzeugung von Hypothesennetzwerken erstellt. Es entstand aus einer Kombination der oben erwähnten Verfahren und wurde an einige Besonderheiten des Experimentiersystems Unified Approach to Speech Synthesis and Recognition angepasst. Im Folgenden wird das Verfahren detailliert vorgestellt. Schließlich werden ein kleines Beispiel sowie einige Erkennungsergebnisse präsentiert.

3.6.1. Algorithmus

In diesem Abschnitt wird das Verfahren zur Erzeugung von Hypothesennetzwerken beschrieben. Es kann mit jedem Suchverfahren benutzt werden, welches auf dem Token-Passing-Prinzip beruht. Im Rahmen dieser Arbeit wurde es erfolgreich mit der A*-Suche und dem Token-Passing-Verfahren (Abschnitt 3.4 und 3.3.2) implementiert. Das Hypothesennetzwerk wird während der Suche sukzessiv aufgebaut. Genauer wird im Verlauf der Suche ein umgekehrtes Hypothesennetzwerk $\mathcal{Y}$ erzeugt, bei welchem die Übergänge in Richtung des Anfangs der Suche gerichtet sind. Das ermöglicht eine einfache Rückverfolgung der Pfade. Anschließend wird es in das finale Hypothesennetzwerk $\mathcal{Y}^*$ überführt.

Um im Folgenden eine Unterscheidung zwischen zeitvarianter und zeitinvarianter Suche zu vermeiden und auf die explizite Nennung des Zeitschrittes k verzichten zu können, wird mit dem Automaten $\mathcal{A}$ der gesamte Suchraum formalisiert. In den Erläuterungen der Suchverfahren steht dieser Automat für das Erkennungsnetzwerk. Hier entspricht ein Zustand im Automaten $\mathcal{A}$ damit einem Suchzustand, welcher für die A*-Suche eingeführt wurde (Abschnitt 3.4.1).

Die Schnittstelle zwischen Suchraum und Hypothesennetzwerk wird realisiert, indem jedes Token im Suchverfahren einen Zustand im Hypothesennetzwerk referenziert. Formalisiert wird das durch eine Funktion, welche einem Zustand im Suchraum $\mathcal{A}$ einen Zustand im umgekehrten Hypothesennetzwerk $\mathcal{Y}$ zuordnet:

$$\mathrm{hyp} : Z^{\mathcal{A}} \rightarrow Z^{\mathcal{Y}} \tag{3.63}$$

Das vollständige Verfahren zur Erzeugung des umgekehrten Hypothesennetzwerks $\mathcal{Y}$ ist im Algorithmus 3.6 dargestellt. Es greift an vier Stellen in das Suchverfahren ein. Für jede dieser vier Stellen gibt es einen Teilalgorithmus in der Darstellung. Die einzelnen Teile werden im Folgenden kurz erläutert:

Teil 1 Initialisierung

Vor Beginn der eigentlichen Suche muss das Hypothesennetzwerk $\mathcal{Y}$ initialisiert werden. Der Halbring wird vom Suchraum übernommen. Das Hypothesennetzwerk betrachtet nur die Ausgabesymbole des Suchraumes. Daher wird die Menge der Eingabesymbole mit der Menge der Ausgabesymbole des Suchraumes initialisiert (Zeile 2). Die Menge der Aus-

Algorithmus 3.6 : Erzeugung des umgekehrten Hypothesennetzwerks (in Anlehnung an [Ort97, Sao05, Pov12])

Teil 1 : Initialisierung

Eingabe : $\mathcal{A} = (Z^{\mathcal{A}}, I^{\mathcal{A}}, F^{\mathcal{A}}, X^{\mathcal{A}}, Y^{\mathcal{A}}, S^{\mathcal{A}}, E^{\mathcal{A}})$
Ausgabe : $\mathcal{Y} = (Z^{\mathcal{Y}}, I^{\mathcal{Y}}, F^{\mathcal{Y}}, X^{\mathcal{Y}}, Y^{\mathcal{Y}}, S^{\mathcal{Y}}, E^{\mathcal{Y}})$

1 $S^{\mathcal{Y}} \longleftarrow S^{\mathcal{A}}$ # Halbring übernehmen
2 $X^{\mathcal{Y}} \longleftarrow Y^{\mathcal{A}}$ # Nur Ausgabesymbole betrachten
3 $I^{\mathcal{Y}} \longleftarrow E^{\mathcal{Y}} \longleftarrow Y^{\mathcal{Y}} \longleftarrow \emptyset$ # Leere Mengen initialisieren
4 $Z^{\mathcal{Y}} \longleftarrow F^{\mathcal{Y}} \longleftarrow \left\{z_f^{(\mathcal{Y})}\right\}$ # Einen Schlusszustand anlegen
5 **foreach** $z \in I^{\mathcal{A}}$ **do** $\text{hyp}(z) \longleftarrow z_f^{(\mathcal{Y})}$ # Schlusszustand referenzieren

Teil 2 : Neuer Suchzustand z_n

Eingabe : $z, z_n \in Z^{\mathcal{A}},\ y \in Y^{\mathcal{A}}$

6 **if** $y = \epsilon$ **then** $\text{hyp}(z_n) \longleftarrow \text{hyp}(z)$ # Ohne Ausgabesymbol: Zustand übernehmen
7 **else**
8 $\quad Z^{\mathcal{Y}} \longleftarrow Z^{\mathcal{Y}} \cup \{z_n^{(\mathcal{Y})}\}$ # Neuen Zustand erzeugen
9 $\quad E^{\mathcal{Y}} \longleftarrow E^{\mathcal{Y}} \cup \{e_n = (z_n^{(\mathcal{Y})}, y, \epsilon, \bar{1}, \text{hyp}(z))\}$ # Neuen Übergang mit Symbol
10 $\quad \text{hyp}(z_n) \longleftarrow z_n^{(\mathcal{Y})}$ # Neuen Zustand referenzieren
11 **end**

Teil 3 : Rekombination von Suchzuständen z_1 und z_2

Eingabe : $z_1, z_2 \in Z^{\mathcal{A}},\ w_1, w_2 \in S^{\mathcal{A}} :\ w_1 \circledcirc w_2$

12 **if** $\text{hyp}(z_1) \neq \text{hyp}(z_2) \wedge w_1 \oslash w_2 \circledcirc w_{prn}$ **then** # Unterschiedliche Z. und kein Pruning
13 $\quad Z^{\mathcal{Y}} \longleftarrow Z^{\mathcal{Y}} \cup \{z_n^{(\mathcal{Y})}\}$ # Neuen Zustand erzeugen
14 $\quad E^{\mathcal{Y}} \longleftarrow E^{\mathcal{Y}} \cup \{e_{n1} = (z_n^{(\mathcal{Y})}, \epsilon, \epsilon, \bar{1}, \text{hyp}(z_1))$ # Übergang für 1. Zustand
15 $\quad E^{\mathcal{Y}} \longleftarrow E^{\mathcal{Y}} \cup \{e_{n2} = (z_n^{(\mathcal{Y})}, \epsilon, \epsilon, w_1 \oslash w_2, \text{hyp}(z_2))\}$ # Übergang für 2. Z.
16 $\quad \text{hyp}(z_1) \longleftarrow z_n^{(\mathcal{Y})}$ # Neuen Zustand im 1. Zustand referenzieren
17 **end**

Teil 4 : Abschluss

Eingabe : $U^* \in \mathcal{A}$

18 $Z^{\mathcal{Y}} \longleftarrow Z^{\mathcal{Y}} \cup \{z_i^{(\mathcal{Y})}\}$ # Anfangszustand und
19 $I^{\mathcal{Y}} \longleftarrow I^{\mathcal{Y}} \cup \{z_i^{(\mathcal{Y})}\}$ # Übergang mit bestem
20 $E^{\mathcal{Y}} \longleftarrow E^{\mathcal{Y}} \cup \{e_n = (z_i^{(\mathcal{Y})}, \epsilon, \epsilon, w(U^*), \text{hyp}(z'(U^*)))\}$ # Gewicht erzeugen

gabesymbole selbst ist leer. Es entsteht ein Akzeptor. Weiterhin wird ein Schlusszustand des umgekehrten Hypothesennetzwerkes erzeugt. Ausgehend von diesem wird das Netzwerk aufgebaut. Er wird von allen Anfangszuständen des Suchraumes referenziert (Zeile 5).

Teil 2 Neuer Suchzustand
Jedes mal wenn während der Suche ein neuer Suchzustand durch Ex-

pansion eines Überganges erreicht wird, wird das Hypothesennetzwerk aktualisiert. Dazu wird der neue und der vorangegangene Suchzustand (z_n, z) sowie das Ausgabesymbol des Übergangs (y) benötigt. Falls der neue Suchzustand über einen Übergang ohne Ausgabesymbol erreicht wird, wird der gleiche Zustand in $\mathcal{Y}$ referenziert wie am Startzustand des Übergangs (Zeile 6). Anderenfalls wird ein neuer Übergang im Hypothesennetzwerk erzeugt, welcher das Symbol trägt. Der neue Suchzustand referenziert den neuen Zustand im Hypothesennetzwerk (Zeilen 8-10). Die Übergänge im Netzwerk werden rückwärts, also vom neuen Zustand zum bisherigen Zustand erzeugt. Dadurch entsteht das umgekehrte Hypothesennetzwerk. Die Eingabesymbolfolge des Pfades vom referenzierten Zustand zum Schlusszustand entspricht somit der Folge von ausgegebenen Symbolen im Suchraum.

Teil 3 Rekombination von Suchzuständen

Falls während der Suche zwei Suchzustände rekombiniert werden, müssen die Pfade im Hypothesennetzwerk zusammengeführt werden. Es werden beide Suchzustände z_1, z_2 sowie deren aktuelle Vorwärtsgewichte w_1 und w_2 benötigt. Es wird angenommen, dass das Gewicht des Suchzustandes z_1 besser ist als das Gewicht von z_2. Letzterer wird demnach in der Suche verworfen, während der Suchzustand z_1 weiter verfolgt wird. Im Hypothesennetzwerk müssen die Pfade beider Suchzustände nur zusammengeführt werden, falls diese sich unterscheiden. Um die Größe des Hypothesennetzwerkes zu begrenzen wird die Pruningschwelle w_{prn} definiert. Falls das Verhältnis beider Gewichte $w_1 \oslash w_2$ außerhalb dieser Schwelle liegt, wird auch im Hypothesennetzwerk der schlechtere Pfad verworfen. Somit werden nur die Pfade, deren Gewicht innerhalb der Pruningschwelle im Verhältnis zum bestem Pfad im Suchraum liegt, werden durch dieses Pruning mit Sicherheit nicht beeinträchtigt.

Die Pfade werden zusammengeführt, indem ein neuer Zustand $z_n^{(Y)}$ erzeugt wird, welcher jeweils einen Übergang zu den beiden bisherigen Zuständen hat (Zeilen 13-15). Der erste Übergang trägt das neutrale Gewicht $\overline{1}$ und der zweite Übergang das Verhältnis beider Gewichte. Damit wird sichergestellt, dass der beste Pfad zu jedem Zustand im Hypothesennetzwerk stets das Gewicht $\overline{1}$ hat. Alle anderen Pfade haben ein schlechteres Gewicht. Das Verhältnis der Gewichte entspricht dem im Suchraum. Abschließend wird im Suchzustand z_1, welcher weiter verfolgt wird, der neue Zustand im Hypothesennetzwerk referenziert (Zeile 16).

Teil 4 Abschluss

Wenn im Suchverfahren ein Schlusszustand gefunden wird und die Suche terminiert, ist im umgekehrten Hypothesennetzwerk der Anfangszustand erreicht. Allerdings hat der beste Pfad im Hypothesennetzwerk immer noch das neutrale Gewicht $\overline{1}$. Daher wird zu dem Anfangszustand ein zusätzlicher Übergang erzeugt, welcher das Gesamtgewicht des Ergebnispfades im Suchraum $w(U^*)$ trägt (Zeile 20). Das Gewicht aller anderen Pfade im Hypothesennetzwerk entspricht dadurch ebenfalls dem Gewicht des entsprechenden Pfades im Suchraum, da bei der Rekombination stets das Verhältnis der Gewichte der beiden Pfade erhalten wurde.

Um das umgekehrte Netzwerk in das finale Hypothesennetzwerk zu überführen, muss der Automat umgekehrt werden. Ein Verfahren dafür wurde im Abschnitt 2.5.2 im Algorithmus 2.10 vorgestellt. Es ist möglich, dass das umgekehrte Hypothesennetzwerk mehrere Pfade mit gleicher Symbolfolge enthält. Das finale Netzwerk soll jedoch nur jeweils den besten Pfad jeder Symbolfolge enthalten. Dies kann erreicht werden, indem das umgekehrte Hypothesennetzwerk vor der Umkehrung determiniert wird. Dabei wird entweder der Max/Mal- oder der tropische Halbring verwendet, um die Reduktion auf die besten Pfade zu realisieren. Schließlich bestimmt sich das finale Hypothesennetzwerk also folgendermaßen:

$$\mathcal{Y}^* = \operatorname{rev}(\det(\mathcal{Y})) \tag{3.64}$$

Zur Determinierung des umgekehrten Hypothesennetzwerks wurde anstatt des Verfahrens, welches im Abschnitt 2.5.1 vorgestellt wurde, eine optimierte Variante eingesetzt. Das umgekehrte Hypothesennetzwerk hat folgende spezielle Eigenschaften:

- Es ist ein Akzeptor, welcher über keine Ausgabesymbole verfügt. Sie müssen nicht beachtet werden.
- Es soll nur der beste Pfad jeder Ausgabesymbolfolge bestimmt werden. Die Additionsoperation vereinfacht sich entsprechend dem Max/Mal- beziehungsweise dem tropischen Halbring.
- Es gibt nur zwei Typen von Zuständen (abgesehen von den Anfangs- und Schlusszuständen). Zum einen die, welche durch Expansion eines Übergangs mit Ausgabesymbol während der Suche entstanden sind. Sie zeichnen sich dadurch aus, dass es nur einen abgehenden Übergang gibt, welcher ein Eingabesymbol trägt und das Gewicht $\overline{1}$ hat. Zum anderen haben die Zustände, welche durch Rekombination von Suchzuständen entstanden sind, genau zwei abgehende Übergänge. Beide tragen kein Eingabesymbol und eines der Gewichte kann verschieden von $\overline{1}$ sein.

Diese beiden Eigenschaften zusammen lassen sich in der Determinierung ausnutzen und ermöglichen so eine deutlich effizientere Implementierung. Weiterhin ist vor der Determinierung das Gewicht des besten Pfades im Automaten bekannt. Dadurch kann während der Determinierung die oben erwähnte Pruningschwelle eingesetzt werden.

3.6.2. Beispiel

Zur Illustration des im vorherigen Abschnitt erläuterten Verfahrens soll hier ein Beispiel betrachtet werden. In der Abbildung 3.11(a) ist der Suchraum $\mathcal{A}$ dargestellt, welcher analysiert werden soll. Der Übersichtlichkeit halber sind nur die Ausgabesymbole und die Übergangsgewichte dargestellt. Die Gewichte entstammen dem logarithmischem Halbring. Die Abbildung 3.11(b) zeigt das umgekehrte Hypothesennetzwerk $\mathcal{Y}$, welches bei vollständiger Suche im Suchraum mit dem oben beschriebenen Verfahren entsteht. Die Zustände z_1, z_2, z_4 gehen aus der Expansion eines Übergangs mit einem Symbol hervor, während die Zustände z_3 und z_5 durch Rekombination an den Suchzuständen z_5 und z_6 entstanden sind.

(a) Suchraum $\mathcal{A}$

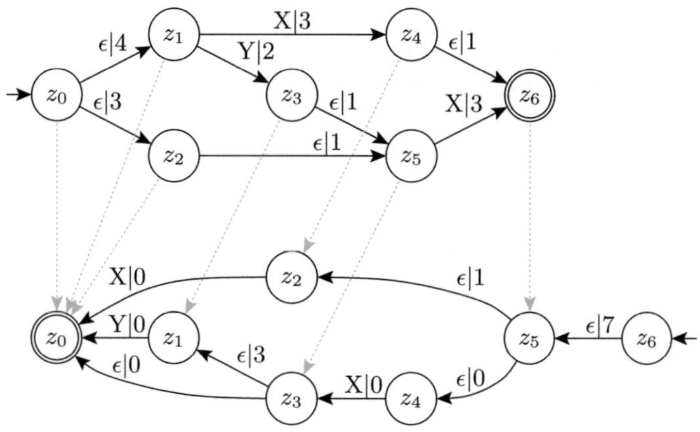

(b) Umgekehrtes Hypothesennetzwerk $\mathcal{Y}$

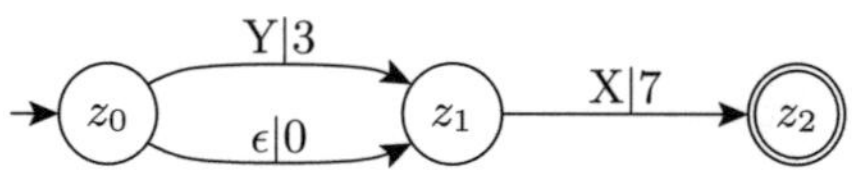

(c) Hypothesennetzwerk $\mathcal{Y}^*$

Abbildung 3.11.: Beispiel für Erzeugung eines Hypothesennetzwerks

Das Beispiel zeigt, dass das umgekehrte Hypothesennetzwerk mehrere Pfade mit gleicher Symbolfolge enthalten kann (hier die Ausgabefolge X mit Gewicht 7 und 8). Nach Determinierung und Umkehrung entsteht das finale Hypothesennetzwerk $\mathcal{Y}^*$ in der Abbildung 3.11(c). Dieses Netzwerk enthält nur noch die besten Pfade für jede Symbolfolge aus $\mathcal{Y}$ (Symbolfolge X mit Gewicht 7 und Symbolfolge YX mit Gewicht 10).

3.6.3. Ergebnisse für die fließende Spracherkennung

In diesem Abschnitt werden einige Ergebnisse zur Evaluierung der Hypothesennetzwerke präsentiert. Als Anwendung wurde die fließende Spracherkennung benutzt, da diese eine große Menge an Alternativen in der Erkennung bietet. Es werden die Daten aus der Datenbasis Jugendschutz zur Evaluierung benutzt (siehe Anhang A.3), welche auch im Abschnitt 3.5.3 verwendet wurden.

Im Unterschied zur gewöhnlichen Spracherkennung kann bei der Erzeugung von Worthypothesennetzwerken nicht direkt eine Erkennungsrate bestimmt werden, da die Hypothesennetzwerke viele mögliche Erkennungsergebnisse beinhalten. Um dennoch eine vergleichbare Wortfehlerrate zu erhalten, wurde hier der Pfad im Hypothesennetzwerk bestimmt, dessen Levenshtein-Distanz zur realen Wortfolge am kleinsten ist. Anschließend wurde analog zum Kapitel 3.5 die Wortfehlerrate aus der Levenshtein-Distanz dieses Pfades bestimmt. Praktisch ist eine solche Auswahl der Hypothese nicht möglich, da die reale Wortfolge nicht bekannt ist. Die dargestellte Erkennungsleistung entspricht somit der Leistung, die mit einem optimalen Auswahlverfahren für die Hypothesen erreicht werden könnte. Das einfachste Auswahlverfahren würde die Hypothese mit der größten Wahrscheinlichkeit wählen. Das ist genau die Hypothese, die auch ohne Hypothesennetzwerke dekodiert werden würde. Diese Erkennungsleistung entspricht somit der des gewöhnlichen Dekoders.

Die Abbildung 3.12 zeigt die Erkennungsleistung und den Ressourcenbedarf mit und ohne Erzeugung von Worthypothesennetzwerken. Dabei wurde die zeitvari-

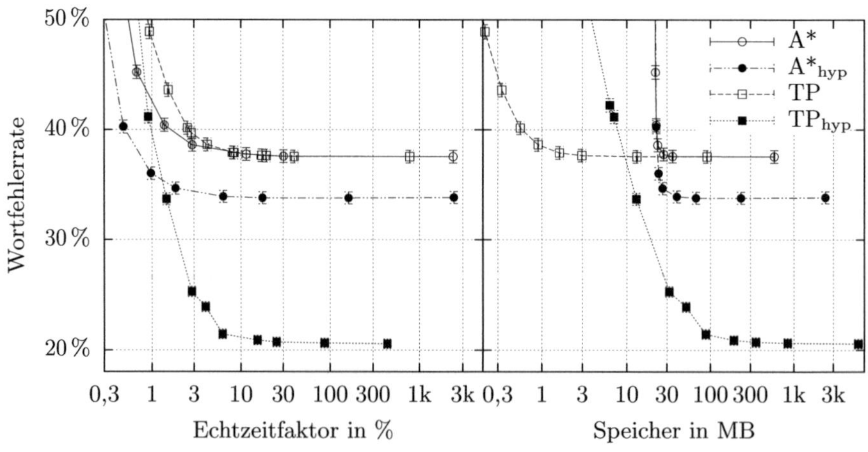

Abbildung 3.12.: Erkennungsleistung mit und ohne Hypothesennetzwerke

ante A*-Suche wie auch der Token-Passing-Dekoder verwendet. Für das Hypothesennetzwerk wurde eine Pruningschwelle von 50 gewählt. In der Darstellung ist zu sehen, dass im Fall des Token-Passing-Dekoders die Wortfehlerrate stark gesenkt werden kann. Dafür steigt der Speicherbedarf deutlich, der Echtzeitfaktor ändert sich hingegen kaum.

Für die A*-Suche fällt der Gewinn in der Erkennungsleistung viel geringer aus. Das ist mit der Liste geschlossener Suchzustände in diesem Suchverfahren zu begründen. Falls zwei Pfade an einem Suchzustand rekombiniert werden, der schon geschlossen ist, können die Pfade im Hypothesennetzwerk nicht mehr zusammengeführt werden, da der erste Pfad möglicherweise schon weitergeführt wurde. In diesem Fall muss der zweite Pfad im Hypothesennetzwerk verworfen werden. Dadurch ergeben sich viel kleinere Hypothesennetzwerke.

Die Abbildung 3.13 zeigt die Größe der Hypothesennetzwerke, die mit den beiden Suchverfahren entstehen. Die Anzahl der Zustände und Übergänge wurde auf die Länge der realen Wortfolge der jeweiligen Aufnahme normiert. Anschließend wurde dieses Verhältnis über alle Aufnahmen gemittelt. Wie bereits erläutert, sind die Hypothesennetzwerke der A*-Suche deutlich kleiner als die des Token-Passing. Außerdem hängt die Größe von der Pruningschwelle des Suchverfahrens ab. Die Variation dieser Schwelle führt genauso wie in der vorherigen Abbildung zu den verschiedenen dargestellten Echtzeitfaktoren.

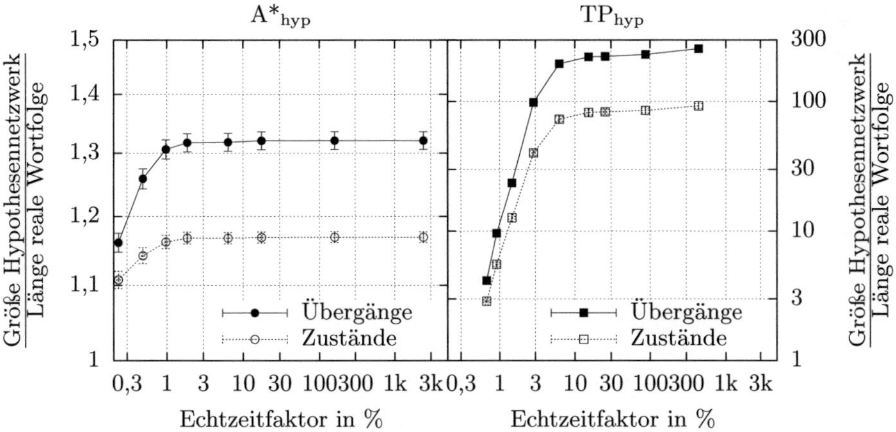

Abbildung 3.13.: Größe der Hypothesennetzwerke im Verhältnis zur Länge der realen Wortfolge

3.7. Abbildung von kontextfreien Grammatiken mit Automaten

Dieser Abschnitt stellt eine Erweiterung der gewichteten endlichen Automaten vor. Gewöhnliche endliche Automaten können ausschließlich reguläre Grammatiken der Chomsky-Hierarchie abbilden [Cho63]. Die allgemeineren Gruppen der kontextfreien, kontextsensitiven und rekursiv aufzählbaren Sprachen lassen sich nicht modellieren. Reguläre Grammatiken sind für die meisten Anwendungen der Mustererkennung ausreichend, allerdings gibt es einige reguläre Grammatiken, welche sehr viel kompakter durch eine kontextfreie Grammatik abgebildet werden könnten.

Die Abbildung 3.14 zeigt ein Beispiel für dieses Problem. Die einfache Grammatik besteht aus einer physikalischen Größe, einer gesprochenen Zahl und einer

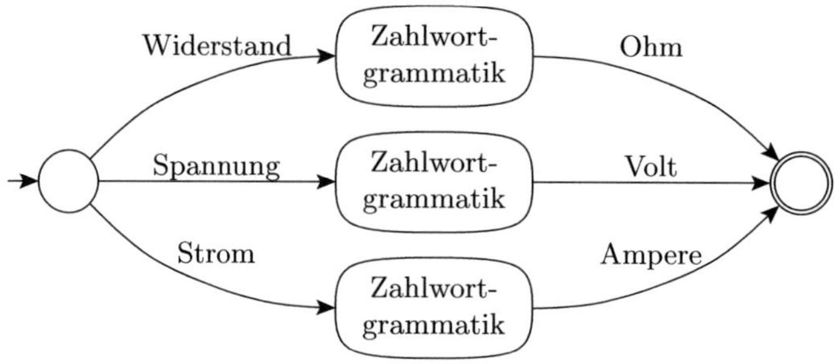

(a) Gewichteter endlicher Automat - große Variante (wfst^{L})

(b) Gewichteter endlicher Automat - kleine Variante (wfst^{S})

(c) Erweiterter gewichteter endlicher Automat (pwfst)

Abbildung 3.14.: Einfaches Beispiel für die Varianten der Grammatikmodelle mit elektrischen Größen passenden Einheit. Ein gültiges Kommando ist: *Widerstand dreihundertvierzig Ohm*. Um diese Grammatik mit gewöhnlichen endlichen Automaten zu modellieren, muss die Zahlwortgrammatik für jede physikalische Größe kopiert werden (siehe Abbildung 3.14(b)). Die Folge ist ein relativ großer Automat. Wenn nur eine Zahlwortgrammatik verwendet wird, geht der Zusammenhang zwischen Größe und Einheit verloren (Abbildung 3.14(a)). Eine ungültige Kombination zwischen Größe und Einheit ist als Erkennungsergebnis möglich. Beide Varianten sind nicht zufriedenstellend.

Im Folgenden wird eine Erweiterung von endlichen Automaten vorgestellt, welche die Modellierung von kontextfreien Grammatiken ermöglicht [Duc12b]. Im Beispiel kann die Grammatik sehr kompakt dargestellt werden, ohne dass der Zusammenhang zwischen Größe und Einheit verloren geht (Abbildung 3.14(c)). Weiterhin lassen sich bestimmte Anwendungen nur mit kontextfreien Grammatiken realisieren.

Parallel wurde von Cyril Allauzen und Michael Riley eine ähnliche Erweiterung entwickelt [All12]. Im Gegensatz zu den hier verwendeten Kellersymbolen werden spezielle Eingabesymbole eingefügt. Praktisch bieten beide Ansätze jedoch die gleichen Fähigkeiten zur Modellierung von Grammatiken.

Nun werden die Erweiterung sowie notwendige Änderungen bei der Suche vorgestellt. Anschließend werden verschiedene Varianten der Abbildung regulärer Grammatiken mit gewissen Einschränkungen, wie im obigen Beispiel, genauer betrachtet. Schließlich zeigen Experimente mit einem Spracherkenner auf einem digitalen Signalprozessor, dass die erweiterten Automaten effizienter bezüglich Rechenzeit und Speicherbedarf sind.

3.7.1. Erweiterung von gewichteten endlichen Automaten mit Kellersymbolen

Normalerweise werden Kellerautomaten verwendet, um kontextfreie Grammatiken zu modellieren [Aut97]. Die hier vorgestellte Erweiterung ähnelt einem Kellerautomaten. Dem im Abschnitt 2.1 definierten gewichteten endlichen Automaten wird ein Kelleralphabet $P^{\mathcal{A}^p} = \{\epsilon, p_1, p_{-1}, p_2, p_{-2}, \ldots\}$ hinzugefügt. In diesem Alphabet existiert zu jedem Kellersymbol p_n ein entgegengesetztes Symbol p_{-n}. Jeder Übergang $e = (z(e), x(e), y(e), p(e), w(e), z'(e)) \in E$ im Automaten trägt zusätzlich ein Kellersymbol $p(e)$. Die Menge der Übergänge ist demnach $E^{\mathcal{A}^p} \subseteq Z^{\mathcal{A}^p} \times X^{\mathcal{A}^p} \times Y^{\mathcal{A}^p} \times P^{\mathcal{A}^p} \times \mathbb{K} \times Z^{\mathcal{A}^p}$. Somit ist der erweiterte gewichtete endliche Automat (Pushdown weighted finite-state transducer – PWFST) wie folgt definiert.

$$\mathcal{A}^p = (Z, I, F, X, Y, P, S, E) \tag{3.65}$$

Die Kellersymbole der Übergänge beeinflussen die Gültigkeit von durchgehenden Pfaden im Automaten. Bestimmte Pfade sind nicht zulässig. Um dies zu Überprüfen ist ein Kellerspeicher notwendig. In diesen Speicher können Kellersymbole abgelegt werden. Zu jedem Zeitpunkt ist nur das oberste Symbol im Speicher nutzbar. Ein Pfad $U = (e_1, \ldots, e_K)$ wird überprüft, indem für jeden Übergang e_i eine der folgenden Aktionen in Abhängigkeit des Kellersymbols $p(e_i)$ ausgeführt wird.

- Falls das Kellersymbol $p(e_i) = p_n$ positiv ist $(n > 0)$, wird es zuoberst in dem Kellerspeicher abgelegt.
- Falls das Kellersymbol $p(e_i) = p_n$ negativ ist $(n < 0)$, muss das entsprechende positive Symbol zuoberst im Kellerspeicher sein. Dann wird es vom Kellerspeicher entfernt. Falls das oberste Symbol nicht passt oder der Speicher leer ist, kann der Übergang nicht benutzt werden. Der gesamte Pfad U ist ungültig. Das Gewicht des Pfades wird auf Null gesetzt: $w(U) = \overline{0}$.
- Ein Übergang mit leerem Kellersymbol $p(e_i) = \epsilon$ wird behandelt wie im gewöhnlichen endlichen Automaten.

Am Anfang jedes Pfades wird der Kellerspeicher leer initialisiert. Am Ende des Pfades muss er wieder leer sein. Andernfalls ist der Pfad ebenfalls ungültig ($w(U) = \overline{0}$). Die Tabelle 3.3 fasst alle Aktionen in Zusammenhang mit den Kellersymbolen zusammen. Das Verhalten ist dem des Kellerautomaten nachempfunden.

Kellersymbol am Übergang $p(e_i)$	Oberstes Symbol im Kellerspeicher	Aktion
p_n	unerheblich	p_n in Keller legen
p_{-n}	p_n	p_n aus Keller entfernen
p_{-n}	$\neq p_n$	Pfad ist ungültig ($w(U) = \overline{0}$)
ϵ	unerheblich	Standard
Der Kellerspeicher wird am Beginn jedes Pfades leer initialisiert. Er muss am Ende jedes Pfades wieder leer sein. (sonst $w(U) = \overline{0}$)		

Tabelle 3.3.: Aktionen durch Kellersymbole in der Sequenz der Übergänge eines Pfades $U = (e_1, \ldots, e_K)$

Das Verhalten lässt sich anhand der Abbildung 3.14(c) gut nachvollziehen. Im zweiten Zustand des Automaten befindet sich eines der Kellersymbole p_1, p_2 oder p_3 im Kellerspeicher, je nachdem welche physikalische Größe benutzt wurde. Nach der Zahlwortgrammatik muss jeweils die richtige Einheit verwendet werden, da das Kellersymbol am Übergang zu dem im Speicher passen muss.

Die Automatenoperationen Komposition, Determinierung, Minimierung, Epsilon-Elimination und Weitere sind auch auf die erweiterten Automaten anwendbar. Die Kellersymbole müssen wie gewöhnliche Ein- beziehungsweise Ausgabesymbole behandelt werden. Nur die Dekodierung oder ähnliche Operationen, die einzelne Pfade betrachten, werden von den Kellersymbolen beeinflusst.

3.7.2. Untersuchte Varianten der Grammatikmodelle

Im Weiteren sollen die erweiterten gewichteten endlichen Automaten mit den gewöhnlichen Automaten verglichen werden. Dabei können keine kontextfreien Grammatiken eingesetzt werden. Gewöhnliche Automaten sind nicht in der Lage sie abzubilden. Es wird die sehr einfache reguläre Grammatik aus der Abbildung 3.14 verwendet, bei der die Einheit zur physikalischen Größe passen soll. Diese Grammatik dient als Beispiel. Sie kann für viele Anwendungen mit ähnlichen Beschränkungen verallgemeinert werden. Wie in der Abbildung zu sehen, werden drei Varianten der Grammatikmodelle untersucht – zwei mit gewöhnlichen Automaten (WFST) und eine mit dem erweiterten Automaten (PWFST).

- **wfst$^{\mathbf{L}}$**: Diese Variante basiert auf gewöhnlichen Automaten (WFST) und implementiert die Grammatik wie gefordert. Aufgrund der Beschränkungen kann der entstehende Automat sehr groß werden. In dem Beispiel muss die Zahlwortgrammatik für jedes Paar aus physikalischer Größe und Einheit kopiert werden. Ein Kommandoerkenner auf Basis dieser Variante erkennt nur gültige Kommandos.

- **wfst$^{\mathbf{S}}$**: Dieser Variante basiert ebenfalls auf gewöhnlichen Automaten. Allerdings werden spezielle Beschränkungen ignoriert, wodurch der Automat deutlich kleiner im Vergleich zu wfst^{L} wird. Nachteilig ist, dass die modellierte Sprache des Automaten größer als die geforderte Grammatik ist. Ein Kommandoerkenner auf Basis dieser Variante kann ungültige Kommandos erkennen. Sie müssen von der Anwendung zurückgewiesen werden. Im Beispiel ist es möglich, dass das Erkennungsergebnis eine ungültige Kombination von Größe und Einheit ist.

- **pwfst**: Diese Variante basiert auf erweiterten Automaten (PWFST). Sie benutzt kontextfreie Regeln, um die speziellen Beschränkungen der Grammatik zu implementieren. Der Automat hat die gleiche Größe wie wfst^{S}, aber er modelliert die gleiche Sprache wie wfst^{L}. Im Beispiel sind nur gültige Kombinationen von Größe und Einheit möglich, da die Kellersymbole passen müssen. Allgemein ist diese Variante in der Lage sowohl reguläre Grammatiken effizient zu modellieren als auch kontextfreie Grammatiken abzubilden.

Die Tabelle 3.4 fasst die Eigenschaften der drei Varianten der Grammatikmodelle zusammen. Weiterhin ist angegeben, ob die jeweilige Eigenschaft im Allgemeinen positiv (+) oder negativ (-) ist.

Modell	wfst^{L}		wfst^{S}		pwfst	
Automatentyp	WFST		WFST		PWFST	
Grammatik wie verlangt	ja	(+)	nein	(-)	ja	(+)
Größe des Automaten	groß	(-)	klein	(+)	klein	(+)
Kontextfreie Grammatiken	nein	(-)	nein	(-)	ja	(+)
Ungültige Kommandos möglich	nein	(+)	ja	(-)	nein	(+)

Tabelle 3.4.: Eigenschaften der drei Grammatikmodelle

3.7.3. Anpassung der Dekodierung

Suchalgorithmen müssen angepasst werden, um mit den erweiterten Automaten arbeiten zu können. Die Anpassung ist für alle Algorithmen, welche die aktiven Zustände als Token speichern, gleich anwendbar. Jedes Token muss zusätzlich einen Kellerspeicher beinhalten. Wenn ein Token über einen Übergang expandiert wird, müssen die Aktionen aus dem Abschnitt 3.7.1 ausgeführt werden. Der wichtigste Unterschied zur gewöhnlichen Suche tritt beim Zusammenführen von Token auf. Wenn zwei Token den gleichen Zustand in dem Automaten erreichen, kann das Token mit dem schlechteren Gewicht gelöscht werden. Hier ist das nur möglich, wenn der Kellerspeicher beider Token den gleichen Inhalt hat. Andernfalls müssen beide Token weiter verfolgt werden. Diese Methode wird im Folgenden als „Vollständiges Dekodieren“ bezeichnet.

Anhand der untersuchten Varianten im vorherigen Abschnitt wird klar, dass der Suchraum der Varianten pwfst und wfst^{L} bei dieser Methode gleich ist. Das heißt, der Aufwand für die Suche wird gleich sein. Die zweite Methode, die hier vorgestellt werden soll, kombiniert Token unabhängig von deren Kellerspeicher. Diese Methode wird „Stack-Pruning“ genannt. Hier entspricht der Suchraum in etwa dem der Variante wfst^{S}. Der Aufwand der Suche wird deutlich kleiner sein als bei der Variante wfst^{L}. Bei der Stack-Pruning-Methode kann nicht garantiert werden, dass der beste Pfad bestimmt wird. Daher ist es eine besondere Methode des Prunings.

Die Abbildung 3.15 zeigt ein sehr kleines Beispiel. Die Tabelle 3.5 gibt eine Übersicht über die aktiven Token während der Suche in diesem Beispiel. Es wird zwischen den beiden eingeführten Methoden zur Dekodierung unterschieden. In diesem Beispiel ermittelt die Stack-Pruning-Methode nicht den besten Pfad, welcher die Symbolfolge „IZA“ und das Gewicht acht trägt. Der Grund liegt in der

Kombination der zwei Token im Zustand z_1, die das Symbol R und I tragen. Die Experimente im folgenden Abschnitt zeigen jedoch, dass der Effekt des Stack-Pruning gegenüber dem üblichen Beam-Pruning vernachlässigt werden kann.

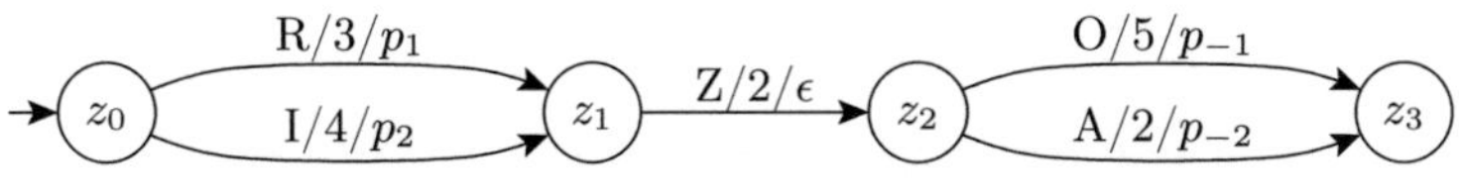

Abbildung 3.15.: Beispiel für die Dekodierung von PWFSTs (Übergänge sind mit Eingabesymbol/Gewicht/Kellersymbol bezeichnet - Eingabesymbole abgekürzt aus Abbildung 3.14(c))

Zustand	Aktive Token	
	Vollständiges Dekodieren	Stack-Pruning
z_0	$\{(\epsilon/0/\epsilon)\}$	$\{(\epsilon/0/\epsilon)\}$
z_1	$\{(\mathrm{R}/3/p_1), (\mathrm{I}/4/p_2)\}$	$\{(\mathrm{R}/3/p_1)\}$
z_2	$\{(\mathrm{RZ}/5/p_1), (\mathrm{IZ}/6/p_2)\}$	$\{(\mathrm{RZ}/5/p_1)\}$
z_3	$\{(\mathrm{IZA}/8/\epsilon)\}$	$\{(\mathrm{RZO}/10/\epsilon)\}$

Tabelle 3.5.: Aktive Token während der Dekodierung des Automaten in Abbildung 3.15 (Token sind angegeben als Eingabesymbolfolge/Pfadgewicht/aktueller Kellerspeicher)

3.7.4. Spracherkennung auf einem digitalen Signalprozessor

Die Idee für die vorgestellte Erweiterung ist im Rahmen eines Forschungsprojektes entstanden. Ziel des Projektes war es, ein hardwarebasiertes Sprachdialogsystem zu entwickeln, welches Spracherkennung und -synthese vereinigt. Es wurde zur Steuerung von Messgeräten eingesetzt. Das Projekt wird im Kapitel 4.1 detaillierter vorgestellt.

Die Erweiterung von endlichen Automaten für kontextfreie Grammatiken wurde verwendet, um die Kommandogrammatik für die Spracherkennung stark in der Größe zu verkleinern. Die Grammatik besteht aus einfachen Kommandos, welche bis zu zwei dreistellige gesprochene Zahlen mit einer Nachkommastelle enthalten können. Ihr liegt das Grundprinzip aus dem Beispiel in Abbildung 3.14 zugrunde. Alle drei Varianten des Grammatikmodells aus dem Abschnitt 3.7.2 wurden erzeugt. Erst durch die Erweiterung der Automaten war es möglich, die Anforderungen des digitalen Signalprozessors an Speicherbedarf und Rechenzeit für die Spracherkennung in vertretbarem Maße zu erfüllen.

Die folgenden Ergebnisse der Spracherkennung aus dem Projekt dienen dem Vergleich von gewöhnlichen und erweiterten endlichen Automaten. Sie basieren auf der im Anhang A.2 vorgestellten Datenbasis.

Die Tabelle 3.6 zeigt die Größe von Grammatik-Automat $\mathcal{G}$ und Erkennungsnetzwerk $\mathcal{R} = \mathcal{H} \circ \mathcal{L} \circ \mathcal{G}$ für die verschiedenen Varianten der Grammatikmodelle (siehe Abschnitt 3.7.2). Die Größe für die Varianten pwfst und wfst^{S} ist gleich. Im Vergleich zur Variante wfst^{L} reduziert sich die Automatengröße um mehr als 80 %.

		Modell	wfst^{L}	wfst^{S}	pwfst
Grammatik	$\mathcal{G}$	Zustände	172	25	25
		Übergänge	915	131	131
Erkennungs-netzwerk	$\mathcal{R}$	Zustände	7792	1331	1331
		Übergänge	16 675	2815	2815

Tabelle 3.6.: Größe von Grammatik und Erkennungsnetzwerk der betrachteten Modelle

In der Abbildung 3.16 werden Kommando- und Wortfehlerrate für die einzelnen Varianten verglichen. Dabei wurde auf Pruning der Suche verzichtet, um die minimal mögliche Fehlerrate mit den verschiedenen Automaten zu bestimmen. Die Wortfehlerrate berechnet sich aus der Levenshtein-Distanz [Lev65] zwischen der erkannten und der realen Wortfolge normiert auf die Länge der realen Folge. Die Kommandofehlerrate wird bestimmt durch das Verhältnis von falsch erkannten Kommandos und deren Gesamtanzahl.

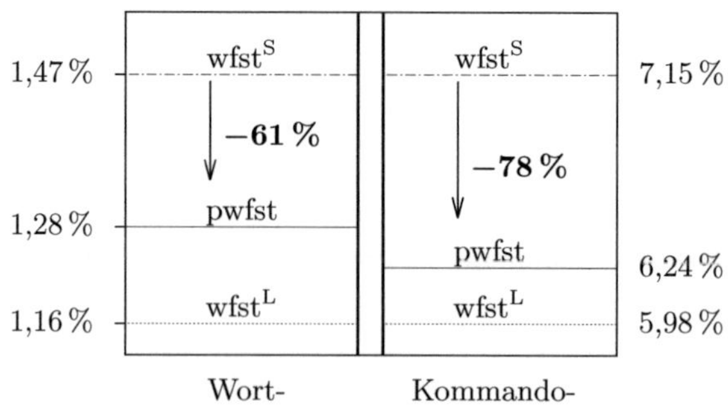

Abbildung 3.16.: Wort- und Kommandofehlerrate für die betrachteten Modelle ohne Pruning der Suche

Es ist zu sehen, dass die Fehlerrate für die Variante $wfst^L$ kleiner ist als die für $wfst^S$. Die Ursache dafür ist, dass die Variante $wfst^S$ potenziell ungültige Kommandos erkennen kann, falls das Gewicht besser ist. Die Grammatik der Variante $wfst^L$ hingegen zwingt den Erkenner ein gültiges Kommando zu benutzen, welches in einigen Fällen dem Referenzergebnis entspricht.

Die Fehlerrate der Variante pwfst mit der Methode des „Vollständigen Dekodierens“ würde der der Variante $wfst^L$ entsprechen. In der Abbildung sind die Fehlerraten für die Stack-Pruning-Methode dargestellt. Die Erkennungsleistung sinkt leicht durch diese Methode. Allerdings liegt die Fehlerrate dennoch deutlich unter der der Variante $wfst^S$, welche die gleiche Größe des Automaten aufweist. Insgesamt können 60 % der Wort- und nahezu 80 % der Kommandofehler kompensiert werden, welche durch die Reduktion der Automatengröße von $wfst^L$ zu $wfst^S$ entstehen.

Praktisch werden jedoch meist auch andere Pruningverfahren in der Suche verwendet, um die Erkennung zu beschleunigen. Speziell für einen Spracherkenner auf einem Signalprozessor ist es notwendig, nicht auf diesen Vorteil zu verzichten. Da der dabei eingestellte Schwellwert die Fehlerrate und die Rechenzeit beeinflusst, können beide nicht unabhängig voneinander betrachtet werden. In der Abbildung 3.17 ist die Kommandofehlerrate über dem Echtzeitfaktor dargestellt. Letzterer ergibt sich aus dem Verhältnis von Rechenzeit für die Suche und Signallänge. Das 90%-Konfidenzintervall berechnet sich analog zur Gleichung (2.53) im Abschnitt 2.2.5 mit einem Vorfaktor von 1.65 anstatt von 2.

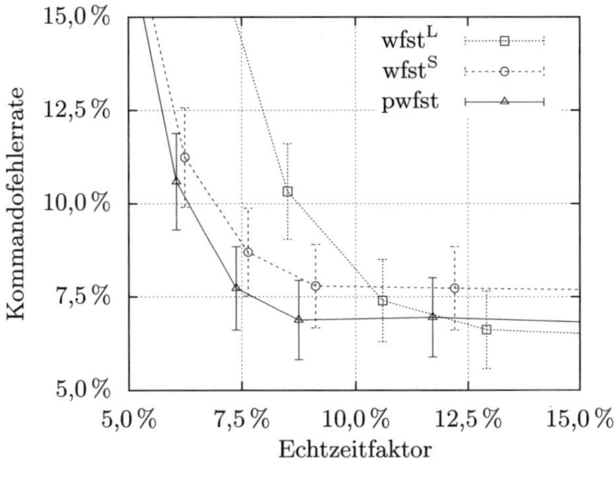

Abbildung 3.17.: Kommandofehlerrate über dem Echtzeitfaktor auf einem digitalen Signalprozessor

Die zeitvariante A*-Suche (Abschnitt 3.4) wurde zusammen mit dem zeitlichen Pruning eingesetzt. Für den erweiterten Automaten wurde wie bei der vorherigen Abbildung die Stack-Pruning-Methode verwendet. Die Suche wurde auf dem digitalen Signalprozessor TMS320C6727+ von Texas Instruments ausgeführt.

Obwohl die Variante $\mathrm{wfst}^{\mathrm{L}}$ die niedrigste Fehlerrate erreicht, steigt hier die Fehlerrate am schnellsten an, wenn das Pruning verstärkt wird. Die Fehlerrate des erweiterten Automaten pwfst dagegen verhält sich ähnlich wie bei der Variante $\mathrm{wfst}^{\mathrm{S}}$, allerdings bleibt sie für alle Punkte stets knapp darunter. Der Unterschied ist allerdings geringer als die Breiter der Konfidenzintervalle. Der erweiterte Automat liefert für dieses Experiment bei niedriger Rechenzeit die beste Erkennungsleistung.

3.7.5. Zusammenfassung

In diesem Abschnitt wurde eine Erweiterung der gewichteten endlichen Automaten vorgestellt. Sie ermöglicht die Modellierung von kontextfreien Grammatiken. Anhand von verschiedenen Varianten der Umsetzung einer einfachen regulären Grammatik konnte gezeigt werden, dass eine deutliche Größenreduktion möglich ist. Dabei kann auf die Aufhebung spezieller Beschränkungen der Grammatik verzichtet werden. Der Umfang der Sprache des Grammatikautomaten bleibt erhalten. Experimente zur Kommandoerkennung zeigen eine Steigerung der Effektivität bei der Variante mit dem erweiterten Automaten. Die Erweiterung hat das hardwarebasierte Sprachdialogsystem, welches im Kapitel 4.1 vorgestellt wird, erst möglich gemacht.

4. Anwendungen

Dieses Kapitel stellt zwei Anwendungen vor, in welchen einige der vorgestellten Verfahren und Algorithmen zur akustischen Mustererkennung mit gewichteten endlichen Automaten benutzt werden. Die erste Anwendung konzentriert sich auf die Spracherkennung mit sehr geringen Hardwareressourcen. Dabei kommen viele der eingeführten Optimierungen der Suche und des Suchraumes zum Einsatz. In einer weiteren Anwendung wird ein Verfahren zur Bestimmung der Konfidenz von automatisch erkannten Labels vorgestellt. Dieses eignet sich sowohl für Sprachsignale als auch für technische Signale. Das Beispiel aus der Kabelfehlerortung zeigt, wie dort die Erkennungsleistung des Fehlerabstandes verbessert werden kann.

4.1. Hardwarebasiertes Sprachdialogsystem

Im Rahmen des Projektes Sprachsteuerung für Mess- und Prüfgeräte wurde ein hardwarebasiertes Sprachdialogsystem erstellt [Duc09b, Str09, Duc09a, Duc10a]. Das Projekt wurde durch das VDI Technologiezentrum Düsseldorf und das Bundesministerium für Bildung und Forschung gefördert. Ziel des Projektes war es, ein Sprachsteuergerät in Form eines USB-Sticks zu entwerfen, welcher mit verschiedenen Mess- oder Prüfgeräten verbunden werden kann. Anschließend soll das Gerät über ein Headset, welches per Bluetooth mit dem USB-Stick kommuniziert, durch Sprachbefehle gesteuert werden können. Messwerte, Einstellungen oder Fehler sollen per Sprachsynthese über das Headset ausgegeben werden können. Die Abbildung 4.1 zeigt dies grafisch.

Das System muss mit begrenzten Hardwareressourcen auskommen, um die Anforderungen des USB-Standards zu erfüllen. Im Wesentlichen muss die am USB-Anschluss zur Verfügung stehende elektrische Leistung ausreichen, um das Gerät zu betreiben. Der Hardwareaufbau des Sprachdialogsystems teilt sich daher in zwei Blöcke. Zum einen wird als Hauptprozessor ein digitaler Signalprozessor benutzt (TMS320C6727+ von Texas Instruments). Dieser verfügt über Gleitkommarecheneinheiten sowie über 512 kB internen und 16 MB externen Speicher. Zum Import von Konfigurationsparametern und Modelldaten ist außerdem eine MikroSD-Karte angebunden. Der zweite Teil des Systems ist ein FPGA (Xilinx LCA Virtex4), welcher die Schnittstellen zum Headset (Bluetooth) und zum

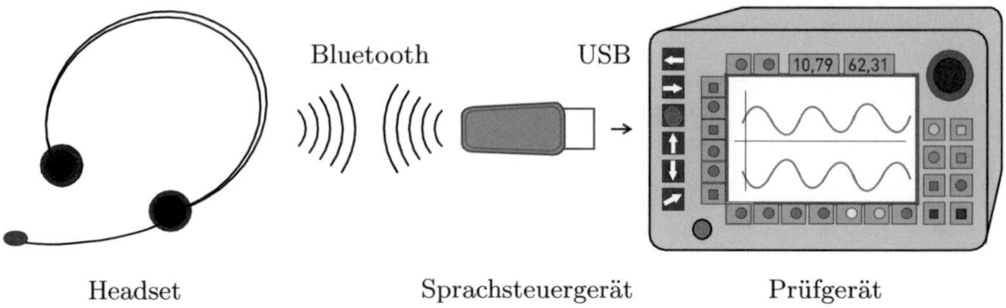

Abbildung 4.1.: Einsatz des Sprachdialogsystems (aus [Tsc08])

angekoppelten Prüfgerät (USB) steuert. Der FPGA soll zudem rechenintensive Algorithmen übernehmen, um den Signalprozessor zu entlasten und durch die zusätzliche Rechenkapazität eine höhere Qualität von Erkennung und Synthese zu erreichen.

Eine Besonderheit des Systems ist die Benutzung der gleichen Modelle für die Sprachsynthese, welche auch in der Spracherkennung eingesetzt werden. Das reduziert den benötigten Speicherplatz deutlich. Außerdem kann der Sprecher der Sprachsynthese einfach durch Austauschen einer Transformationsmatrix geändert werden. Im Folgenden wird sich diese Arbeit jedoch ausschließlich auf die Funktionsweise der integrierten Spracherkennung konzentrieren. Erst werden benutzte Verfahren und Algorithmen, welche in den vorherigen Kapiteln vorgestellt wurden, näher beleuchtet. Anschließend werden Evaluierungsergebnisse der Spracherkennung präsentiert.

4.1.1. Verwendete Verfahren

Die Spracherkennung soll einen vorgegebenen Kommandowortschatz erkennen können. Dieser Wortschatz umfasst neben einfachen Kommandos zur Steuerung des Messgerätes auch Eingaben von Parametern. Weiterhin soll der Spracherkenner sprecherunabhängig sein, das heißt, jeder Sprecher soll ihn ohne Adaption benutzen können.

Grammatik

Um Parameter an einem Messgerät einstellen zu können, müssen mehrstellige gesprochene Zahlen erkannt werden können. Weiterhin ist es wünschenswert, den Parameter, die Zahl und die Einheit in ein Kommando zu integrieren. Das führt zu einer ähnlichen Grammatikstruktur wie im Abschnitt 3.7 mit physikalischer

Größe, Zahl und Einheit vorgestellt. Damit auch für diese Anwendung eine Übereinstimmung zwischen dem Parameter und der Einheit gesichert werden kann ohne die Zahlwortgrammatik zu vervielfältigen, werden für die Grammatik die erweiterten gewichteten endlichen Automaten aus dem Abschnitt 3.7 eingesetzt. Im Abschnitt 3.7.4 (Tabelle 3.6) wurde schon mit Beispielen dieser Anwendung gezeigt, dass eine Reduktion der Automatengröße der Grammatik wie auch des Erkennungsnetzwerks um mehr als 80 % möglich ist. Die Messungen auf dem hier verwendeten Signalprozessor zeigen, dass mit dem erweiterten Automaten die beste Erkennungsleistung bei geringer Rechenzeit erreicht werden kann.

Außerdem gibt es in dem konkreten Anwendungsfall Kommandos, welche zwei Zahlen beinhalten. Zum Beispiel um den Beginn und die Dauer einer Messung festzulegen. Auch hier kann durch die Verwendung der erweiterten Automaten eine Verdopplung der Zahlwortgrammatik vermieden werden. Dabei wird die gleiche Zahlwortgrammatik verwendet und der Kontext dieser im Kellerspeicher gehalten. Die Abbildung 4.2 illustriert den Automat eines solchen Kommandos.

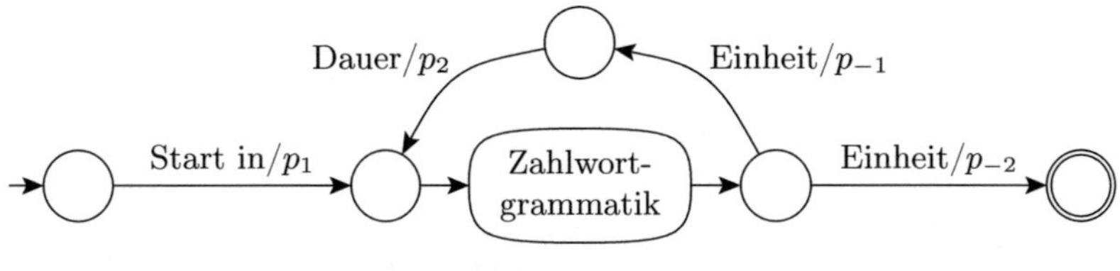

Abbildung 4.2.: Beispiel der Implementierung eines Kommandos mit zwei Zahlen durch Kellersymbole

Erkennungsnetzwerk

Ziel war die Entwicklung eines sprecherunabhängigen Spracherkenners, dessen Grammatik für andere Geräte leicht ausgetauscht werden kann. Daher wurden sprecherunabhängige Hidden-Markov-Modelle als Phonemmodelle verwendet. Die Zwischenschicht zwischen Grammatik und Phonemmodellen bildet ein Lexikon mit verschiedenen Aussprachevarianten für einzelne Wörter. Um die Rechenzeit auf dem Signalprozessor zu reduzieren, wurden diese drei Modelle vorher zu einem Erkennungsnetzwerk vereinigt. Es kam der Kompositionsalgorithmus mit dem universellen Epsilon-Filter zum Einsatz, welcher im Abschnitt 2.4 vorgestellt wurde. Das Erkennungsnetzwerk $\mathcal{R}$ wurde folgendermaßen aus den Phonemmodellen $\mathcal{H}$, dem Lexikon $\mathcal{L}$ und der Grammatik $\mathcal{G}$ erzeugt:

$$\mathcal{R} = (\mathcal{H} \circ \det(\mathcal{L})) \circ \mathcal{G} \quad (4.1)$$

Suche

Die Grammatik beinhaltet Kommandos, die bis zu zwei dreistellige Zahlen mit einer Nachkommastelle haben. Das führt zu einer sehr großen Anzahl möglicher Kommandos (mehr als 1 Million). Der Suchraum und damit auch der Aufwand für die Suche wächst entsprechend. Durch die Sprecherunabhängigkeit der Phonemmodelle wird der Suchraum ebenfalls größer. Um die gleiche Erkennungsleistung zu erreichen, wie bei einem Erkenner für einen Sprecher, sind Modelle mit mehr Parametern notwendig.

Zur Suche wurde der A*-Algorithmus eingesetzt, welcher in seiner zeitvarianten Form im Abschnitt 3.4 vorgestellt wurde. Um die Speicherplatz- und Rechenzeitanforderungen des Signalprozessors zu erfüllen, wurde das zeitliche Pruning in Kombination mit dem Warteschlangenpruning verwendet. Das Warteschlangenpruning ermöglicht, den benötigten dynamischen Speicher zu begrenzen. Das zeitliche Pruning hilft den Rechenbedarf zu reduzieren, da Suchzustände verworfen werden, welche voraussichtlich nicht zum Ergebnis führen.

4.1.2. Ergebnisse

Bei diesem Projekt wurde das Funktionsmuster in Abbildung 4.3 erstellt, welches anschließend ausführlich getestet wurde. Zum einen wurde ein Labortest mit aufgezeichneten Sprachsignalen durchgeführt. Außerdem wurde das Gerät bei einem Feldtest in verschiedenen Umgebungen live erprobt.

Abbildung 4.3.: Funktionsmuster Sprachdialogsystem (aus [Tsc14])

Labortest

Die wesentlichen Ergebnisse des Labortests sind in der Abbildung 4.4 dargestellt. Zur Evaluierung wurden die Sprachdaten aus einer im Rahmen des Projektes erstellten Datenbasis benutzt (siehe Anhang A.2). Es wurden beide Grammatiken verwendet, welche in der Datenbasis vorhanden sind. Sie wurden in einer Büroumgebung mit einem kabelgebundenen Headset von verschiedenen Sprechern aufgezeichnet. In der Abbildung 4.4 ist die Kommandofehlerrate über alle Sprecher wie auch pro Sprecher dargestellt. Bei der Gesamtdarstellung wird das Ergebnis vor und nach der Adaption gezeigt. Die Phonemmodelle wurden an das verwendete Headset und an die Grammatik adaptiert. Die 95%-Konfidenzintervalle wurden mit der Gleichung (2.53) bestimmt. In den Einzelergebnissen sind deutliche Unterschiede zwischen den verschiedenen Sprechern zu sehen.

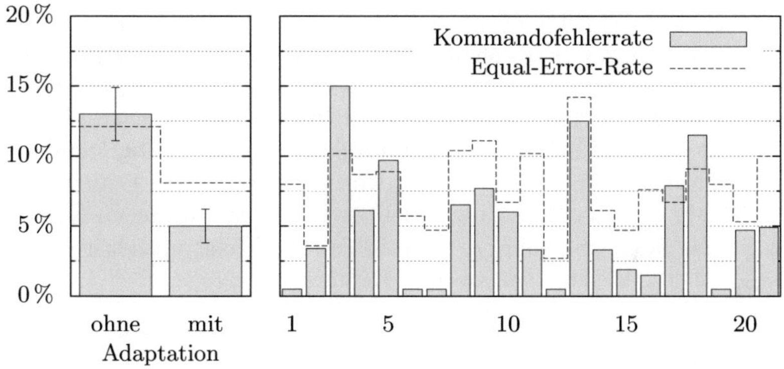

(a) Gesamt (b) pro Sprecher (mit Adapt.)

Abbildung 4.4.: Kommandofehlerrate und Equal-Error-Rate der Rückweisung

Das Sprachdialogsystem beinhaltet auch ein einfaches Verfahren zur Rückweisung von Fehlerkennungen. Die Abbildung zeigt die ermittelte Equal-Error-Rate der Rückweisung. Das ist der Wert, für den die Rate falscher Annahmen der Rate falscher Rückweisungen gleicht.

Feldtest

Wie oben schon angedeutet, wurde das fertige Funktionsmuster live in der Praxis von verschiedenen Sprechern in verschiedenen Umgebungen getestet. Die Umgebungen sind in Tabelle 4.1 aufgelistet. Sie reichen von einem ruhigen Büroraum bis hin zu einer lauten Werkhalle.

Abk.	Beschreibung
Büro	Büroraum
Auto	fahrendes Auto (gute und schlechte Straßen gemischt)
Kreuz	stark befahrene Kreuzung
Werk	Werkstatt mit CNC-Fräse (85-95 dB Störung)
Garg	Garage neben der Werkstatt
Neb	Nebenraum der Werkstatt (60-65 dB Störung)
NebX	Wie Neb, Sprecher mit Akzent

Tabelle 4.1.: Verwendete Umgebungen in den Feldtests

Das Gerät wurde den Sprechern mit einer nur kleinen Einführung in die möglichen Kommandos übergeben. Daher treten während der Benutzung sowohl Fehlerkennungen als auch Fehlbedienungen auf. Um dies auswerten zu können, wurden während des Einsatzes sowohl das Mikrofonsignal als auch die Protokolle des Spracherkenners aufgezeichnet. Daraus lässt sich das Erkennungsergebnis sowie die Segmentierung durch die Sprach-/Pausedetektion rekonstruieren. Wenn das Erkennungsergebnis nicht der Intention des Sprechers entspricht, kann das ganz unterschiedliche Gründe haben. Darum wurden verschiedene Fehlertypen definiert, welche in der Tabelle 4.2 dargestellt sind. Die gesprochenen Kommandos wurden jeweils zu einem Fehlertyp zugeordnet. Die Fehlertypen lassen sich grob in zwei Gruppen einteilen: System- und Benutzerfehler.

Abk.	Beschreibung
Systemfehler	
REC	Erkennungsfehler
REJ	Rückweisungsfehler
VAD	Sprach-/Pausedetektionsfehler
Benutzerfehler	
GAIN	Signalpegel zu gering
SHORT	Signallänge zu gering
JOIN	Keine Pause zwischen Kommandos
SEP	Zu große Pause innerhalb eines Kommandos
CMD	Kein gültiges Kommando
SLEEP	Kommando im Schlafmodus
OK	Erfolgreiche Erkennungen

Tabelle 4.2.: Kategorisierung der Fehler in den Feldtests

- **Systemfehler** Hier hat der Benutzer das Gerät korrekt bedient, aber das Erkennungsergebnis ist falsch. Grund dafür können Fehler in Segmentierung, Rückweisung von richtig erkannten Kommandos oder zu starke Störgeräusche sein.

- **Benutzerfehler** Hier hat der Benutzer das Gerät nicht korrekt bedient, was zu der Fehlerkennung führt. Gründe dafür liegen in Signalpegel oder -länge, Denkpausen im Kommando, keine Pause zwischen zwei Kommandos oder einem Kommando, welches nicht Teil der Grammatik ist.

In der Abbildung 4.5 sind die Ergebnisse für die unterschiedlichen Umgebungen dargestellt. Die 95%-Konfidenzintervalle wurden ebenfalls mit der Gleichung (2.53) bestimmt. Es ist zu sehen, dass der Erkenner in der Büroumgebung sehr gut funktioniert. Hier wird mit Blick auf die Systemfehler eine ähnliche Erkennungsleistung wie im Labortest erreicht. Je stärker die Störgeräusche sind, desto mehr wird die Erkennungsleistung beeinträchtigt. Häufig ist dies darauf zurückzuführen, dass die Sprach-/Pausedetektion nicht mehr zufriedenstellend arbeitet. Die Sprachabschnitte können nicht mehr sauber segmentiert werden. Daher kann die Spracherkennung keine gültigen Kommandos erkennen.

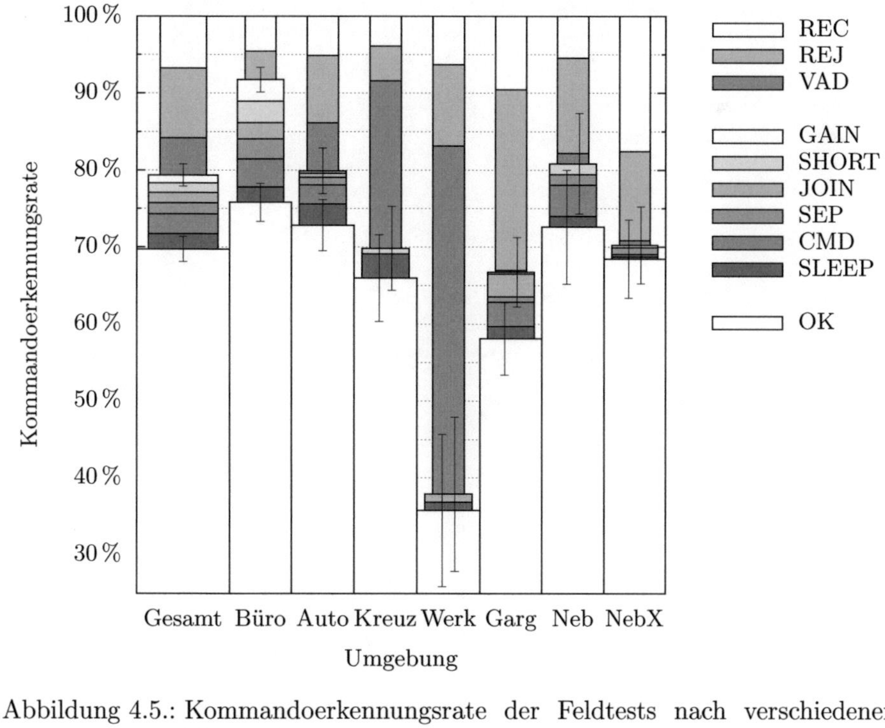

Abbildung 4.5.: Kommandoerkennungsrate der Feldtests nach verschiedenen Kategorien

Zusammenfassung

Durch den Einsatz verschiedener, in dieser Arbeit vorgestellten Verfahren, war es möglich, die Spracherkennung zusammen mit der Sprachsynthese auf einer ressourcenarmen Hardware zu implementieren. Es konnte gezeigt werden, dass das entstandene Funktionsmuster in der Praxis eingesetzt werden kann. Die integrierte Spracherkennung liefert eine akzeptable Erkennungsleistung in ruhiger Umgebung. Verbesserungen hinsichtlich Störgeräuschunterdrückung, Rückweisung und intuitivere Benutzerschnittstelle sind jedoch möglich und könnten die Benutzerakzeptanz deutlich steigern.

4.2. Konfidenz von automatischen Labels

Ein wichtiges Anwendungsgebiet der akustischen Mustererkennung ist die automatische Generierung von zeitlichen Markierungen. Das Ziel ist, den Zeitpunkt von bestimmten akustischen Ereignissen zu bestimmen oder die Grenze zwischen zwei akustisch unterschiedlichen Bereichen zu finden. In der Sprachverarbeitung wird dieses Verfahren benutzt, um große Sprachdatenbasen automatisch zu annotieren [Ker10]. Die manuelle Annotation ist hier sehr zeitaufwendig. Annotierte Sprachdatenbasen werden für Sprachsynthese und -erkennung gleichermaßen benötigt. Bei der Verarbeitung von technischen akustischen Signalen soll in vielen Fällen der Zeitpunkt von bestimmten Ereignissen detektiert werden [Wol07, Wit11]. Diese Markierungen werden häufig als Labels bezeichnet. Daher wird dieser Begriff auch hier verwendet werden.

Das Verfahren der automatischen Annotation ist jedoch nicht fehlerfrei. Die Genauigkeit der erzeugten Labels hängt davon ab, ob der verwendete Mustererkenner ausreichend trainiert ist sowie von der Unterscheidbarkeit der Ereignisse in den akustischen Signalen. Bei der Annotation von Sprachdatenbasen werden die automatisch erzeugten Labels deshalb häufig manuell korrigiert.

Dieser Abschnitt stellt ein Verfahren vor, welches die automatisch erzeugten Labels bezüglich ihrer Genauigkeit oder Korrektheit klassifiziert (siehe [Duc12a]). Dadurch können entweder für die manuelle Korrektur potenziell fehlerhafte Labels markiert werden oder fehlerhaft markierte Signale automatisch ausgesondert werden. Im Unterschied zu den meisten bisherigen Veröffentlichungen [Kom03, Ogb09, Lo10] wird die Position des Labels nicht optimiert, lediglich die Konfidenz der Labels wird durch Mustererkennung automatisch bestimmt. Dazu werden Ergebnisse der automatisch detektierten Position ausgewertet und Merkmale bestimmt. Diese dienen im zweiten Schritt der Klassifikation der Konfidenz des Labels.

4.2.1. Erzeugung automatischer Labels mit endlichen gewichteten Automaten als Mustererkenner

Das hier vorgestellte Verfahren basiert auf der akustischen Mustererkennung mit gewichteten endlichen Automaten (siehe Kapitel 2.1). Die automatische Annotation von Labels mit diesen Automaten läuft gewöhnlich folgendermaßen ab: Zuerst werden Modelle für die einzelnen Signalabschnitte, welche unterschieden werden sollen (in der Sprache zum Beispiel Phoneme), benötigt. Diese Modelle werden zum Beispiel in Form von Hidden-Markov-Modellen trainiert. Zu einem Signal, für welches die Folge von Modellen bekannt ist, können nun automatisch Labels erzeugt werden, indem die entsprechenden Modelle durch die Automatenoperation Produkt (siehe [Wol11]) verkettet werden. Im entstandenen Automaten wird unter der gegeben Merkmalvektorfolge der Pfad mit dem kleinsten Gewicht bestimmt. Anhand der zeitlichen Position der Übergänge von einem Modell in ein anderes werden die Labels als Grenzen der Signalabschnitte definiert. Labels sind dabei nur auf dem Raster der Fenster der Merkmalextraktion möglich. Bei Signalen, für welche die Folge von Modellen nicht bekannt ist, kann der kleensche Abschluss der Summe aller Modelle verwendet werden. In beiden Fällen wird somit die Folge von Labels erzeugt, welche mit den trainierten Modellen am besten übereinstimmt (im ersten Fall unter Berücksichtigung der bekannten Modellfolge). Abweichende Varianten werden nicht beachtet.

4.2.2. Bestimmung der Wahrscheinlichkeitsverteilung eines Labels

Die Bestimmung der Konfidenz eines Labels basiert auf der Wahrscheinlichkeitsverteilung dieses Labels. Diese Verteilung gibt an, wie wahrscheinlich sich das Label an einer bestimmten zeitlichen Position befindet. Sie wird unter Berücksichtigung der Merkmalvektorfolge $\vec{o}$ sowie des durch die trainierten Modelle erzeugten Automaten $\mathcal{A}$ geschätzt.

Die Wahrscheinlichkeitsverteilung eines Labels wird ermittelt, indem zu jedem Label nicht nur der Pfad mit dem kleinsten Gewicht durch den Automaten betrachtet wird, sondern zusätzlich eine bestimmte Anzahl von Pfaden der nächst größeren Gewichte. Pfade, welche das Label an die gleiche zeitliche Position setz-

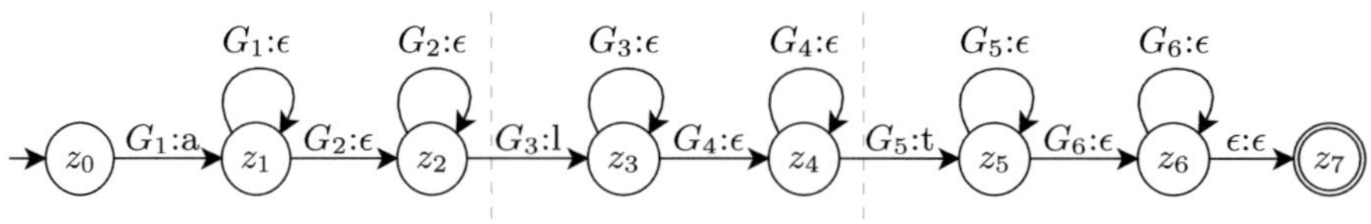

(a) Phonemerkennungsautomat

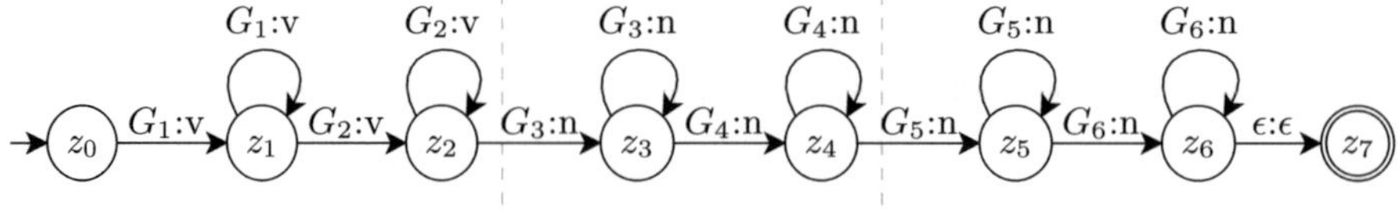

(b) Modifizierter Automat

Abbildung 4.6.: Beispiel für Modifikation zur Bestimmung der Wahrscheinlichkeitsverteilung des Übergangs vom Phonem *a* zu *l* in *alt* ten, werden dabei ignoriert. Um das zu erreichen, wird der Automat für jedes Label modifiziert. Die Ausgabesymbole des Automaten werden geändert, sodass der Automat zu jedem Zeitschritt genau ein Symbol ausgibt. Vor dem untersuchten Label wird immer das gleiche Symbol (v) ausgegeben und danach ebenfalls, jedoch ein anderes Symbol (n). Somit unterscheidet sich die Ausgabesymbolfolge eines Pfades genau dann, wenn das Label an eine andere zeitliche Position gesetzt wird. In der Abbildung 4.6 ist ein Beispiel für diese Modifikation dargestellt. Im geänderten Automaten wird nun nach den Pfaden mit dem geringsten Gewicht gesucht, welche sich aber in ihrer Ausgabesymbolfolge unterscheiden. Dies entspricht dem zweiten Suchziel im Abschnitt 3.1, welches zum Beispiel durch das Verfahren im Abschnitt 3.4.5 implementiert wird. Es ist natürlich auch möglich die Pfade aus einem Hypothesennetzwerk zu extrahieren (Abschnitt 3.6).

In der Tabelle 4.3 sind Beispiele für Gewichte von Pfaden für ein bestimmtes Label angegeben. Sie sind aufsteigend nach Gewicht $w(U_t)$ sortiert. Der Zeitpunkt t des Labels ist stets verschieden. Diese beiden Beispiele stammen aus der Kabelfehlerortung (siehe Abschnitt 4.2.4) und werden im Folgenden zur Erklärung des Verfahrens verwendet.

Beispiel 1				Beispiel 2			
Zeitpunkt t in ms	Pfadgewicht $w(U_t)$	Wahrscheinlichkeit $\tilde{p}(t)$	Wahrscheinlichkeit $\tilde{p}_{10}(t)$	Zeitpunkt t in ms	Pfadgewicht $w(U_t)$	Wahrscheinlichkeit $\tilde{p}(t)$	Wahrscheinlichkeit $\tilde{p}_{10}(t)$
2,5	3433,7	0,95	0,48	9,0	2602,2	0,77	0,085
2,0	3436,6	0,051	0,35	13,0	2603,7	0,17	0,073
1,5	3449,8	$9{,}0 \times 10^{-8}$	0,094	9,5	2605,1	0,041	0,063
3,0	3455,0	$5{,}3 \times 10^{-10}$	0,056	13,5	2606,6	$9{,}2 \times 10^{-3}$	0,055
1,0	3468,1	$1{,}1 \times 10^{-15}$	0,015	8,5	2607,1	$5{,}7 \times 10^{-3}$	0,052
0,5	3483,9	$1{,}4 \times 10^{-22}$	$3{,}1 \times 10^{-3}$	10,0	2608,0	$2{,}3 \times 10^{-3}$	0,048
0,0	3501,2	$4{,}6 \times 10^{-30}$	$5{,}6 \times 10^{-4}$	12,5	2608,6	$1{,}2 \times 10^{-3}$	0,045
3,5	3506,6	$2{,}1 \times 10^{-32}$	$3{,}2 \times 10^{-4}$	11,0	2608,7	$1{,}2 \times 10^{-3}$	0,044
...	...	...	...	...	...	...	...

Tabelle 4.3.: Beispiele für Gewichte von Pfaden für ein bestimmtes Label sowie deren geschätzte Wahrscheinlichkeiten

Zu jeder zeitlichen Position t des Labels gibt es genau eine Ausgabesymbolfolge y_t – Gleichung (4.2). Um eine Wahrscheinlichkeitsverteilung der Position des Labels zu erhalten, müsste nun die Emissionswahrscheinlichkeit dieser Ausgabesymbolfolge auf die Emissionswahrscheinlichkeit aller Ausgabesymbolfolgen normiert werden – Gleichung (4.3). Praktisch wird die Emissionswahrscheinlichkeit analog zur Viterbi-Approximation durch das Gewicht des besten Pfades der jeweiligen Ausgabesymbolfolge geschätzt. Damit ergibt sich die geschätzte Wahrscheinlichkeitsverteilung $\tilde{p}(t)$ – Gleichung (4.4). Die Verteilung ist diskret, da die Schätzung nur für die Position der Fenster der Merkmalextraktion möglich ist (im Beispiel mit Abstand 0,5 ms).

$$y_t = \bigoplus_{t'=0}^{T-1}{}_{\mathrm{str}} \begin{cases} \mathrm{v} & \text{für } t' <= t \\ \mathrm{n} & \text{für } t' > t \end{cases} \tag{4.2}$$

$$P(t|\mathcal{A},\vec{\mathbf{o}}) = \mathcal{A}(\vec{\mathbf{o}},y_t) \oslash \bigoplus_{y \in \mathbb{L}_y \mathcal{A}} \mathcal{A}(\vec{\mathbf{o}},y) \tag{4.3}$$

$$\tilde{p}(t) = w(U_t,\vec{\mathbf{o}}) \oslash \bigoplus_{n=0}^{N-1} w(U_n,\vec{\mathbf{o}},y) \quad \text{mit} \quad y(U_t) = y_t \tag{4.4}$$

Häufig entstammen die Pfadgewichte dem logarithmischen oder tropischen Halbring. In diesem Fall vereinfacht sich die Berechnung der Wahrscheinlichkeitsverteilung – Gleichung (4.5). Die praktische Anwendung hat gezeigt, dass der entstehende Dynamikbereich der geschätzten Wahrscheinlichkeiten unnatürlich groß ist. Daher wird der Parameter γ zur Regulierung des Dynamikbereiches eingeführt, Gleichung (4.6). Somit ergibt sich nun endgültig die geschätzte Wahrscheinlichkeitsverteilung des Labels zu $\tilde{p}_\gamma(t)$. Für $\gamma = 1$ gilt: $\tilde{p}_1(t) = \tilde{p}(t)$.

$$\tilde{p}(t) = \frac{\mathrm{e}^{-w(U_t)}}{\sum_{t_i} \mathrm{e}^{-w(U_{t_i})}} = \exp - \left(w(U_t) - \bigoplus_{t_i}{}_{\ln} w(U_{t_i}) \right) \tag{4.5}$$

$$\tilde{p}_\gamma(t) = \frac{\mathrm{e}^{-w(U_t)/\gamma}}{\sum_{t_i} \mathrm{e}^{-w(U_{t_i})/\gamma}} = \exp - \left(\frac{w(U_t)}{\gamma} - \bigoplus_{t_i}{}_{\ln} \frac{w(U_{t_i})}{\gamma} \right) \tag{4.6}$$

Für die beiden Beispiele in Tabelle 4.3 sind die entstehenden Wahrscheinlichkeitsverteilungen $\tilde{p}(t)$ und $\tilde{p}_{10}(t)$ für $\gamma = 10$ angegeben. Außerdem ist Letztere in der Abbildung 4.7 dargestellt. Man sieht, dass sich die Verteilungen hinsichtlich der Sicherheit der Position des Labels deutlich unterscheiden. Diese Sicherheit wird im Folgenden in Form der Konfidenz automatisch auf Grundlage der Wahrscheinlichkeitsverteilungen klassifiziert.

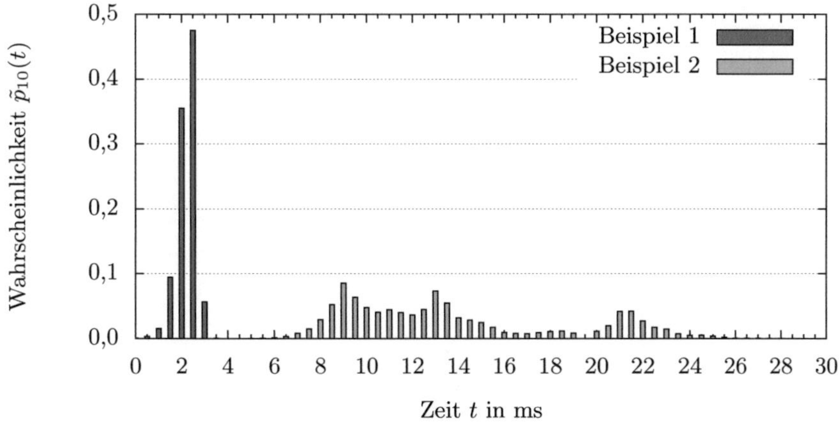

Abbildung 4.7.: Wahrscheinlichkeitsverteilungen der zeitlichen Positionen beider Beispiele

4.2.3. Konfidenzklassifikation

Auf Basis der Wahrscheinlichkeitsverteilung eines Labels soll nun die Sicherheit oder Konfidenz dieses Labels klassifiziert werden. Das heißt, es soll bestimmt werden, wie wahrscheinlich die automatisch detektierte Position des Labels korrekt ist. Dafür werden für die Wahrscheinlichkeitsverteilung verschiedene statistische Parameter bestimmt (siehe Tabelle 4.4), welche dann als Merkmale für einen Klassifikator in Form einer Supportvektormaschine (SVM) [Osu97] benutzt werden. Die SVM wird mit Daten trainiert, bei denen bekannt ist, ob die automatisch detektierte Position korrekt war oder nicht. Anschließend kann für unbekannte Daten eine Klassifikation durchgeführt werden.

Die Merkmale wurden bezüglich ihrer Relevanz für die Klassifikation der Konfidenz ausgewählt. Eine Verteilung, bei der die Sicherheit des Labels hoch ist, sollte folgende Eigenschaften haben:

- geringe Varianz (oder schmale Verteilung wie im Beispiel 1)
- großes Maximum (setzt sich gegenüber anderen Werten ab)
- hohe Kurtosis (steilgipflige Verteilung)
- geringe Schiefe (möglichst Symmetrie)
- geringe Entropie (Informationsgehalt als Quelle sollte klein sein)

	Merkmal		Berechnung	Werte für Beispiele	
1.	Varianz	=	$\mu_2^{(c)}(t)$	0,48	22,83
2.	Maximum	=	$\max(\tilde{p}_\gamma(t))$	0,17	0,08
3.	(Kurtosis)	=	$\mu_4(t)/\mu_2(t)^2$	1,12	1,50
4.	(Schiefe)	=	$\mu_3(t)/\mu_2(t)^{1,5}$	1,04	1,18
5.	Entropie	=	$-\sum_t \tilde{p}_\gamma(t) \log_2 \tilde{p}_\gamma(t)$	1,72	4,83

dezentraler k'ter-Moment:

$$\mu_k(t) = E(t^k) = \sum_t \tilde{p}_\gamma(t) \cdot t^k \;/\; \sum_t \tilde{p}_\gamma(t)$$

zentraler k'ter-Moment:

$$\mu_k^{(c)}(t) = E((t-\mu_1(t))^k) = \sum_t \tilde{p}_\gamma(t) \cdot (t-\mu_1(t))^k \;/\; \sum_t \tilde{p}_\gamma(t)$$

Tabelle 4.4.: Merkmale zur Konfidenz-Klassifikation mit den Werten für die beiden Beispiele aus den vorhergehenden Abschnitt

Bei der Kurtosis und auch bei der Schiefe haben Experimente gezeigt, dass die Klassifikationsleistung größer wird, wenn nicht die zentralen Momente verwendet werden. Deswegen folgt das dritte und vierte Merkmal nicht genau der Definition der Kurtosis beziehungsweise der Schiefe einer Verteilung. Es werden die dezentralen Momente zur Berechnung verwendet.

4.2.4. Anwendung in der Kabelfehlerortung

Gefördert durch:
Bundesministerium für Wirtschaft und Technologie
aufgrund eines Beschlusses des Deutschen Bundestages

Die Untersuchung dieses Anwendungsgebietes wurde durch die Zusammenarbeit mit der SebaKMT GmbH ermöglicht. Das Ziel der Kabelfehlerortung ist, die Positionsbestimmung von Kabeldefekten an erdverlegten Energieversorgungsleitungen [Wit11]. Es wird kurzzeitig eine hohe Spannung an das Kabel angelegt, sodass an der Fehlerstelle ein Überschlag auftritt. Die Entfernung zur Fehlerstelle wird dann anhand der zeitlichen Differenz von magnetischem und akustischem Impuls bestimmt.

Die Aufgabe der Mustererkennung ist dabei die Bestimmung des Zeitpunktes des Impulses im akustischen Signal. Je größer die Entfernung zur Fehlerstelle ist, desto geringer ist der Pegel des Impulses und desto stärker wird er von Störgeräuschen überlagert. Um die Position des Impulses automatisch zu detektieren, werden auf Basis von manuell annotierten Signalen Hidden-Markov-

Modelle trainiert. Die Klassifikationsleistung ist jedoch aufgrund der starken Störsignale bei großen Entfernungen nicht zufriedenstellend. Die automatisch klassifizierte Konfidenz der Impulsposition ermöglicht, fehlerhaft erkannte Impulspositionen zurückzuweisen und so die Klassifikationsleistung zu erhöhen. In der Abbildung 4.8 ist ein Beispiel für einen gestörten Impuls dargestellt. Die Darstellung umfasst das akustische Signal, dessen Spektrum sowie die manuelle Annotation der Impulsposition.

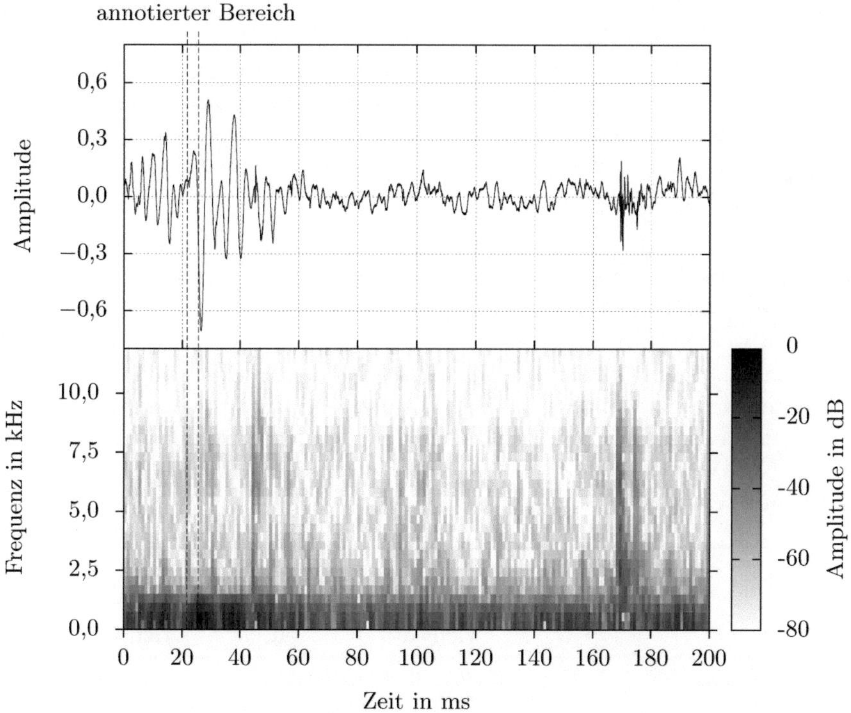

Abbildung 4.8.: Beispiel für einen gering gestörten Impuls in der Kabelfehlerortung bei Abstand von 5 m

In der untersuchten Anwendung wurden insgesamt 4877 Aufnahmen von akustischen Signalen von sechs verschiedenen Kabelfehlern verwendet (siehe Anhang A.5). Die Aufnahmen wurden in 14 verschiedenen Entfernungen durchgeführt. Die maximale Entfernung betrug 15 m. Alle Aufnahmen sind so geschnitten, dass sie mit dem Eintreffen des magnetischen Impulses beginnen. Durch Kreuzvalidierung wurde unter Auslassung je eines Kabelfehlers ein Erkenner für die Impulsposition trainiert. Anschließend wurden die Daten des Kabelfehlers evaluiert, welcher nicht im Training verwendet wurde.

In der Abbildung 4.9 sind die Histogramme der erkannten Impulsposition bei unterschiedlichen Abständen für einen Kabelfehler dargestellt. Je größer die Entfernung zum Kabelfehler ist, desto größer muss auch der Abstand zwischen magnetischem und akustischem Impuls werden. An der Gesamthöhe der Balken im Histogramm sieht man, dass mit steigender Entfernung die erkannten Impulspositionen größer werden, jedoch werden auch immer mehr Impulse an offensichtlich falschen Positionen erkannt.

Die Färbung der Histogrammbalken in der Abbildung 4.9 stellt das Ergebnis der Konfidenzklassifikation dar. Der verwendete SVM-Klassifikator wurde mit den zwei Klassen „zurückgewiesen“ und „akzeptiert“ trainiert. Ein Impuls wurde, je nach dem ob er im manuell annotierten Bereich erkannt wurde oder nicht, einer der beiden Klassen zugeordnet. Bei der Evaluierung wurden die Impulse, welche nahe der Trenngerade der SVM lagen in die Klasse „unentschieden“ eingeteilt.

Die Tabelle 4.5 zeigt, dass die Erkennungsrate der Mustererkennung ohne Konfidenzklassifikation in der Kabelfehlerortung für die benutzen Daten nur bei 36,9 % liegt. Indem nur die Impulse betrachtet werden, welche von der Konfidenzklassifikation akzeptiert werden, kann die Erkennungsrate auf 60,1 % gesteigert werden. Dabei werden allerdings mehr als zwei Drittel der Messungen aussortiert. Wenn man die Impulse betrachtet, für welche die Konfidenzklassifikation korrekt war, also entweder akzeptierte richtig erkannte oder zurückgewiesene falsch erkannte Impulse, kommt man auf eine Erkennungsrate der Konfidenzklassifikation von 70,2 %. Es wurden jeweils die 95%-Konfidenzintervalle nach Gleichung (2.53) im Abschnitt 2.2.5 angegeben.

		Impulserkennung			
		relativ		absolut	
		richtig	falsch	richtig	falsch
ohne Konfidenz		**36,9 %** ±1,4 %	63,1 % ±1,4 %	1802	3075
Konfidenz-ergebnis	akzeptiert	**60,1 %** ±2,4 %	39,9 % ±2,4 %	1036	689
	zurückgewiesen	24,3 % ±1,5 %	75,7 % ±1,5 %	766	2386
Konfidenz-erkennungsrate	korrekt	**70,2 %** ±1,3 %		3422	
	falsch	29,8 % ±1,3 %		1455	

Tabelle 4.5.: Ergebnisse der Konfidenzklassifikation in der Kabelfehlerortung

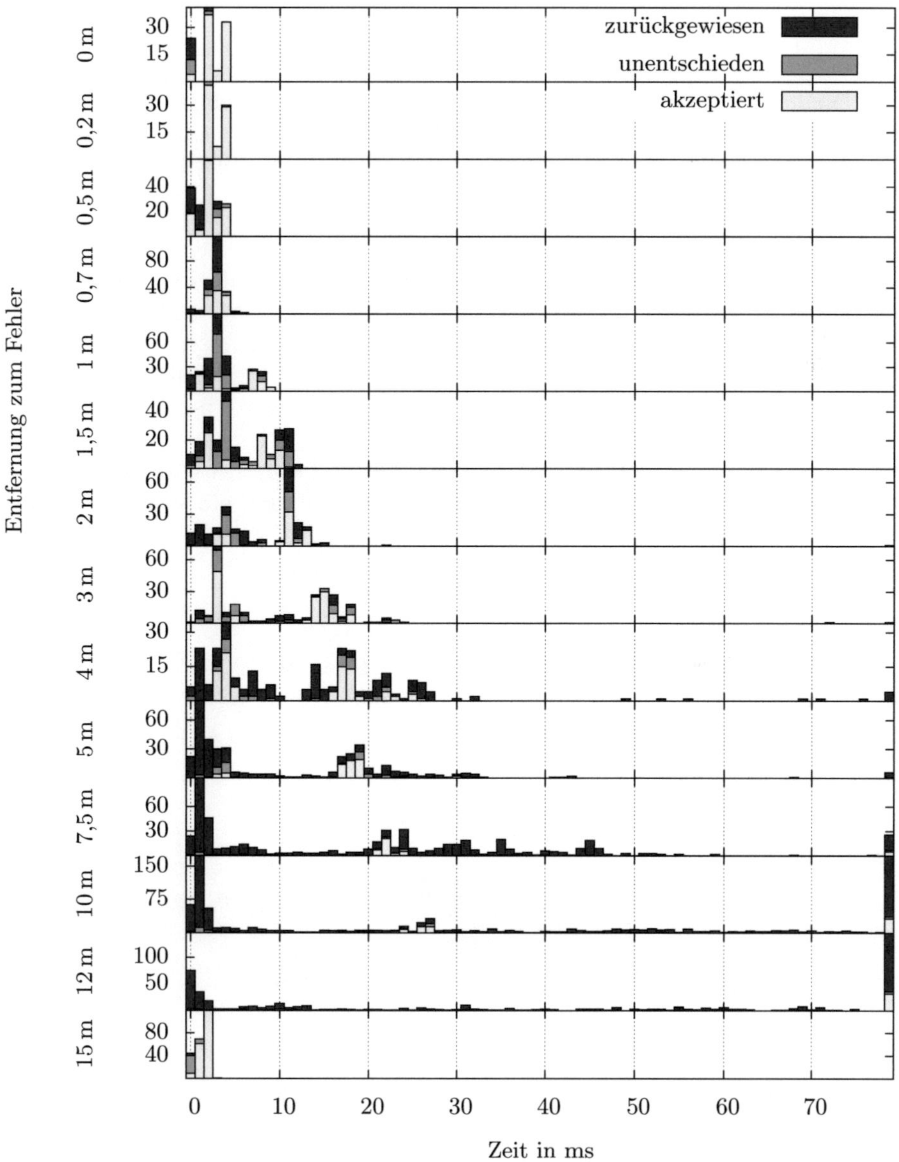

Abbildung 4.9.: Histogramm der erkannten Impulsposition für die Kabelfehlerortung bei verschiedenen Abständen zur Fehlerstelle. Die Färbung der Histogrammbalken stellt das Ergebnis der Konfidenzklassifikation dar.

4.2.5. Anwendung in der automatischen Phonemmarkierung von Sprachsignalen

Ein zweites Anwendungsgebiet des hier vorgestellten Verfahrens findet sich in der Phonemmarkierung von Sprachsignalen. Dabei werden zu einem Sprachsignal mit bekannter Folge von Phonemen die Grenzen dieser Phoneme gesucht. Ziel der Konfidenzbestimmung ist die Angabe, ob eine automatisch gefundene Grenze korrekt ist.

In der Abbildung 4.10 ist das Signal des Wortes „reliable“ dargestellt. Oberhalb des Signals sind die manuell markierten und unterhalb die automatisch markierten Grenzen der Phoneme zu sehen. Letztere können bedingt durch die Fensterung während der Merkmalextraktion nur in einem festen Raster liegen (5ms). Neben den automatischen Grenzen ist deren Wahrscheinlichkeitsverteilung $\tilde{p}_{10}(t)$ dargestellt, berechnet nach dem Verfahren im Abschnitt 4.2.2. Es wird deutlich, dass bei richtig erkannten Grenzen (zwischen I→l und zwischen b→l=) die Verteilung deutlich spitzgipfliger ist als bei falsch erkannten Grenzen (zwischen Anfang→r und zwischen aI→@). Daher kann die Wahrscheinlichkeitsverteilung zu einer großen Hilfe bei der manuellen Korrektur automatischer Grenzen werden.

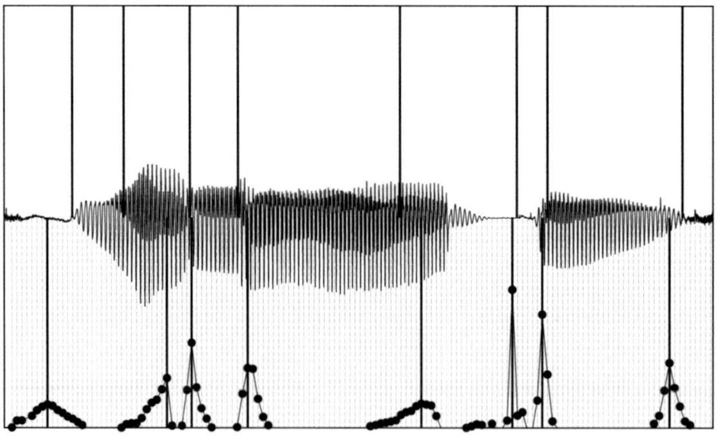

Abbildung 4.10.: Beispiel von Wahrscheinlichkeitsverteilungen von Phonemmarkierungen in Sprachsignalen (Wort: reliable)

Zur Klassifikation der Konfidenz werden zu jeder Phonemgrenze die in Tabelle 4.4 angegebenen Merkmale bestimmt. Außerdem werden je fünf Werte vor und nach dem Maximum der Verteilung ebenfalls als Merkmale verwendet. Auf Basis dieser Merkmale wird mit einem Teil der Daten ein SVM Klassifikator trainiert, welcher zwischen richtig und falsch erkannten Phonemgrenzen unterscheiden soll. Grenzen werden als richtig eingestuft, falls der Abstand zur manuellen Referenz kleiner als 20ms ist. Für die Experimente wurde die Laura-Datenbasis mit nur einem Sprecher verwendet (Anhang A.4). Es wurden ausschließlich manuell markierte Dateien benutzt. Zur Aufteilung der verwendeten Daten siehe Tabelle 4.6.

Verwendung	Signallänge	Anzahl Sätze	Anzahl Phoneme
Training der Phonemmodelle	116 min	476	69 980
Training des Konfidenzklassifikators	52 min	601	23 949
Evaluierung des Konfidenzklassifikators	44 min	500	19 969

Tabelle 4.6.: Aufteilung der verwendeten Daten zur Konfidenzklassifikation von Phonemmarkierungen

Die Tabelle 4.7 zeigt die Ergebnisse der Konfidenzklassifikation mit 95%-Konfidenzintervallen. Die Evaluierungsdaten enthalten 19 469 Phonemgrenzen, von denen ohne Konfidenz 82,6 % richtig erkannt wurden (Abstand kleiner als 20 ms). Durch die Konfidenzklassifikation wurden von allen Grenzen 62,4 % akzeptiert. Die Erkennungsrate innerhalb dieser Untermenge liegt mit 93,5 % deutlich über 82,6 %. Bei der Kabelfehlerortung konnten zurückgewiesene Messungen wiederholt werden. Das ist hier nicht möglich. Allerdings kann die manuelle Korrektur der Grenzen auf die zurückgewiesenen beschränkt werden, was hier 35,8 % betreffen würde. Darunter sind mit 63,0 % auch viele richtig erkannte Grenzen, daher liegt die gesamte Erkennungsrate der Konfidenzklassifikation bei nur 73,2 %.

		Automatische Phonemgrenzenerkennung			
		relativ		absolut	
		richtig	falsch	richtig	falsch
ohne Konfidenz		**82,6 %** ±0,5 %	17,4 % ±0,5 %	16 078	3391
Konfidenz-ergebnis	akzeptiert	**93,5 %** ±0,4 %	6,5 % ±0,4 %	11 680	812
	zurückgewiesen	63,0 % ±1,2 %	37,0 % ±1,2 %	4398	2579
Konfidenz-erkennungsrate	korrekt	**73,2 %** ±0,6 %		14 259	
	falsch	26,8 % ±0,6 %		5210	

Tabelle 4.7.: Ergebnis der Konfidenzklassifikation bei Sprachsignalen

4.2.6. Zusammenfassung

In diesem Abschnitt wurde ein Verfahren vorgestellt, welches für automatisch erzeugte Markierungen Wahrscheinlichkeitsverteilungen der zeitlichen Position berechnen kann. Auf Basis dieser Verteilungen ist es möglich, die Konfidenz der Markierung automatisch zu klassifizieren. Die Anwendung dieses Verfahrens in der Kabelfehlerortung zeigt, dass es möglich ist, fehlerhafte Messungen zu detektieren und durch deren Ausschluss die Erkennungsleistung zu steigern. Die manuelle Korrektur von automatisch gesetzten Phonemgrenzen wird durch die Wahrscheinlichkeitsverteilung der Grenzen und auch durch die Konfidenzklassifikation erleichtert.

5. Zusammenfassung und Ausblick

Ziel der Mustererkennung ist es, unbekannte Objekte in bekannte Klassen einzuordnen. Dadurch ergibt sich ein Erkenntnisgewinn für die Objekte. Häufig werden Objektfolgen betrachtet, dabei soll möglichst die Folge von Klassen gewählt werden, die den Objekten am ähnlichsten ist. Quantifiziert wird die Ähnlichkeit durch statistische Modelle der Klassen sowie deren Abfolge. Kernaufgabe der Mustererkennung ist somit, die wahrscheinlichste Modellfolge für die beobachtete Objektfolge zu bestimmen. Das wird durch Suchverfahren realisiert.

Die vorliegende Arbeit beschäftigt sich mit der Optimierung des Suchraumes dieser Verfahren in der akustischen Mustererkennung. Der Suchraum ist die Menge aller möglichen Erkennungsergebnisse. Die akustische Mustererkennung kennzeichnet sich dadurch aus, dass sie sich auf Objekte in Form von akustischen Ereignissen beschränkt. Sie verarbeitet akustische Signale, die diese Ereignisse enthalten.

Diese Arbeit besteht aus zwei Hauptteilen: Der Optimierung des Suchraumes sowie der Optimierung von Suchverfahren. Im ersten Teil werden verbesserte Verfahren zur Erstellung und Kombination von Modellen vorgestellt. Diese Verfahren erzeugen den Suchraum. Wünschenswert ist ein möglichst kompakter Suchraum, um die Rechenzeit und den Speicherbedarf der Suche zu verringern. Weiterhin ist der quantitative Abstand verschiedener Ergebnisse im Suchraum entscheidend für den Aufwand der Suche. Je näher verschiedene Ergebnisse beieinanderliegen, desto mehr Alternativen müssen betrachtet werden. Im zweiten Teil der Arbeit werden Verfahren zur Suche vorgestellt und miteinander verglichen. Anschließend folgt ein Kapitel, welches zwei Anwendungen der akustischen Mustererkennung vorstellt.

Es werden ausschließlich Modelle in Form von gewichteten endlichen Automaten betrachtet. Der Vorteil solcher Modelle ist, dass sie auf allen Ebenen der Sprach- oder Mustererkennung eingesetzt werden können – zum Beispiel in der phonetischen, der lexikalischen und der syntaktischen Ebene bei der Spracherkennung. Es können die gleichen Verfahren und Algorithmen auf verschiedenen Ebenen benutzt werden. Optimierungen und Erweiterungen der eingesetzten Verfahren wirken sich unmittelbar an verschiedenen Stellen aus.

Die Abbildung 5.1 greift den prinzipiellen Ablauf der Spracherkennung mit gewichteten endlichen Automaten aus der Einleitung (Abbildung 1.2) wieder auf. Sie gibt einen Überblick über die in dieser Arbeit betrachteten Verfahren. Alle Verfahren wurden in Form der Kapitelnummer an dem betreffenden Block eingezeichnet. Ein Stern kennzeichnet neuartige oder erweitere Verfahren.

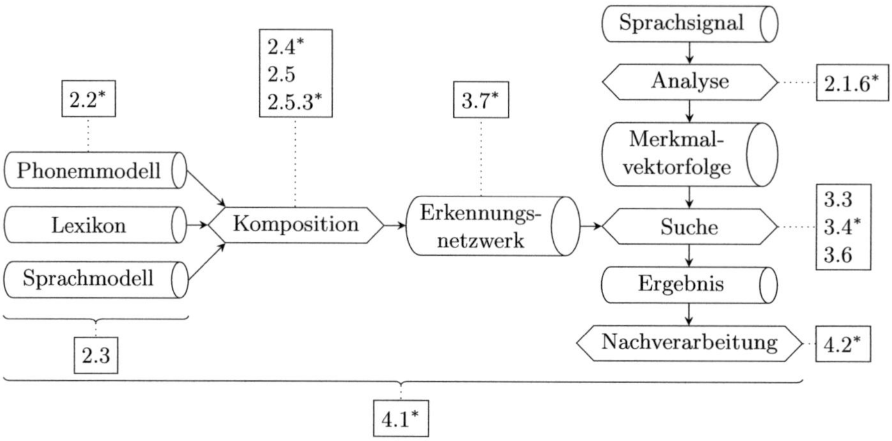

Abbildung 5.1.: Betrachtete Verfahren in der Spracherkennung
Kapitelnummer mit Stern – neuer Ansatz

Innerhalb der Arbeit wurden folgende **neue Verfahren** entwickelt beziehungsweise erstmals mit gewichteten endlichen Automaten umgesetzt:

- 2.2* Mischverteilungen als gewichtete endliche Automaten

  Mischverteilungen, welche wesentliche Bestandteile von Hidden-Markov-Modellen sind, wurden hier ebenfalls durch gewichtete endliche Automaten modelliert. Es wurden verschiedene Möglichkeiten zur Modellierung des zeitlichen Kontextes einzelner Verteilungen innerhalb der Mischverteilungen vorgestellt und verglichen.

- 2.5.3* „Faule“ Minimierung

  Die „faule“ Minimierung ist ein weiteres Verfahren zur Reduktion der Größe des Automaten. Durch die lokale Arbeitsweise ist das Verfahren sehr ressourcensparend. Im Gegensatz zu Verfahren wie Epsilon-Eliminierung, Determinierung und Anderen, welche auch lokal arbeiten können, ist die Größenreduktion hier das Hauptziel und kein Nebeneffekt. Eine Minimierung mit lokaler Arbeitsweise ist zum Beispiel in openfst [Ope13] bisher nicht implementiert. Nachteilig ist, dass hier nicht immer die geringst mögliche Zustandsanzahl erreicht wird, wie bei der gewöhnlichen Minimierung.

- 3.4* Zeitvariante A*-Suche

  Die A*-Suche ist ein Suchverfahren, welches optimal effizient bezüglich der Anzahl der zu expandierenden Zustände ist. Sie wird jedoch in der Mustererkennung bisher kaum eingesetzt. Speziell für gewichtete Automaten gibt es bisher keine Realisierung. Im Rahmen dieser Arbeit wurde eine Variante erstellt, welche mit zeitvarianten Gewichten umgehen kann, sodass sie sich für die akustische Mustererkennung eignet. Weiterhin wurden speziell für diese zeitvariante A*-Suche verschiedene Heuristiken und Pruningverfahren entwickelt und untersucht.

- 4.2* Konfidenz von automatischen Labels

  Ein neues Verfahren zur Anwendung der akustischen Mustererkennung ist die Bestimmung der Konfidenz von automatischen Labels. Dieses Verfahren ermöglicht es, automatisch erzeugte Markierungen hinsichtlich ihrer Sicherheit oder Güte zu klassifizieren. Zu jedem Label wird eine Wahrscheinlichkeitsverteilung der Position dieses Labels bestimmt. Anhand des zeitlichen Verlaufes dieser Verteilung kann manuell oder mit einem weiteren Klassifikator die Sicherheit der Position bestimmt werden. Dadurch wird das manuelle Korrigieren automatischer Labels erleichtert. Andererseits können auch Fehlerkennungen identifiziert werden. Dies wurde am Beispiel der Kabelfehlerortung verdeutlicht.

Neben diesen neuen Verfahren wurden an einigen weiteren Methoden **Erweiterungen und Optimierungen** durchgeführt:

- 2.1.6* Effiziente Berechnung der logarithmischen Addition

  Zur Berechnung der logarithmischen Addition, welche im logarithmischen Halbring benötigt wird, wurde eine effiziente Approximation vorgestellt. Sie eignet sich besonders zur hardwarenahen Implementierung, da auf die Operationen Exponentierung und Logarithmierung verzichtet wird.

- 2.4* Komposition mit neuem, universellem Epsilon-Filter

  Die Komposition von Automaten ist eine wichtige Operation zur Vereinigung von verschiedenen Modellen. Zur Behandlung leerer Übergänge in den Automaten ist ein Epsilon-Filter notwendig. Bisher werden zwei verschiedene Filter eingesetzt (anpassender und sequenzieller). Beide haben Vor- und Nachteile je nach Struktur der leeren Übergänge. Der neue, universelle Epsilon-Filter vereint die Vorteile von beiden herkömmlichen Filtern.

- 3.7* Abbildung von kontextfreien Grammatiken mit Automaten

  Gewöhnliche gewichtete endliche Automaten sind nicht in der Lage kontextfreie Grammatiken abzubilden. Bei den restriktiveren regulären Grammatiken können jedoch im Vergleich zu kontextfreien Grammatiken sehr große Automaten entstehen. Außerdem gibt es auch Grammatiken, die sich in regulärer Form nicht darstellen lassen. In dieser Arbeit wurde eine Erweiterung der endlichen Automaten vorgestellt, welche die Abbildung von kontextfreien Grammatiken ermöglicht. Sie ist an das Prinzip der Kellerautomaten angelehnt.

Weiterhin wurden viele **Evaluierungen** durchgeführt und **Anwendungen** vorgestellt. Einige davon sollen hier hervorgehoben werden:

- 3.5 Ressourcenbedarf verschiedener Suchverfahren

  Die synchronen Suchverfahren wie auch die zeitvariante A*-Suche wurden hinsichtlich ihres Speicher- und Rechenbedarfs verglichen. Dabei wurden verschiedene Pruningverfahren eingesetzt. Die untersuchten Anwendungen reichen von der freien Phonemerkennung über die Kommandoerkennung bis zur fließenden Spracherkennung. Neben den eigenen Implementierungen im Experimentiersystem UASR wurden die Ergebnisse mit der Erkennungsleistung des frei verfügbaren Erkenners juicer [Idi13] verglichen.

- 4.1* Hardwarebasiertes Sprachdialogsystem

  Viele der hier vorgestellten Verfahren wurden in einem hardwarebasierten Sprachdialogsystem eingesetzt. Dieses System soll für verschiedene Mess- und Prüfgeräte eine Sprachsteuerung zur Verfügung stellen. Im Rahmen des Projekts wurde eine Spracherkennung in Form eines Kommandoerkenners zusammen mit einer Sprachsynthese implementiert. Als Hardware diente eine Kombination aus einem digitalen Signalprozessor und einem FPGA. Ziel des Projektes war ein System, welches in einen USB-Stick integriert werden kann. Daher müssen die Spracherkennung und auch die Sprachsynthese mit sehr geringen Ressourcen auskommen, was durch die hier optimierten Verfahren ermöglicht wurde.

Abschließend sind folgende **bekannte Verfahren** zu nennen, welche hier an das Experimentiersystem UASR angepasst und implementiert beziehungsweise im Rahmen dieser Arbeit zur Vollständigkeit vorgestellt wurden.

- 2.3 Modelle in der Spracherkennung als Automaten
  (Phonem-Kontext-Modelle, Lexikon- und Sprachmodelle)

- 2.5 Determinierung und Minimierung von Automaten

- 3.3 Synchrone Suchverfahren
  (Dynamische Programmierung und Token-Passing)

- 3.6 Erzeugung von Hypothesennetzwerken mit Automaten

Ausblick

Bei komplexen Verfahren ist es häufig nicht möglich, die algorithmische Optimalität in allen gewünschten Punkten zu erreichen. Daher gibt es stets Spielraum für weitere Optimierungen. Dies trifft auch auf die meisten Optimierungen dieser Arbeit zu. Die Besonderheit von Verfahren in der Mustererkennung liegt in einer ausgewogenen Balance zwischen Komplexität der Modelle, Erkennungsleistung sowie Speicher- und Rechenbedarf. Optimierungen an einer Stelle ziehen häufig Einschränkungen an anderen Stellen nach sich.

Dennoch sollen zum Abschluss dieser Arbeit folgende Punkte herausgestellt werden, welche vorrangig Raum für weitere Forschung und Entwicklung bieten:

- Die Integration von Mischverteilungen in gewichtete Automaten durch Betrachtung der Normalverteilungen als Eingabesymbole (Kapitel 2.2) lässt sich weiterentwickeln, indem auch die Normalverteilungen in den Automaten integriert werden und Merkmalvektoren direkt als Eingabesymbole betrachtet werden (siehe [Tsc12, Wol13]).
- Die Verfahren der Minimierung und Determinierung wurden in dieser Arbeit in einer bekannten Form vorgestellt. Hier ist sicher noch Raum für weitere effiziente und schnelle Methoden, die im Gegensatz zur „faulen Minimierung“ (Abschnitt 2.5.3) nicht lokal arbeiten.
- Für die zeitvariante A*-Suche wurden hier nur Heuristiken vorgestellt, welche entweder das zeitvariante oder das zeitinvariante Restgewicht schätzen (Abschnitt 3.4.3). Eine Heuristik, welche gleichzeitig zeitvariante und zeitinvariante Gewichte berücksichtigt, könnte die Anzahl der zu betrachtenden Suchzustände weiter verringern. Damit würde der Rechen- und Speicherbedarf der Suche sinken.
- Die Evaluierung der zeitvarianten A*-Suche hat gezeigt, dass das Warteschlangenpruning bei der Kommandoerkennung deutlich schlechtere Ergebnisse liefert als die anderen Puningverfahren. Bei der fließenden Spracherkennung wurde sogar mehr Rechenzeit benötigt als ohne Pruning. Eine effizientere Implementierung der Warteschlange könnte hier Abhilfe schaffen. Die hier vorgeschlagene Implementierung als Heap erlaubt sehr effizientes Einfügen und Entfernen von Suchzuständen. Leider kann aber nur der beste Suchzustand schnell gefunden werden. Daher muss zum Warteschlangenpruning ein Teil der Warteschlange nach Suchzuständen mit schlechtem Gewicht durchsucht werden.
- In dieser Arbeit wurde eine Erweiterung der gewichteten endlichen Automaten vorgestellt, welche es ermöglicht kontextfreie Grammatiken abzubilden (Kapitel 3.7). Zur Dekodierung wurden zwei Verfahren vorgeschlagen,

von denen eines vollständig, aber nicht effizient ist. Das zweite Verfahren ist zwar effizient, aber nicht vollständig. Möglicherweise kann ein weiteres Verfahren dem Ressourcenbedarf des Zweiten nahe kommen, ohne die Vollständigkeit aufzugeben.

- Weiterhin wäre es für bestimmte Anwendungen wünschenswert, einen allgemeinen Algorithmus zur äquivalenten Konvertierung eines erweiterten Automaten in einen gewöhnlichen Automaten zu entwickeln. Der Algorithmus müsste auch überprüfen, ob diese Konvertierung möglich ist. Für spezielle Anwendungen wurde die Konvertierung bereits manuell durch Komposition durchgeführt (siehe Abschnitt 3.5.4).

- Das im Kapitel 4.1 vorgestellte hardwarebasierte Sprachdialogsystem könnte zu einem hardwarebasierten Mustererkennungssystem erweitert werden. So ein System wäre sehr vielfältig einsetzbar, überall wo kein PC zur Verfügung steht oder die Anforderungen der Betriebssicherheit ihn nicht zulassen, zum Beispiel zur dezentralen Überwachung von Bauteilen oder zur Erfassung von Daten bestimmter seltener Ereignisse.

- Das vorgestellte Verfahren zur Konfidenz von automatischen Labels (Kapitel 4.2) bietet Raum für weitere Experimente. Auch die Anwendung auf andere technische Signale dürfte die Erkennungsqualität des Mustererkennungssystems deutlich steigern.

A. Verwendete Datenbasen

A.1. Verbmobil

Grundlage vieler Experimente zur Sprache, die in dieser Arbeit durchgeführt wurden, ist die Datenbasis Verbmobil. Es ist eine Datenbasis spontansprachlicher Äußerungen, welche zur Entwicklung von automatischen Übersetzungsprogrammen zwischen verschiedenen Sprachen aufgezeichnet wurde [Fin97, Bub96, Wah00]. Hier wird der deutschsprachige Teil dieser Datenbasis verwendet. Er besteht im Wesentlichen aus Dialogen zur Terminabsprache. Die Größe der verwendeten Datenbasis sowie deren Datensets ist in Tabelle A.1 angegeben.

Datensets	**Gesamt**	**Training**	**Test**	**Statistik**	**Entw.**
Untermenge von				Training	
Signallänge	51:53 h	46:16 h	2:32 h	1:52 h	2:55 h
Anzahl Äußerungen	26 842	24 397	1223	1000	1222
Anzahl Dialoge	1020	924	126	530	125
Anzahl Sprecher	799	707	45	421	48
Signalformat	16 bit / 16 kHz / Mono				

Tabelle A.1.: Größe der Datenbasis Verbmobil sowie deren Datensets

Die Datenbasis verfügt über automatisch erzeugte Phonemgrenzen für alle Äußerungen, welche manuell korrigiert wurden. Sie wird daher im Rahmen dieser Arbeit zum Training und zur Evaluierung von Phonemmodellen eingesetzt. Für alle Experimente wird eine 30-kanalige Mel-Filterbank zur Merkmalextraktion benutzt. Nach der Erweiterung um dynamische Merkmale und Reduktion durch Hauptkomponentenanalyse bleiben 24-dimensionale Merkmalvektoren übrig. Insgesamt wurden 43 monophone Hidden-Markov-Modelle erzeugt (inklusive einem Pause- und einem Störgeräuschmodell). Jedes Modell hat drei emittierende Zustände und, wenn nicht anders angegeben, acht Normalverteilungen pro emittierendem Zustand. Die Normalverteilungen wurden mit vollständigen Kovarianzmatrizen trainiert.

A.2. SSMG

Zur Evaluierung des hardwarebasierten Sprachdialogsystems, welches im Abschnitt 4.1 vorgestellt wird, wurde eine Sprachdatenbasis aufgezeichnet. Sie beinhaltet deutsche Kommandos, welche die Sprechern vorgelesen haben. Die Aufnahmen wurden in einer Büroumgebung durchgeführt. Die Sprache wurde parallel durch drei Mikrofone aufgenommen:

- Headset Sennheiser PC151 (Am Kopf des Sprechers, Mikrofon vor Mund)
- Headset Sennheiser PC31 (50 cm Abstand zum Sprecher)
- Bluetooth-Headset Sennheiser VMX100 (Am Ohr des Sprechers)

Im Rahmen dieser Arbeit werden ausschließlich die Signale des ersten Mikrofons verwendet, da die Signalqualität am höchsten ist. Die aufgezeichneten Kommandos entstammen den beiden Grammatiken in Tabelle A.2. Das gesamte Lexikon umfasst 73 Wörter. Durch die enthaltenen Zahlen, welche bis zu dreistellig mit einer Nachkommastelle sein können, ergeben sich neun Millionen mögliche Kommandos. Als Grundlage des Spracherkenners wurden die Verbmobil-Phonemmodelle verwendet (siehe Anhang A.1).

Grammatik	**Samurai**	**Myuse**
Kommandotypen	14	13
Wörter im Lexikon	56	69
Zahlen pro Kommando	maximal 2	maximal 1
Anzahl der Einheiten	3	12

Tabelle A.2.: Grammatiken der SSMG Datenbasis

Die Tabelle A.3 zeigt Umfang und Format der aufgezeichneten Daten. Die Kommandos der beiden Grammatiken überlappen sich leicht. Es wurden einige Äußerungen aufgezeichnet, die keiner Grammatik angehören (Out of Vocabulary).

Datensets	**Gesamt**	**Samurai**			**OOV**
			Myuse		
Signallänge	3:29 h	1:15 h	0:08 h	1:58 h	0:09 h
Anzahl Kommandos	3149	1161	147	1663	178
Anzahl Sprecher	21 (15 männliche, 6 weibliche)				
Kommandos pro Sprecher	~ 150				
Signalformat	16 bit / 16 kHz / Mono				

Tabelle A.3.: Umfang Datenbasis SSMG

A.3. Jugendschutz

Gefördert durch:
Bundesministerium für Wirtschaft und Technologie
aufgrund eines Beschlusses des Deutschen Bundestages

Die Datenbasis Jugendschutz wurde im Rahmen des Projektes Jugendschutz 3.0 – Entwicklung innovativer Technologien zur Erkennung von jugendgefährdenden Inhalten im Internet – erstellt. Aufgabe des Instituts für Akustik und Sprachkommunikation war es, eine Spracherkennung für Audio- und Videoinhalte im Internet zur Verfügung zu stellen. Diese sollte sich auf eine feste inhaltliche Domäne beschränken. Die Ergebnisse der Spracherkennung werden durch die Projektpartner zur Erkennung jugendgefährdender Inhalte weiterverarbeitet. Dem kommt die Möglichkeit entgegen, große Hypothesennetzwerke zu erzeugen, da so deutlich mehr Information an die weitere Verarbeitung übergeben werden kann. Hier wurde das im Abschnitt 3.6 vorgestellte Verfahren eingesetzt.

Zur Adaption der phonetischen Modelle und zur Evaluierung des Spracherkenners wurde eine Sprachdatenbasis aufgezeichnet. Sie besteht aus vorgelesenen Sätzen, welche der gewählten Domäne entstammen. In dieser Arbeit wird die Sprachdatenbasis zur Evaluierung eines Spracherkenners für fließende Sprache benutzt. Allerdings handelt es sich aufgrund der Beschränkung auf die Domäne um einen Spracherkenner mit einem verhältnismäßig kleinen Vokabular und Sprachmodell. Dennoch sollte die Evaluierung der Suchverfahren Aufschluss darüber geben können, ob diese für die Erkennung fließender Sprache mehr oder weniger geeignet sind. Die Tabelle A.4 gibt einen Überblick über die verwendeten Daten.

Sprachmodell	
Vokabulargröße	3054 Wörter
Trainingsdaten	1520 Äußerungen
	15 930 Wörter
Evaluierungsdaten	
Signallänge	5:57 h
Anzahl Äußerungen	1672
Anzahl Sprecher	20 (11 männliche, 9 weibliche)
Signalformat	16 bit / 16 kHz / Mono

Tabelle A.4.: Größe Datenbasis Jugendschutz

A.4. Laura

Die Datenbasis Laura wurde ursprünglich zur Sprachsynthese aufgezeichnet. Ein Vorteil dieser Datenbasis ist der große Umfang von manuell phonemmarkierten Daten. Im Rahmen dieser Arbeit wurde ausschließlich dieser Teil der Datenbasis zur Evaluierung des Verfahrens im Kapitel 4.2 verwendet. Die Signale umfassen englische Sprache einer professionellen weiblichen Sprecherin. Eine Übersicht über den Umfang der benutzten Daten findet sich in Tabelle A.5. Auf Basis des Datensets zum Training wurden 46 Phonemmodelle sowie ein Pausenmodell erzeugt. Jedes Modell hat fünf emittierende Zustände.

Datensets	Gesamt	Training	Test
Signallänge	3:32 h	1:56 h	1:36 h
Anzahl Äußerungen	1577	476	1101
Anzahl Phoneme	113 898	69 980	43 918

Tabelle A.5.: Umfang manuell phonemmarkierter Daten aus Datenbasis Laura

A.5. Kabelfehlerortung

Zur technischen Anwendung des Verfahrens zur Konfidenz von automatischen Labels wurde die Datenbasis der Kabelfehlerortung verwendet. Diese wurde während des Projektes aufgezeichnet, welches im Abschnitt 4.2.4 beschrieben wird. Insgesamt wurden hier die Aufnahmen von sechs verschiedenen Kabelfehlern betrachtet. Dabei wurden nur Aufnahmen mit Bodenkopplung durch den Dreifuß berücksichtigt, da hier die Erkennungsleistung besser war als bei den anderen Optionen. Zur Erkennung wurde ein 200 ms langer Abschnitt des akustischen Signals benutzt, welcher mit dem Eintreffen des magnetischen Impulses beginnt. Die Tabelle A.6 gibt einen Überblick über Umfang und Format der verwendeten Aufzeichnungen.

Fehler	R1		R2		R3	R4	B1	B2		
Tag	1.	2.	1.	2.	–	–	–	1.	2.	
Entf.	Anzahl Aufnahmen									Gesamt
0 m	24	–	–	–	40	41	38	43	–	186
0,25 m	–	–	–	–	38	42	39	56	–	175
0,5 m	22	–	20	21	35	41	42	51	–	232
0,75 m	–	44	–	–	42	39	39	56	56	276
1 m	23	43	21	22	42	42	40	57	56	346
1,5 m	25	44	21	21	41	42	38	28	28	288
2 m	22	42	22	24	42	42	41	28	28	291
3 m	46	46	43	33	42	41	39	–	–	290
4 m	47	44	43	42	86	42	42	28	28	402
5 m	47	44	43	40	86	86	106	28	28	508
7,5 m	89	100	108	81	171	86	101	–	–	736
10 m	200	195	297	156	191	86	173	–	–	1308
12,5 m	407	–	–	–	–	94	173	–	–	501
15 m	235	–	–	73	–	–	173	–	–	308
Gesamt	1187	602	618	513	856	734	738	375	224	5847
Signalformat: 16 bit / 96 kHz / Mono										

Tabelle A.6.: Umfang Datenbasis Kabelfehlerortung

B. Formelzeichenverzeichnis

Operatoren

$\oplus$	Additionsoperation im Halbring	9
$\oplus_{\ln}$	Logarithmische Addition	9
$\hat{\oplus}_{\ln}$	Approximation der logarithmischen Addition	13
$\oplus_{\mathrm{str}}$	Längstes gemeinsames Präfix	9
$\otimes$	Multiplikationsoperation im Halbring	9
$\overline{>}$	Größer-als-Operation im Halbring	9
$\overline{<}$	Kleiner-als-Operation im Halbring	9
$\otimes_{\mathrm{str}}$	Verkettung	9
lmin	'Faule' Minimierung eines Automaten	60
$LL(U)$	Likelihood eines Weges	130
$\mathbb{L}_x(\mathcal{A})$	Eingabesprache eines Automaten	12
$\mathbb{L}_y(\mathcal{A})$	Ausgabesprache eines Automaten	12
$\mu_k(t)$	dezentraler k'ter Moment von $\tilde{p}_\gamma(t)$	132
$\mu_k^{(c)}(t)$	zentraler k'ter Moment von $\tilde{p}_\gamma(t)$	132
$\circ$	Komposition von Automaten	38
$\uplus$	Vereinigung von Multimengen	10
$w(e)$	Gewicht des Übergangs	10
$w(U)$	Gewicht des Weges	11
$x(e)$	Eingabesymbol des Übergangs	10
$x(U)$	Eingabesymbol des Weges	11
$y(e)$	Ausgabesymbol des Übergangs	10
$y(U)$	Ausgabesymbol des Weges	11
$z(e)$	Startzustand des Übergangs	10
$z'(e)$	Endzustand des Übergangs	10
$z(U)$	Startzustand des Weges	11
$z'(U)$	Endzustand des Weges	11

Symbole

$\overline{0}$	Neutrales Element der Addition im Halbring 9
$\overline{1}$	Neutrales Element der Multiplikation im Halbring 9
$\mathcal{A}$	Gewichteter endlicher Automat 10
$E^{\mathcal{A}}$	Multimenge der Übergänge des Automaten 10
$F^{\mathcal{A}}$	Menge der Schulsszustände des Automaten 10
$\mathcal{G}$	Menge der Normalverteilungen 17
G_i	Normalverteilung i 17
$I^{\mathcal{A}}$	Menge der Anfangszustände des Automaten 10
$\mathcal{M}$	Menge der Mischverteilungen 17
M_i	Mischverteilung i 17
μ_i	Mittelwertvektor der Normalverteilung G_i 17
$\vec{\mathbf{o}}$	Merkmalvektorfolge 17
$\vec{o}_k$	Merkmalvektor zum Zeitpunkt k 17
$\tilde{p}_\gamma(t)$	geschätzte Wk.-verteilung $\tilde{p}(t)$ mit Dynamikregulator γ 130
$\tilde{p}(t)$	geschätzte Wk.-verteilung einer automatischen Markierung.. 130
$S^{\mathcal{A}}$	Gewichtshalbring des Automaten 10
Σ_i	Kovarianzmatrix der Normalverteilung G_i 17
U	Weg im Automaten 11
$X^{\mathcal{A}}$	Eingabealphabet des Automaten 10
$Y^{\mathcal{A}}$	Ausgabealphabet des Automaten 10
$Z^{\mathcal{A}}$	Menge der Zustände des Automaten 10

C. Tabellenverzeichnis

D. Abbildungsverzeichnis

E. Algorithmenverzeichnis

F. Literaturverzeichnis

[Aho74] Alfred V. Aho, John E. Hopcroft und Jeffrey D. Ullman: *The Design and Analysis of Computer Algorithms.* Addison-Wesley Longman Publishing Co., Inc., Boston, MA, USA, 1974. [Seite 57]

[All03a] Cyril Allauzen und Mehryar Mohri: *Efficient algorithms for testing the twins property.* In Journal of Automata, Languages and Combinatorics, Band 8(2), Seiten 117–144, April 2003. [Seite 55]

[All03b] Cyril Allauzen und Mehryar Mohri: *Generalized optimization algorithm for speech recognition transducers.* In *Proceedings of IEEE International Conference on Acoustics, Speech, and Signal Processing 2003 (ICASSP '03)*, Band 1, Seiten 352–355, Hong Kong, China, April 2003. [Seite 50]

[All09] Cyril Allauzen, Michael Riley und Johan Schalkwyk: *A generalized composition algorithm for weighted finite-state transducers.* In *Proceedings of the 10th Annual Conference of the International Speech Communication Association (Interspeech 2009)*, Seiten 1203–1206, Brighton, United Kingdom, September 2009. [Seiten 37, 39]

[All12] Cyril Allauzen und Michael Riley: *A Pushdown Transducer Extension for the OpenFst Library.* In Nelma Moreira und Rogério Reis (Herausgeber): *Implementation and Application of Automata*, Band 7381 der Reihe *Lecture Notes in Computer Science*, Seiten 66–77. Springer, Berlin Heidelberg, 2012. [Seite 111]

[Aub00] Xavier L. Aubert: *A brief overview of decoding techniques for large vocabulary continuous speech recognition.* In *ISCA Tutorial and Research Workshop on Automatic Speech Recognition: Challenges for the new Millenium (ASR 2000)*, Paris, France, 2000. [Seite 67]

[Aub02] Xavier L. Aubert: *An overview of decoding techniques for large vocabulary continuous speech recognition.* In Computer Speech & Language, Band 16(1), Seiten 89–114, 2002. [Seite 67]

[Aut97] Jean-Michel Autebert, Jean Berstel und Luc Boasson: *Context-Free Languages and Pushdown Automata.* In A. Salomaa und G. Rozenberg (Herausgeber): *Handbook of Formal Languages*, Band 3, Seiten 111–174. Springer, 1997. [Seite 111]

[Bel57] Richard Bellmann: *Dynamic Programming.* Princeton University Press, Princeton, NJ, USA, 1957. Republished 2003: Dover, ISBN 0486428095. [Seiten 69, 72]

[Bel58] Richard Bellmann: *On a Routing Problem.* In Quarterly of Applied Mathematics, Band 16(1), Seiten 87–90, 1958. ISSN 0033-569X. [Seite 70]

[Ber79] Hans Berliner: *The B* tree search algorithm: A best-first proof procedure.* In Artificial Intelligence, Band 12(1), Seiten 23–40, 1979. [Seite 70]

[Brz62] Janusz A. Brzozowski: *Canonical regular expressions and minimal state graphs for definite events.* In *Mathematical Theory of Automata*, Band 12 der Reihe *MRI Symposia Series*, Seiten 529–561. 1962. [Seite 57]

[Bub96] Thomas Bub und Johannes Schwinn: *VERBMOBIL: the evolution of a complex large speech-to-speech translation system.* In *Proceedings of the 4th Internation Conference on Spoken Language Processing (ICSLP 1996)*, Band 4, Seiten 2371–2374, Philadelphia, PA, USA, Oktober 1996. [Seite 145]

[Cas06] Diamantino Caseiro und Isabel Trancoso: *A specialized on-the-fly algorithm for lexicon and language model composition.* In IEEE Transactions on Audio, Speech, and Language Processing, Band 14(4), Seiten 1281–1291, Juli 2006. [Seite 37]

[Che07] Octavian Cheng, John Dines und Mathew Magimai Doss: *A Generalized Dynamic Composition Algorithm of Weighted Finite State Transducers for Large Vocabulary Speech Recognition.* In *Proceedings of IEEE International Conference on Acoustics, Speech, and Signal Processing 2007 (ICASSP '07)*, Band 4, Seiten 345–348, Montreal, Quebec, Canada, April 2007. [Seite 37]

[Cho63] N. Chomsky und M. P. Schützenberger: *The Algebraic Theory of Context-Free Languages.* In P. Braffort und D. Hirschberg (Herausgeber): *Computer Programming and Formal Systems*, Band 35 der Reihe *Studies in Logic and the Foundations of Mathematics*, Seiten 118 – 161. Elsevier, 1963. [Seite 110]

[Cho09] Jike Chong, Ekaterina Gonina, Youngmin Yi und Kurt Keutzer: *A Fully Data Parallel WFST-based Large Vocabulary Continuous Speech Recognition on a Graphics Processing Unit.* In *Proceedings of the 10th Annual Conference of the International Speech Communication Association (Interspeech 2009)*, Seiten 1183–1186, Brighton, United Kingdom, September 2009. [Seite 4]

[Cue04] Maximillian Cuevas: *Introduction to Finite State Machines in Speech Recognition.* Technischer Bericht, Institut für Akustik und Sprachkommunikation, TU Dresden, 2004. [Seite 4]

[Dij59] Edsger W. Dijkstra: *A note on two problems in connexion with graphs.* In Numerische Mathematik, Band 1(1), Seiten 269–271, 1959. [Seite 70]

[Dix07] Paul R. Dixon, Diamantino A. Caseiro, Tasuku Oonishi und Sadaoki Furui: *The Titech large vocabulary WFST speech recognition system.* In *IEEE Workshop on Automatic Speech Recognition Understanding 2007 (ASRU '07)*, Seiten 443 –448, dec. 2007. [Seiten 4, 71]

[Dix12] Paul R. Dixon, Chiori Hori und Hideki Kashioka: *A comparison of dynamic WFST decoding approaches.* In *Proceedings of IEEE International Confe-*

rence on Acoustics, Speech, and Signal Processing 2012 (ICASSP '12), Seiten 4209 –4212, Kyoto, Japan, März 2012. [Seite 71]

[Dol01] Hans J.G.A. Dolfing und I. Lee Hetherington: *Incremental language models for speech recognition using finite-state transducers.* In *IEEE Workshop on Automatic Speech Recognition Understanding 2001 (ASRU '01)*, Seiten 194–197, Madonna di Campiglio, Italy, Dezember 2001. [Seiten 34, 37]

[Dro09] Manfred Droste, Werner Kuich und Heiko Vogler (Herausgeber): *Handbook of Weighted Automata.* Springer-Verlag, Berlin Heidelberg, 2009. [Seiten 8, 11]

[Duc07] Frank Duckhorn: *Optimierung von Hidden-Markov-Modellen für die Sprach- und Signalerkennung.* Diplomarbeit, Technische Universität Dresden, Dresden, Germany, 2007. [Seiten 4, 26]

[Duc09a] Frank Duckhorn, Guntram Strecha, Matthias Wolff und Rüdiger Hoffmann: *Ein Sprachdialogsystem mit begrenzten Hardwareressourcen.* In *Tagungsband der 20. Konferenz Elektronische Sprachsignalverarbeitung (ESSV)*, Band 53 der Reihe *Studientexte zur Sprachkommunikation*, Seiten 88–93, Dresden, Germany, September 2009. TUDPress. [Seite 119]

[Duc09b] Frank Duckhorn, Matthias Wolff, Guntram Strecha und Rüdiger Hoffmann: *An Application Example for Unified Speech Synthesis and Recognition using Hidden Markov Models.* In *2nd One Day Meeting on Unified Models for Speech Recognition and Synthesis*, Birmingham, United Kingdom, März 2009. [Seite 119]

[Duc10a] Frank Duckhorn, Guntram Strecha, Matthias Wolff und Rüdiger Hoffmann: *Entwicklung und Performance eines Sprachdialogsystems mit begrenzten Hardwareressourcen.* In Hansjörg Mixdorff (Herausgeber): *Tagungsband der 21. Konferenz Elektronische Sprachsignalverarbeitung (ESSV)*, Band 58 der Reihe *Studientexte zur Sprachkommunikation*, Seiten 174–179, Berlin, Germany, September 2010. TUDPress. [Seite 119]

[Duc10b] Frank Duckhorn, Matthias Wolff und Rüdiger Hoffmann: *Realisierung von Mischverteilungsdichten durch gewichtete Automaten (Finite-State-Transducer).* In *Beiträge der 9. ITG-Fachtagung Sprachkommunikation*, Bochum, Germany, Oktober 2010. [Seite 16]

[Duc11] Frank Duckhorn, Matthias Wolff und Rüdiger Hoffmann: *A new epsilon filter for efficient composition of weighted finite-state transducers.* In *Proceedings of the 12th Annual Conference of the International Speech Communication Association (Interspeech 2011)*, Seiten 897–900, Florence, Italy, September 2011. [Seiten 37, 49]

[Duc12a] Frank Duckhorn und Rüdiger Hoffmann: *Konfidenzberechnung für automatische Labels.* In Matthias Wolff (Herausgeber): *Tagungsband der 23. Konferenz Elektronische Sprachsignalverarbeitung (ESSV)*, Band 64 der Reihe

Studientexte zur Sprachkommunikation, Seiten 104–111, Cottbus, Germany, August 2012. TUDPress. [Seite 127]

[Duc12b] Frank Duckhorn und Rüdiger Hoffmann: *Using context-free grammars for embedded speech recognition with Weighted Finite-State Transducers.* In *Proceedings of the 13th Annual Conference of the International Speech Communication Association (Interspeech 2012)*, Seiten 1003–1006, Portland, OR, USA, September 2012. [Seite 111]

[Eic00] Matthias Eichner, Matthias Wolff und Rüdiger Hoffmann: *A unified approach for speech synthesis and speech recognition using stochastic Markov graphs.* In *Proceedings of the 6th Internation Conference on Spoken Language Processing (ICSLP 2000)*, Band 1, Seiten 701–704, Beijing, China, Oktober 2000. [Seite 4]

[Eul09] Leonhard Euler: *Die Geburt der Graphentheorie.* Kulturverlag Kadmos, Berlin, Germany, 2009. ISBN 978-3-86599-056-3. [Seite 5]

[Fin97] Michael Finke, Petra Geutner, Hermann Hild, Thomas Kemp, Klaus Ries und Martin Westphal: *The Karlsruhe-Verbmobil speech recognition engine.* In *Proceedings of IEEE International Conference on Acoustics, Speech, and Signal Processing 1997 (ICASSP '97)*, Band 1, Seiten 83–86, Washington, DC, USA, April 1997. [Seite 145]

[Gar08] Philip N. Garner: *A Weighted Finite State Transducer tutorial.* Technischer Bericht 03-2008, Idiap Research Institute, Martigny, Switzerland, 2008. [Seite 31]

[Gig99] Gerd Gigerenzer und Peter M. Todd: *Simple heuristics that make us smart.* Oxford University Press, USA, 1999. [Seite 69]

[Har68] Peter E. Hart, Nils J. Nilsson und Bertram Raphael: *A Formal Basis for the Heuristic Determination of Minimum Cost Paths.* In IEEE Transactions on Systems Science and Cybernetics, Band 4(2), Seiten 100 –107, Juli 1968. [Seiten 70, 78]

[Hir02] Teemu Hirsimäki: *A decoder for large-vocabulary continuous speech recogition.* Master's thesis, Helsinki University of Technology, 2002. [Seite 70]

[Hof98] Rüdiger Hoffmann: *Signalanalyse und -erkennung.* Springer-Verlag, Berlin Heidelberg, 1998. ISBN 3-540-63443-6. [Seite 2]

[Hof03] Rüdiger Hoffmann, Matthias Eichner, S. Werner und Matthias Wolff: *The project UASR (unified approach for speech synthesis and recogition) - a progess report.* In *Proceedings of 25th DAGM Symposium*, Band 2781 der Reihe *Lecture Notes in Computer Science*, Seiten 17–24, Magdeburg, Germany, 2003. Springer. ISBN 3-540-40861-4. [Seiten 4, 72, 91]

[Hof07] Rüdiger Hoffmann, Matthias Eichner und Matthias Wolff: *Analysis of Verbal and Nonverbal Acoustic Signals with the Dresden UASR System.* In Anna

Esposito, Marcos Faundez-Zanuy, Eric Keller und Maria Marinaro (Herausgeber): *International Workshop on Verbal and Nonverbal Communication Behaviours. COST Action 2102*, Band 4775 der Reihe *Lecture Notes in Computer Science*, Seiten 200–218, Vietri sul Mare, Italy, März 2007. Springer-Verlag. ISBN 978-3-540-76441-0. [Seite 4]

[Hop71] John E. Hopcroft: *An n log n Algorithm for Minimizing States in a Finite Automaton.* Technischer Bericht STAN-CS-70-190, Stanford University, Department of Computer Science, 1971. [Seite 57]

[Hor05] Takaaki Hori und Atsushi Nakamura: *Generalized fast on-the-fly composition algorithm for WFST-based speech recogition.* In *Proceedings of the 9th European Conference on Speech Communication and Technology (Interspeech 2005)*, Seiten 557–560, Lisbon, Portugal, September 2005. [Seite 37]

[Hor07] T. Hori, C. Hori, Y. Minami und A. Nakamura: *Efficient WFST-Based One-Pass Decoding With On-The-Fly Hypothesis Rescoring in Extremely Large Vocabulary Continuous Speech Recognition.* In IEEE Transactions on Audio, Speech, and Language Processing, Band 15(4), Seiten 1352–1365, Mai 2007. [Seite 71]

[Idi13] Idiap Research Institute: *Juicer: The Juicer Home Page.* http://juicer.ami-project.org/juicer, April 2013. [Seiten 98, 142]

[Jel69] Frederick Jelinek: *Fast Sequential Decoding Algorithm Using a Stack.* In IBM Journal of Research and Development, Band 13(6), Seiten 675–685, November 1969. [Seite 68]

[Jur08] Daniel Jurafsky und James H. Martin: *Speech and Language Processing.* Pearson Education International, 2. Auflage, 2008. [Seite 34]

[Kat87] Slava M. Katz: *Estimation of probabilities from sparse data for the language model component of a speech recognizer.* In IEEE Transactions on Acoustics, Speech and Signal Processing, Band 35(3), Seiten 400–401, März 1987. [Seite 34]

[Ker10] Venkatesh Keri und Kishore S. Prahallad: *A comparative study of constrained and unconstrained approaches for segmentation of speech signal.* In *Proceedings of the 11th Annual Conference of the International Speech Communication Association (Interspeech 2010)*, Makuhari, Japan, September 2010. [Seite 127]

[Kom03] John Kominek, Christina Bennett und Alan W. Black: *Evaluating and Correcting Phoneme Segmentation for Unit Selection Synthesis.* In *Proceedings of the 8th European Conference on Speech Communication and Technology (Eurospeech 2003)*, Geneva, Switzerland, September 2003. [Seite 127]

[Kor85] Richard E. Korf: *Depth-first Iterative-Deepening: An Optimal Admissible Tree Search.* In Artificial Intelligence, Band 27(1), Seiten 97–109, 1985. [Seite 69]

[Lev65] V. I. Levenshtein: *Binary Codes Capable of Correcting Deletions, Insertions and Reversals.* In Doklady Academy of Sciences of the USSR, Band 163(4), Seiten 845–858, 1965. [Seiten 90, 116]

[Liu10] X. Liu, M. J. F. Gales, J. L. Hieronymus und P. C. Woodland: *Language model combination and adaptation using weighted finite state transducers.* In *Proceedings of IEEE International Conference on Acoustics, Speech, and Signal Processing 2010 (ICASSP '10)*, Seiten 5390–5393, Dallas, Texas, USA, März 2010. [Seite 34]

[Ljo99] Andrej Ljolje, Fernando Pereira und Michael Riley: *Efficient general lattice generation and rescoring.* In *Proceedings of the 6th European Conference on Speech Communication and Technology (Eurospeech 1999)*, Seiten 1251–1254, Budapest, Hungary, 1999. [Seite 102]

[Lo10] Hung-Yi Lo und Hsin-Min Wang: *Phone boundary refinement using ranking methods.* In *Proceedings of the 7th International Symposium on Chinese Spoken Language Processing (ISCSLP 2010)*, Seiten 488–492, Tainan, Taiwan, November 2010. [Seite 127]

[Mal08] Andreas Maletti: *Minimizing Deterministic Weighted Tree Automata.* In Carlos Martín-Vide, Friedrich Otto und Henning Fernau (Herausgeber): *Language and Automata Theory and Applications*, Band 5196 der Reihe *Lecture Notes in Computer Science*, Seiten 357–372. Springer, Berlin Heidelberg, 2008. [Seite 57]

[McD07] John McDonough, Emilian Stoimenov und Dietrich Klakow: *An algorithm for fast composition of weighted finite-state transducers.* In *IEEE Workshop on Automatic Speech Recognition Understanding 2007 (ASRU '07)*, Seiten 461–466, Madonna di Campiglio, Italy, Dezember 2007. [Seite 37]

[Mea55] George H. Mealy: *A Method for Synthesizing Sequential Circuits.* In Bell System Technical Journal, Band 34(5), Seiten 1045–1079, 1955. [Seite 4]

[Moh97] Mehryar Mohri: *Finite-State Transducers in Language and Speech Processing.* In Computational Linguistics, Band 23(2), Seiten 269–311, 1997. [Seiten 4, 37, 54]

[Moh98] Mehryar Mohri, Michael Riley, Don Hindle, Andrej Ljolje und Fernando Pereira: *Full Expansion Of Context-Dependent Networks In Large Vocabulary Speech Recognition.* In *Proceedings of IEEE International Conference on Acoustics, Speech, and Signal Processing 1998 (ICASSP '98)*, Seiten 665–668, Seattle, Washington, USA, Mai 1998. [Seite 32]

[Moh99] Mehryar Mohri und Michael Riley: *Integrated Context-Dependent Networks in Very Large Vocabulary Speech Recognition.* In *Proceedings of the 6th European Conference on Speech Communication and Technology (Eurospeech 1999)*, Seiten 811–814, Budapest, Hungary, September 1999. [Seite 32]

[Moh01] Mehryar Mohri und Michael Riley: *A Weight Pushing Algorithm for Large Vocabulary Speech Recognition.* In *Proceedings of the 7th European Confe-*

rence on Speech Communication and Technology (Eurospeech 2001), Seiten 1603–1606, Aalborg, Denmark, September 2001. [Seite 85]

[Moh02] Mehryar Mohri, Fernando Pereira und Michael Riley: *Weighted finite-state transducers in speech recognition.* In Computer Speech & Language, Band 16(1), Seiten 69–88, 2002. [Seiten 4, 31, 37]

[Moh08] Mehryar Mohri, Fernando Pereira und Michael Riley: *Speech recognition with weighted finite-state transducers.* In Y.H. Jacob Benesty und Mohan Sondhi (Herausgeber): *Handbook of Speech Processing*, Seiten 559–582. Springer-Verlag, 2008. [Seiten 4, 8, 9, 37, 42, 54, 56]

[Moo56] Edward F. Moore: *Gedanken-Experiments on Sequential Machines.* In Claude Elwood Shannon und John McCarthy (Herausgeber): *Automata Studies*, Band 34, Seiten 129–153. Princeton University Press, 1956. [Seite 57]

[Moo06] Darren Moore, John Dines, Mathew Magimai.-Doss, Jithendra Vepa, Octavian Cheng und Thomas Hain: *Juicer: A Weighted Finite-State Transducer speech decoder.* In *3rd International Workshop on Machine Learning for Multimodal Interaction (MLMI '06)*, Seiten 285–296, Bethesda, MD, USA, Mai 2006. [Seiten 71, 98]

[Nic08] Andreas Nicht: *Algorithmen der dynamischen Programmierung – Suche nach kürzesten Wegen in Graphen.* Studienarbeit, Technische Universität Dresden, Dresden, Germany, 2008. [Seite 68]

[Nie83] Heinrich Niemann: *Klassifikation von Mustern*, Band 1. Springer Verlag, Heidelberg, Germany, 1983. ISBN 3-540-12642-2. [Seite 2]

[Nov10] Josef R. Novak, Paul R. Dixon und Sadaoki Furui: *An empirical comparison of the t3, juicer, HDecode and sphinx3 decoders.* In *Proceedings of the 11th Annual Conference of the International Speech Communication Association (Interspeech 2010)*, Seiten 1890–1893, Makuhari, Japan, September 2010. [Seiten 71, 98]

[Ogb09] Udochukwu Kalu Ogbureke und Julie Carson-Berndsen: *Improving initial boundary estimation for HMM-based automatic phonetic segmentation.* In *Proceedings of the 10th Annual Conference of the International Speech Communication Association (Interspeech 2009)*, Seiten 884–887, September, Brighton, United Kingdom 2009. [Seite 127]

[Oon08] Tasuku Oonishi, Paul R. Dixon, Koji Iwano und Sadaoki Furui: *Implementation and evaluation of fast on-the-fly WFST composition algorithms.* In *Proceedings of the 9th Annual Conference of the International Speech Communication Association (Interspeech 2008)*, Seiten 2110–2113, Brisbane, Australia, September 2008. [Seite 37]

[Oon09] Tasuku Oonishi, Paul R. Dixon, Koji Iwano und Sadaoki Furui: *Generalization of specialized on-the-fly composition.* In *Proceedings of IEEE International Conference on Acoustics, Speech, and Signal Processing 2009 (ICASSP '09)*, Seiten 4317–4320, Taipei, Taiwan, April 2009. [Seite 37]

[Ope13] OpenFst: *OpenFst Library.* http://www.openfst.org, März 2013. [Seiten 51, 140]

[Ort96] Stefan Ortmanns, Hermann Ney und Andreas Eiden: *Language-model look-ahead for large vocabulary speech recognition.* In *Proceedings of the 4th Internation Conference on Spoken Language Processing (ICSLP 1996)*, Band 4, Seiten 2095–2098, Philadelphia, PA, USA, Oktober 1996. [Seite 34]

[Ort97] Stefan Ortmanns und Hermann Ney: *A word graph algorithm for large vocabulary continuous speech recognition.* In Computer Speech and Language, Band 11, Seiten 43–72, 1997. [Seiten 77, 102, 104]

[Osu97] Edgar Osuna, Robert Freund und Federico Girosi: *Support Vector Machines: Training and Applications.* Technischer Bericht, Massachusetts Institute Of Technology Artificial Intelligence Laboratory and Center For Biological And Computational Learning Department Of Brian And Cognitive Sciences, Cambridge, MA, USA, 1997. [Seite 131]

[Pau90] Douglas B. Paul: *Algorithms for an optimal A search and linearizing the search in the stack decoder.* In *Proceedings of the workshop on Speech and Natural Language*, Seiten 200–203, Stroudsburg, PA, USA, 1990. Association for Computational Linguistics. [Seiten 70, 78]

[Pau92] Douglas B. Paul: *An efficient A* stack decoder algorithm for continuous speech recognition with a stochastic language model.* In *Proceedings of IEEE International Conference on Acoustics, Speech, and Signal Processing 1992 (ICASSP '92)*, Band 1, Seiten 25–28, San Francisco, California, USA, März 1992. [Seiten 70, 78]

[Pov12] Daniel Povey, Mirko Hannemann, Gilles Boulianne, Lukáš Burget, Arnab Ghoshal, Miloš Janda, Martin Karafiát, Stefan Kombrink, Petr Motlíček, Yanmin Qian, Korbinian Riedhammer, Karel Veselý und Ngoc Thang Vu: *Generating exact lattices in the WFST framework.* In *Proceedings of IEEE International Conference on Acoustics, Speech, and Signal Processing 2012 (ICASSP '12)*, Seiten 4213–4216, Kyoto, Japan, März 2012. [Seiten 102, 104]

[Rab89] Lawrence R. Rabiner: *A tutorial on hidden Markov models and selected applications in speech recognition.* In Proceedings of the IEEE, Band 77(2), Seiten 257–286, 1989. [Seite 16]

[Ril97] Michael Riley, Fernando Pereira und Mahryar Mohri: *Transducer Composition for Context-Dependent Network Expansion.* In *Proceedings of the 5th European Conference on Speech Communication and Technology (Eurospeech 1997)*, Seiten 1427–1430, Rhodes, Greece, September 1997. [Seite 32]

[Run13] Rundfunk Berlin-Brandenburg (rbb): *Preußen-Chronik.* http://www.preussen-chronik.de/bild_jsp/key=bild_kathe2.html, April 2013. [Seite 6]

[Sao05] George Saon, Daniel Povey und Geoffrey Zweig: *Anatomy of an extremely fast LVCSR decoder.* In *Proceedings of the 9th European Conference on*

Speech Communication and Technology (Interspeech 2005), Seiten 549–552, Lisbon, Portugal, September 2005. [Seiten 102, 104]

[Sch67] Dieter Schulte: *Kombinatorische und sequentielle Netzwerke: Grundlagen und Anwendungen der Automatentheorie.* Oldenbourg Verlag, München, Germany, 1967. [Seite 4]

[Sch90] Richard Schwartz und Steve Austin: *Efficient, high-performance algorithms for N-Best search.* In *Proceedings of the workshop on Speech and Natural Language*, HLT '90, Seiten 6–11, Stroudsburg, PA, USA, 1990. Association for Computational Linguistics. [Seite 66]

[Sha56] Claude Elwood Shannon und John McCarthy (Herausgeber): *Automata Studies*, Band 267. Princeton University Press, 1956. [Seite 4]

[Sor11] Jeffrey Sorensen und Cyril Allauzen: *Unary Data Structures for Language Models.* In *Proceedings of the 12th Annual Conference of the International Speech Communication Association (Interspeech 2011)*, Seiten 1425–1428, Florence, Italy, September 2011. [Seite 34]

[Ste94] Volker Steinbiss, Bach-Hiep Tran und Hermann Ney: *Improvements in beam search.* In *Proceedings of the 3th Internation Conference on Spoken Language Processing (ICSLP 1994)*, Band 94, Seiten 2143–2146, Yokohama, Japan, September 1994. [Seite 77]

[Sto06] Emilian Stoimenov und John McDonough: *Modeling Polyphone Context Withweighted Finite-State Transducers.* In *Proceedings of IEEE International Conference on Acoustics, Speech, and Signal Processing 2006 (ICASSP '06)*, Band 1, Seiten 121–124, Toulouse, France, Mai 2006. [Seite 32]

[Str09] Guntram Strecha, Matthias Wolff, Frank Duckhorn, Sören Wittenberg und Constanze Tschöpe: *The HMM Synthesis Algorithm of an Embedded Unified Speech Recognizer and Synthesizer.* In *Proceedings of the 10th Annual Conference of the International Speech Communication Association (Interspeech 2009)*, Seiten 1763–1766, Brigthon, United Kingdom, September 2009. [Seite 119]

[Tsc04] Constanze Tschöpe, D. Hentschel, Matthias Wolff, Matthias Eichner und Rüdiger Hoffmann: *Classification of non-speech acoustic signals using structure models.* In *Proceedings of IEEE International Conference on Acoustics, Speech, and Signal Processing 2004 (ICASSP '04)*, Band 5, Seiten 653–656, Montreal, Quebec, Canada, May 2004. [Seite 4]

[Tsc08] Constanze Tschöpe, Matthias Wolff und Dieter Joneit: *Sprachsteuerung von Mess- und Prüfgeräten.* In *Tagungsband zur BMBF-Statustagung „KMU-innovativ: IKT“*, Darmstadt, November 2008. [Seite 120]

[Tsc10] Constanze Tschöpe: *Klassifikation technischer Signale.* Dissertationsschrift, Technische Universität Dresden, Dresden, Germany, 2010. [Seite 4]

[Tsc12] Constanze Tschöpe und Matthias Wolff: *Zur Formulierung von Hidden-Markov-Modellen als endliche Transduktoren.* In Matthias Wolff (Herausgeber): *Tagungsband der 23. Konferenz Elektronische Sprachsignalverarbeitung (ESSV)*, Band 64 der Reihe *Studientexte zur Sprachkommunikation*, Seiten 120–128, Cottbus, Germany, August 2012. TUDPress. [Seiten 17, 143]

[Tsc14] Constanze Tschöpe, Dieter Joneit, Frank Duckhorn, Guntram Strecha, Rüdiger Hoffmann und Matthias Wolff: *Voice Control of Measurement Devices.* In NDT & E International – Independent Nondestructive Testing and Evaluation, erscheint vsl. 2014. [Seite 122]

[Vit67] Andrew J. Viterbi: *Error bounds for convolutional codes and an asymptotically optimum decoding algorithm.* In IEEE Transactions on Information Theory, Band 13(2), Seiten 260–269, April 1967. [Seite 73]

[Wah00] Wolfgang Wahlster (Herausgeber): *Verbmobil: Foundations of Speech-To-Speech Translation.* Springer Verlag, Berlin, Germany, 2000. [Seite 145]

[Wes89] Christian M. Westendorf: *Einführung in die Methodik der automatischen Erkennung*, Band 3 der Reihe *Studientexte zur Sprachkommunikation.* Technische Universität Dresden, Dresden, Germany, 1989. [Seite 2]

[Wik13a] Wikipedia: *Heuristik.* http://de.wikipedia.org/wiki/Heuristik, April 2013. [Seite 69]

[Wik13b] Wikipedia: *Zungenbrecher.* http://de.wikipedia.org/wiki/Zungenbrecher, Januar 2013. [Seite 31]

[Wit11] Sören Wittenberg und Frank Duckhorn: *Abschlussbericht Projekt: Modulares Sensorsystem zur Positionsbestimmung von Kabeldefekten an erdverlegten Energieversorungsleitungen.* Technischer Bericht, Institut für Akusitk und Sprachkommunikation, Technische Universität Dresden, Dresden, Germany, 2011. [Seiten 4, 127, 132]

[Wol95] F. Wolfertstetter und G. Rusk: *Structured Markov Models for Speech Recognition.* In *Proceedings of IEEE International Conference on Acoustics, Speech, and Signal Processing 1995 (ICASSP '95)*, Band 1, Seiten 544–547, Detroit, Michigan, USA, Mai 1995. [Seite 4]

[Wol07] Matthias Wolff, Ulrich Kordon, Husssein Hussein, Matthias Eichner, Rüdiger Hoffmann und Constanze Tschöpe: *Auscultatory Blood Pressure Measurement using HMMs.* In *Proceedings of IEEE International Conference on Acoustics, Speech, and Signal Processing 2007 (ICASSP '07)*, Band 1, Seiten 405–408, Montreal, Quebec, Canada, April 2007. [Seite 127]

[Wol09] Matthias Wolff und Constanze Tschöpe: *Pattern recognition for sensor signals.* In *Proceedings of IEEE Sensors Conference*, Seiten 665–668, Christchurch, Canterbury, New Zealand, Oktober 2009. [Seite 4]

[Wol11] Matthias Wolff: *Akustische Mustererkennung*, Band 57 der Reihe *Studientexte zur Sprachkommunikation.* TUDPress, Dresden, Germany, 2011. [Seiten 1, 2, 4, 8, 9, 11, 54, 56, 65, 73, 128]

[Wol13] Matthias Wolff, Ronald Römer, Constanze Tschöpe und Günther Wirsching: *Subsymbol-Symbol-Transduktoren.* In Petra Wagner (Herausgeber): *Tagungsband der 24. Konferenz Elektronische Sprachsignalverarbeitung (ESSV)*, Band 65 der Reihe *Studientexte zur Sprachkommunikation*, Bielefeld, Germany, März 2013. TUDPress. [Seiten 17, 143]

[You89] Stephen John Young, N. H. Russell und J. H. S. Thornton: *Token Passing: a Simple Conceptual Model for Connected Speech Recognition Systems.* Technischer Bericht, Cambridge University Engineering Department, Juli 1989. [Seiten 69, 75, 76]

Studientexte zur Sprachkommunikation

ISSN 0940-6832

Herausgegeben von Rüdiger Hoffmann

Band 72: **Sebastian Päßler: Analyse des menschlichen Ernährungsverhaltens mit Hilfe von Kaugeräuschen.** ISBN: 978-3-944331-54-6. 39,80 EUR

Band 71: Rüdiger Hoffmann (Hg.): **ESSV 2014.** Tagungsband der 25. Konferenz Dresden, 26. – 28. März 2014. ISBN: 978-3-944331-51-5. 39,80 EUR

Band 70: **Martin Krause: Entwurf eines vollimplantierbaren Sensor-Aktor-Wandlerbausteins für die apparative Hörrehabilitation.** ISBN: 978-3-944331-31-7. 39,80 EUR

Band 69: **Hussein Hussein: Prosodic Analysis and Synthesis – Application in Computer-Assisted Language Learning.** ISBN: 978-3-944331-37-9. 39,80 EUR

Band 68: Dieter Mehnert, Ulrich Kordon und Matthias Wolff (Hg.): **Systemtheorie Signalverarbeitung Sprachtechnologie.** Rüdiger Hoffmann zum 65. Geburtstag. ISBN: 978-3-944331-19-5. 39,80 EUR

Band 67: **Hongwei Ding: An Acoustic-phonetic Analysis of Chinese in Comparison with German in Text-to-Speech Systems and Foreign Language Speech Learning.** ISBN: 978-3-944331-23-2. 39,80 EUR

Band 66: **Yitagessu B. Gebremedhin: Speech Recognition-Synthesis System for Amharic.** ISBN: 978-3-944331-14-0. 39,80 EUR

Band 65: Petra Wagner (Hg.): **ESSV 2013.** Tagungsband der 24. Konferenz Bielefeld, 26. – 28. März 2013. ISBN: 978-3-944331-03-4. 49,80 EUR

Band 64: Matthias Wolff (Hg.): **ESSV 2012.** Tagungsband der 23. Konferenz Cottbus, 29. – 31. August 2012. ISBN: 978-3-942710-81-7. 49,80 EUR

Band 63: **Sören Wittenberg: Statistische Ein-Klassen-Signalbewertung mit akustischen Datenbasen selbstbeschreibender Daten.** ISBN: 978-3-942710-91-6. 39,80 EUR

Ältere Bände siehe www.tudpress.de

www.tudpress.de

Erhältlich in Ihrer (Online-) Buchhandlung oder direkt über

TUD*press*
Verlag der Wissenschaften GmbH
Bergstr. 70 | D-01069 Dresden

Tel.: +49 (351) 47 96 97 20
Fax: +49 (351) 47 96 08 19
mail@tudpress.de